縱觀百年西亞

從阿以衝突、庫德族到伊朗核協議
歷史糾葛與當代議題

陳立樵
著

—推薦序—

開啟西亞歷史書寫的典範轉移

蔡源林
國立政治大學宗教研究所所長

若吾人攤開世界地圖檢視，以人類兩大古文明的發源地——兩河流域與尼羅河流域為東、西界線的這片區域，正好位居亞、非、歐三洲舊大陸的地理中心，自古以來既是東、西方文明交會之所在，也是東、西方強權爭霸的決戰場域。當代稱為西亞或中東的這片土地之所以成為近百年全球政治最為動盪的區域，與其獨特的地理位置，以及其所經歷的強權爭霸之漫長歷史皆有密切關係，不應簡化地歸咎於當地的民族性，或以某種意識型態觀點對在地衝突做不當的歸因。當代西亞各種難解的衝突要如何看待，取決於吾人採取何種空間與時間的座標；採取不同的時空架構，就會產生不同的因果解釋與價值判斷。若不擺脫臺灣通行的兩種認識架構：西方觀點——更確切地說，西歐與北美觀點——以及東亞觀點，都難免流於簡化與霧裡看花，無法洞悉西亞地區分分合合的各種變局之癥結所在。

臺灣近二十年流行的「文明衝突論」，明顯是立足於西方觀點的論述模式，其時間軸拉長到中世紀伊斯蘭文明崛起並與歐洲基督教文明對峙的千年以前，這是一種較容易理解卻相對簡化的宏觀架構，既未契合西亞在地民族的主體認知，也不太適用於東亞世界與西亞世界互動的眞實情境，畢竟東亞文明與伊斯蘭文明之間沒有這種衝突對立的歷史情結。

近十年來，國際史學界掀起一波從鄂圖曼土耳其帝國的瓦解為起點來探討當代西亞變局的熱潮。臺灣近來也追求此熱潮，出版界翻譯了不少鄂圖曼及其統治區域的歷史名著，或是回顧百年前，也就是一次世界大戰前後史實的世界史大作。但這麼多國別史與斷代史的著作，還是很難為尚未建構較精準之西亞史觀的臺灣讀者所消化吸收。陳老師這本簡明扼要的西亞百年史，正好適切地引介當前國際學界的「後鄂圖曼」史觀，將當代西亞變局往前回溯至百年前鄂圖曼帝國瓦解的關鍵時刻，並以此梳理了最難以化解、也最令人困惑的主要衝突點。作者運用其一貫的生花妙筆，將千絲萬縷、複雜糾結的西亞大歷史御繁於簡、綱舉目張。期待本書的出版，將能徹底翻轉臺灣讀者對當代西亞局勢的既有成見，並逐步建構看待國際局勢更符合現實樣貌的臺灣新觀點。

作者以近十年引起最多國際媒體關注焦點的四大衝突軸線來鋪陳全書，分別是阿拉伯國家與以色列的衝突、庫德族問題、伊朗與美國的對立、九一一事件後激進伊斯蘭運動對國際秩序的挑戰。這四大衝突皆可回溯至百年前一次大戰結束後鄂圖曼帝國的瓦解之際，各章分別以個別衝突軸線為聚焦所在，按百年歷史進程依序敘述西亞各國的分合關係，以及各時期的國際主要強權如何介入其中。從一次大戰時期英、法、俄、德等歐洲列強的角力，以至二戰結束以後美、蘇兩強的冷戰在此區域的爭奪盟友與拓展勢力範圍之作為，直到一九九〇年代進入後冷戰時代迄今，美國成為全球唯一超強，持續介入與操弄這些衝突。

作者的學術本行是外交史，所以特別著墨於上述衝突軸線的矛盾之中，西亞各國與國際強權的現實利益所在，以及由此而來的國對國之間合縱連橫的關係。貫串全書的中心思想，便是國際政治最恆久不變的至理名言：「強權即是公理」，而弱國雖並非全然無外交，但其立國基礎確實不得不仰賴強權的施捨與安排，努力在夾縫之中求生存與發展。作者企圖以此更具現實原則的敍述觀點，挑戰與替代流行已久的「文明衝突」論，相當具有說服力，亦掌握了大歷史書寫的精妙所在。讀者以此百年而非千年的時間軸做爲看待西亞變局的定向座標，應該會更貼近西亞民族的現實處境。

近十年來，臺灣社會也浮現了認識西亞、中東或伊斯蘭世界的熱潮，從全球視野來看西亞歷史與現況的通論性著作，或從單一國家、事件與主題做單點深入的專門性著作如百家爭鳴般問市，令已厭倦於主流觀點且渴求新知的讀者目不暇給、難以取捨。長久以來，臺灣各級教育並未太關注於國際觀的培養，而大衆媒體也習於將再現的焦點放在與臺灣最有直接經貿、政治、軍事之實質利害關係的國家與區域，西亞地區在臺灣人的世界圖像中只具備模糊而粗略的輪廓。基於此大前提，通論性著作或許無法深化在地知識的內涵，況且諸多宣稱全球視野的論述，其實經常是複製西方中心主義的「政治正確」觀點；而專門性著作，則又放不進去現有的粗略知識架構。陳老師的這本百年史，正好介於上述兩種相反類型的著作之間，或許較能滿足於國內有志深化理解西亞問題的用功讀者，並可逐漸帶動起從西亞民族與國家的視角來看西亞歷史與現況的新趨勢。

臺灣的歷史經驗與地緣政治關係，其實與西亞諸國有許多類似之處，爲了追求國際生存空間，必須去順從西方強權所設定的遊戲規則，並努力追求國際社會所謂的主流價值，並透過與特定強權選邊站，以圖謀自身的生存與發展，這些都是臺灣與西亞人民共通的切身經驗。如陳老師在結論所拋出的警示，這種「政治正確」的做法，雖可獲取一時的現實利益，但必然也同時得承擔國際局勢逆轉後，被所依附強權遺棄的風險。如何洞察國際局勢，爲自身爭取更多的實質利益並降低潛在風險，應是當前全球化時代不可不學的一套公民教育課程。百年西亞史，應是這門課程最佳的教學範例。

—推薦序—

從西亞百年史中找尋動盪的根源

潘靜怡
自由評論網主編

「一樣都在海上興風作浪，我只有一艘小船，所以被稱作海盜，你有一支海軍，所以被稱爲皇帝。」諾姆·杭士基（Noam Chomsky）的《海盜與皇帝》一書中，被亞歷山大大帝抓到的海盜如是說。

同是興風作浪之舉，皇帝與海盜並沒有誰比較高尚之別，但這個道理放在西亞顯然不適用，例如同樣擁有核武，西亞的伊朗所受到的非難遠比其他核武國家爲多。

提及西亞（或是中東），擺在世人眼前的是穆斯林與「自由民主、進步開放」的西方勢不兩立：總是與美國隔空叫囂的伊朗、橫空出世的「惡棍」伊斯蘭國、被炸得支離破碎的伊拉克、內戰看似永無終點的敘利亞、以內戰爲名實爲代理人戰爭的葉門；此外，還有離散的庫德族人、巴勒斯坦的苦難……。

於是，我們對於國際新聞鏡頭下的西亞現況，總是充滿種種疑問：和平爲何在這裡難如登天？過去曾創造出高度的文明的穆斯林，爲什麼到了近代，發展遠落於西方世界之後？推翻了專制獨裁者，自由民主爲什麼沒能爲某些西亞國家換來救世主？將槍口朝外之餘，爲什麼也對著「自己人」？

所有問題的答案恐怕得從歷史中尋找。

只是百年來的政治情勢發展，讓西亞問題盤根錯節，舊的對立尚無解決方案，新的衝突隨之而來。在層層堆疊中，呈現在世人眼中的西亞問題早已變樣，耙梳歷史找尋歷史事件因果，談何容易。而《縱觀百年西亞》一書，正是協助讀者從百年歷史中找尋今日西亞問題根源的佳作。本書由「自由評論網」【伊朗與西亞世界】二百三十五篇專欄中精選出一百四十篇精彩文章，經過有系統的整理與編輯，以平易近人的文字，帶領讀者進入百年來西亞國家錯綜複雜的愛恨情仇。

在西亞國家中，伊拉克、約旦、敍利亞、黎巴嫩、土耳其、約旦等是一次世界大戰結束後英法兩國利益妥協下的產物。這些國家在支離破碎的切割後「被建立」，要實踐「想像的共同體」已非易事；二戰後英國一紙《貝爾福宣言》，更讓一塊平靜之地、兩個相安無事的族群，從此仇恨不共戴天。留給後人的，是更複雜難解的巴勒斯坦問題。

恣意劃分的版圖，百年來埋下的無形創傷，終化成有形的反噬力量，最後構築出今日的戰火西亞。只是時間並沒能解決問題，一戰結束後，美國頂替了英國在西亞的強權地位、蘇俄成了俄羅斯。歷經二戰、冷戰，時序進入二十一世紀，對西亞而言，政治局勢瞬息萬變，不變的仍是強權箝制，於是懸而未決的舊衝突添上了新柴火，政權不停更迭，動盪卻無法止息。

主流觀點多半著眼於衝突本身，忽略了歷史背景的重要性，將歷史與牽引當代的互動關係一刀切開，輕易將問題根源歸咎於文化、語言、宗教的差異，以致於一提及西亞世界的動盪，一般人便自然而然地將問題歸咎於宗教。反而影響當代西亞最關鍵的近現代歷史，例如鄂圖曼帝國的崩潰、伊美關係的發展、巴勒斯坦問題等等，甚少在主流的西亞問題探討上出現過隻字片語。百年後，這些歷史遺緒仍持續發揮影響力，讀者對於這些關鍵歷史的理解卻如此陌生。

也因此，陳立樵教授在撰寫本書與專欄時，捨棄大眾慣用的「中東」而稱「西亞」，正是希望擺脫主流觀點，從西亞的視角解析近代對西亞發展的關鍵歷史；重建歷史事件的同時，也不爲讀者定義正義與邪惡。而這正是本書最迷人之處。

自二〇一五年起，五年的時間，陳立樵教授的【伊朗與西亞世界】專欄皆由我負責編輯。平心而論，國際政治中有各種「熱門」議題，引進西亞這個「冷門」的寫作領域，首先得面臨讀者接受度的考驗，特別是這個專欄的觀點還相當非主流。但五年來立樵教授的筆耕不輟，每週編輯作業進行的同時，我也從立樵教授的文字理解歷史，得到知識累積與觀點的思考，更加深將優質文章推廣給讀者的初衷。本書得以付梓，對我而言意義更是不同。

最後，進入本書前，希望讀者先拿下宗教、恐怖主義等有色眼鏡，再隨著陳立樵教授的文字進入歷史洪流中，找尋今日西亞動盪的根源。複雜的西亞問題或許難解，但藉由本書，讀者能以更宏觀的視野，看待當代西亞的衝突與對立，同理西亞人民的離散、苦難與奮鬥，從理解歷史事實中建立正確的「西亞觀」。

自序

本書《縱觀百年西亞》，從筆者自二〇一五年三月開始撰寫的網路專欄「伊朗與西亞世界」裡選出約一百四十篇文章，以實體的形式問世。感謝自由評論網主編大海撈針般找尋作者時發現了我，讓那時剛完成博士學位、尚未找到教職的我有定期撰寫文章的機會。也要謝謝臺灣商務印書館耐心與細心的編輯，讓這些文章的內容可以更完善、更有連貫性。

萬事起頭難。筆者從碩士期間開始接觸一九七九年伊朗革命，後來專注於近代英國與伊朗外交史，其實不清楚整個西亞地區發生什麼事；而過去也只有在西亞發生事件時，才寫下評論在報紙投書，所以要長時間且定期寫文章，實是相當大的挑戰。而且，這個專欄應該要以什麼樣的性質與面貌呈現，一開始真的沒有太多想法。此後，就是不斷囫圇吞棗各類學術期刊與媒體評論，結合歷史與時事，逐漸寫出了一些東西。撰寫專欄迄今已經五年，每週筆者都還是在煩惱該寫什麼、下一週該怎麼辦，甚至都覺得這週寫完下週就要開天窗了，眞是相當尷尬。

然而，在閱讀與寫作中逐漸體會到，近百年來的西亞歷史，是決定今日西亞局勢相當重要的過程，這也是本書強調「百年」的原因。隨後有幸進入輔大歷史系任教，開設「現代中東的成形與發展」課程，討論阿拉伯跟以色列的問題、庫德族的問題、葉門的問題、還有一九七九年伊朗革命。而寫作與教學有相互助益的作用，不僅擴大自己的知識廣度，也讓整個專欄涵蓋的層面擴大，還自我感覺良好地認爲教學內容更加豐富了。

本書書名刻意使用「西亞」（West Asia）而不用「中東」（Middle East），主要是爲了跳脫以「西方中心論」爲出發點的歷史解釋。「中東」是近代西方歐洲人對東方世界所使用的詞語，較靠近歐洲的地區稱爲「近東」，再往東是「中東」，然後是最遠的「遠東」；若要跳脫西方中心論，筆者覺得採用「西亞」或許是個較爲中立的作法。此外，現今諸多史家試圖以「反西方中心論」來反思與批判既有的世界歷史詮釋立場，尤其是近代以來西方強盛、東方衰弱的二分法，視西方「進步」與東方「落後」、西方「開放」與東方「封閉」、西方「民主自由」與東方「專制獨裁」，這些都是我們理解歷史時所應擺脫的窠臼。

「西方中心論」也影響了今日人們在看待西亞問題的時候，往往會偏向西方立場，特別是美國立場，例如，視西亞某國某人所做的爆炸案件爲恐怖行動，輿論也開始檢討伊斯蘭信仰爲什麼會形塑信徒激進與暴力的性格，但是，美國在西亞的武力轟炸行動卻是維護和平的表現，而且輿論也不會論定信仰基督教會造成武力轟炸的行爲。若持平而論，國際間不斷出現的勢力對抗，並沒有哪一方比較高尚，大家都是爲了自己生存權益而努力。只不過，主流輿論掌握了話語權，施加了太多負面形象在西亞國家，結果就是人們逐漸漠視、忽視、甚至歧視西亞地區的人、事與物。

其實，每個社會、國家、區域都有各自的價值觀，並沒有誰優誰劣。以空間的角度來看，有些區域的某些價值觀或許確實獲得認同，但也有某些面向完全不如其他區域；以時間的角度來看，有些價值觀在某個時候蔚爲一股風潮，但可能在下個世代就失去其重要性。以今日受推崇的民主觀念爲例，我們應認知到，這個觀念不見得能在各個區域推行，而必然會被下個世代摒棄。於是，沒有必要僅因近代西方強盛，便認爲應以西方價值觀做爲普世觀點，而忽視、鄙視其他的價值觀。

回到書名的討論，近期讀了宋念申撰寫的《發現東亞》，其導言提到「亞洲」（Asia）一詞來自於希臘語，就是「東方」的意思，換言之「亞洲」這個詞本來就很「西方中心」，跟現在使用的「中東」並沒有兩樣。也因此，突然覺得自己想要強調反西方中心的路線，似乎頗爲無知且一廂情願，只怪自己的想法過於天眞。想起以前筆者跟伊朗朋友談到，「你們應該稱為『西亞人』，而不是『中東人』」，他的回應是「隨便啦！」看來也就是這樣，無論是「西亞」還是「中東」，看得懂、聽得懂就好了。

時間走得很快，一下子五年就過去了。在這段期間內，最特別的經驗就是受中國外交史研究的學長邀請，加入了外交史研究群，還擔任了兩年半的研究群執行祕書。本團隊自二〇一〇年開始每年召開研討會，也在政大人文中心的支持之下每年出版論文集。雖然研究群專攻近現代中國外交史，但南港中央研究院的近代史研究所藏有自清末以來的外交檔案，其中有不少有關中國與西亞國家的資料，早已引起筆者的興趣，也有意研究近現代中國與西亞的外交關係，故能成為團隊一分子，確實是筆者相當高興的事情。研究群中許多成員都是筆者以前的同學，也有些是自己慕名已久的前輩，每次聚會討論研究群應進行的活動時，都是相互交流信息、瞭解學術前沿的最佳機會。後來因主辦每年的研討會，而認識眾多近代中國史研究的大師，筆者更是深感榮幸。或許每年筆者需額外撥出一些時間撰寫中國外交史的論文，看起來偏離自己研究的主要路線，但卻是拓展了研究視野與領域，反而收穫甚大。

最後寫些感觸，這幾年來感謝家人的包容，筆者除了每週的專欄之外，還要準備課程、撰寫論文，一直都只能用很零碎的時間陪伴他們。政治大學宗教所所長蔡源林教授再次願意爲我寫推薦序，對我來說是莫大的鼓勵。謝謝自由評論網主編潘靜怡小姐的推薦，還要謝謝諸位前輩與學友對本書的支持。也感謝三十多年前的〈是否我眞的一無所有〉，在那之後，王傑獨特的歌聲便是筆者生活動力的來源。臺灣對於西亞歷史與當代時事的介紹並不多，希望本書的付梓、出版，能夠讓這一塊較少人關注與投入的領域往前多跨一步。

二〇二〇年七月

目錄

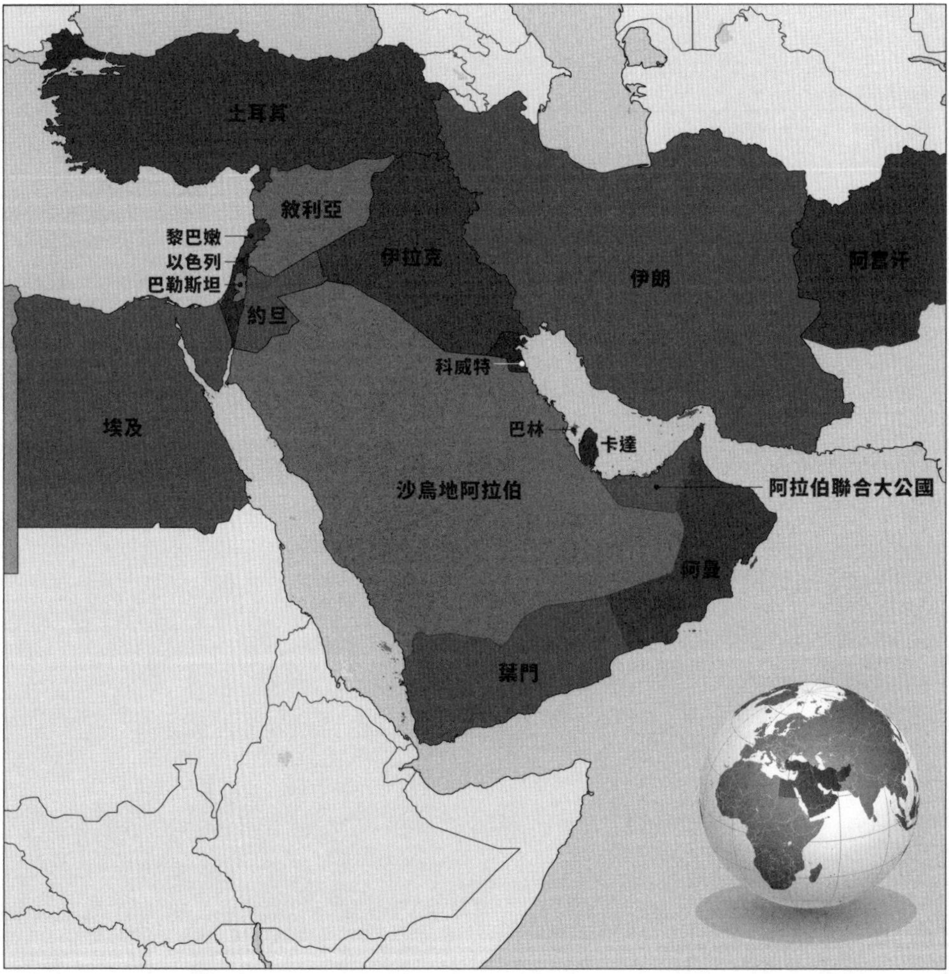
土耳其
敘利亞
黎巴嫩
以色列
巴勒斯坦
約旦
伊拉克
伊朗
阿富汗
埃及
科威特
巴林
卡達
沙烏地阿拉伯
阿拉伯聯合大公國
阿曼
葉門

圖一　西亞世界分布圖

前言

毀滅、重組與新生——二十世紀的西亞[1]

今日人們所說的西亞世界，大致上包括阿富汗（Afghanistan）、伊朗（Iran）、土耳其（Turkey）、伊拉克（Iraq）、敍利亞（Syria）、約旦（Jordan）、黎巴嫩（Lebanon）、沙烏地阿拉伯（Saudi Arabia）、埃及（Egypt）。西亞這樣的面貌並非自古就有，而是二十世紀才開始的，距離現在不過一百年。在這之前，西亞世界就是兩大伊斯蘭國家，一是鄂圖曼帝國（Ottoman Empire），二是伊朗。然而當第一次世界大戰爆發後，西亞世界就改變了面貌。

1 「中東」（Middle East）是主流的用詞，自十九世紀開始使用後逐漸廣泛為人所知。然這樣的用詞帶有以「西方中心」看待亞洲的立場，例如把中國、日本等國家視為「遠東」、伊朗與阿拉伯為「中東」，而土耳其與巴爾幹則為「近東」。但中東其實就是在亞洲的西側，故採用「西亞」應是較為中性的用詞。

今日人們所見的阿拉伯（Arab）與以色列（Israel）衝突、庫德族（Kurds）建國的困境、伊朗與美國的對立等問題，大都源自於第一次世界大戰。因此，若要瞭解今日的西亞如何形成，就得從一百年前談起……

故事的開始：第一次世界大戰

距今一百多年前正值第一次世界大戰，原本戰場在歐洲，但很快地就擴大到西亞，也就是鄂圖曼帝國境內。而戰爭結束後，下場最悽慘的不是德國，反而是鄂圖曼。一般來說，歐洲戰局的發展較爲人關注，西亞的戰局及其結果不太受重視。不過，西亞的戰爭對世界局勢發展卻造成極大的影響。

長久以來，鄂圖曼就是歐洲政局發展的中心，尤其是黑海（Black Sea）與巴爾幹地區（Balkans）。俄國是引起諸多衝突的國家，這是因爲其不斷在各個鄰近海域尋找不凍港：若能進入黑海、穿過博斯普魯斯海峽（Bosporus）與達達尼爾海峽（Dardanelles），就能挺進地中海（Mediterranean Sea）。然而，要能夠穿越黑海海峽，首先得經過鄂圖曼的同意。於是早在好幾個世紀之前，俄國與鄂圖曼就爲了競爭黑海打了十多場的戰爭。

然而，到了十九世紀，這些戰爭卻不再單純是俄國與鄂圖曼之間的問題糾葛，而是歐洲強權的爭霸戰。首先，奧地利（Austria）就是俄國在巴爾幹半島的競爭對手。十九世紀初期，以希臘（Greece）爲首的巴爾幹勢力一再出現脫離鄂圖曼管轄的獨立運動，俄國見獵心喜，想趁亂涉足巴爾幹，但若俄國取得優勢，鄰近的奧地利就也必須介入巴爾幹問題，才能免於威脅。夾在這兩個歐洲強權間的鄂圖曼，即使希臘在它的領土內，也無法決定其去留。但這不代表鄂圖曼就是近東病夫、毫無能力。其實很多時候鄂圖曼的決策是正確的，只因其決策損害了強權利益，才遭到軍事反擊。強權僅是火力比較強大，外交上並沒有什麼特殊之處。

此外，十九世紀的英國與俄國在亞洲地區也是競爭激烈，雙方的對峙稱爲「大博弈」（Great Game）。俄國試圖瓦解鄂圖曼以進入黑海地區，英國則主張維護鄂圖曼主權獨立與領土完整來阻擋俄國。於是，當俄國向鄂圖曼取得黑海航行權時，英國就另籌會議、簽署條約來主張黑海中立，讓各國商船都可以進出。英國屢次阻撓俄國在黑海地區的勢力擴張，也不願意看到巴爾幹脫離鄂圖曼，一八五三年的克里米亞戰爭（Crimean War）更是一樣的情況。儘管這場戰爭主要是法國與俄國在東地中海的勢力爭奪，但英國也沒閒著，連同法國一起將俄國勢力推出黑海及克里米亞，遏阻了俄國南下的力量。

一八七〇年德意志帝國形成，在首相俾斯麥（Leopold von Bismarck）的領導下，德國也成爲黑海與巴爾幹地區的主要角色。它先是緩和俄國與奧地利在巴爾幹問題的緊張氣氛，並以德奧俄的三帝同盟（League of the Three Emperors）來孤立法國，將東歐到西歐的局勢全盤掌握。當俄國在巴爾幹與黑海拓展勢力的企圖心難以壓制、於一八七七年與鄂圖曼再次爆發戰爭後，俾斯麥便以一八七八年的《柏林條約》（Treaty of Berlin）來逼退俄國，讓英國在地中海擁有優勢，奧地利掌握部分巴爾幹地區，也讓部分巴爾幹小國脫離鄂圖曼。大家利益均霑，而俾斯麥則繼續享受掌控歐洲的優勢地位。

以上看似是近代歐洲的外交史，其實是以鄂圖曼帝國爲中心的歐亞國際關係史。一切重大事件與戰爭，都是歐洲強權與鄂圖曼之間利益糾葛下的產物。

十九世紀末，德國逐漸取得左右歐洲政局的優勢，而鄂圖曼爲了擺脫長久以來英俄施加的壓力，向德國靠攏是再自然不過的事了。一九〇三年，鄂圖曼將巴格達鐵路（Baghdad Railway）的利權（concession）讓給了德國，一條連通柏林到巴格達的超長鐵路，就像鏈條一樣緊緊拴著西亞地區。

鄂圖曼在一戰爆發初期加入了德國陣營。英法俄三國不僅對鄂圖曼交戰，更在戰爭還不知鹿死誰手的時候，就開始在其境內劃分勢力範圍。而英國爲了讓俄國更有意願對抗德國、瓦解鄂圖曼，便將黑海地區先讓與俄國。過去英國汲汲營營阻撓俄國進入黑海，戰爭時卻將這裡當作利益籌碼送給了俄國，實在頗爲諷刺。至於英法兩國則藉由一九一六年的《賽克斯—皮科協議》（Sykes-Picot Agreement）瓜分了美索不達米亞平原（Mesopotamia）：現今的伊拉克、約旦、巴勒斯坦一帶由英國控管，敘利亞與黎巴嫩則由法國掌控。一九一七年英國外交部長貝爾福（Arthur Balfour）更發表《貝爾福宣言》（Balfour Declaration），同意在巴勒斯坦地區建立猶太家園。這些歐洲強權不僅瓦解鄂圖曼，甚至完全忽視當地不同地區、不同人民的自主權，恣意劃分勢力範圍，決定當地未來的發展。

當然，鄂圖曼在外交及軍事方面付出了許多努力，但當一個國家得同時面對不同強權的壓力時，無論如何都難以維持自身的穩定發展。即使是西方國家，任何一國若碰上如同鄂圖曼一般的情勢，結局也會一樣。人們不該認爲鄂圖曼衰弱，反而應該看這個帝國如何在強權環伺之下，還能將傷害減至最低。

然而，鄂圖曼終究是瓦解了。戰勝的英國與法國必須將之瓜分，才能完全占有最大的利益。二〇一四年以來的新聞頭條常客伊斯蘭國（ISIS）曾經宣示，要帶領穆斯林從《賽克斯—皮科協議》中解放出來，這件事反映出當地穆斯林對一百年前西方國家瓜分西亞世界的深惡痛絕。我們現今討論著爲何西亞世界如此紊亂、人民如此激進仇外，其實我們只看到了表象，而沒有看到造成問題的源頭。一味地談論宗教、民族、文明衝突等因素，是談不出個所以然的；一次大戰前後歐洲強權在西亞的利益糾葛、蠻橫行事，才是一切災難的源頭。

中立的伊朗

在鄂圖曼參戰後，歐洲戰場也拓展到了西亞，但伊朗不願意捲入其中。一九一四年十一月二日，伊朗國王阿賀馬德（Ahmad Shah）宣布中立。長久以來伊朗受制於歐洲國家，尤其是英俄兩國，因此早就想脫離這樣的困境。此時宣示中立，其實有追尋自主的用意。

在近代西方國家較爲強勢的情況下，非西方世界不僅軍事方面沒有戰果，外交方面也總是吃虧，正符合了所謂弱國無外交的論調。然而，有時候西方強權只是軍事方面強盛而已，外交並沒有高明之處，甚至只能以「蠻橫」兩字來形容。史學家在研究中使用了「砲艦外交」（Gunboat Diplomacy）一詞，說明了「強權爲了維護自身利益，使用武力威脅做爲外交後盾」。這也看得出來，當西方強權一旦發現外交失利，就只能拿出武器來解決問題。也許用不著「砲艦外交」這麼艱澀的詞彙，臺灣話所說的「見笑返生氣」就能說明其意涵。

十九世紀以降伊朗的卡加王朝（Qajar），就是承受西方強權這種「見笑返生氣」的壓力。卡加王朝於一七九七年建立時，除了要穩住中央政府在各地的權威，還得以軍事活動向鄰近國家宣示自己的勢力範圍。伊朗王朝跟鄂圖曼及俄國在高加索（Caucasus）地區——

即今日的喬治亞（Georgia）、亞美尼亞（Armenia）、亞塞拜然（Azerbaijan）——早已有長期交戰的歷史。三方都認爲這個區域是自己的領土，而伊朗卻多次失利。十九世紀初期，卡加王朝又繼續跟俄國及鄂圖曼交戰，就是要「收復失土」。其實俄國本來就不是高加索地區的主人，畢竟伊朗在高加索擁有勢力時，俄國還在遙遠的北方。然而當俄國在十七世紀積極南下擴張後，高加索也就逐漸不再由伊朗掌控。若讓伊朗奪走土地，俄國的勢力必然受到影響，因此祭出槍砲是唯一有效的方法。

同一時期，卡加王朝的另一個對手英國，與俄國是一個樣子。兩個西方強權在中亞與西亞有利益衝突，但行爲模式並無兩樣。英國自十八世紀中葉壟斷了印度貿易後，也逐步掌握波斯灣（Persian Gulf）、阿拉伯海（Arabian Sea）、紅海（Red Sea）等海域的航線。英國不願意看到其他強權進入東方，打破其在印度的獨占優勢。若俄國向阿富汗地區南下擴張勢力，對英國來說便會影響印度安全。同時，伊朗曾在一八三〇與一八五〇年代進逼過阿富汗，也讓英國擔憂印度會遭到波及。對十九世紀的卡加王朝來說，阿富汗曾經屬於伊朗，將勢力再次深入阿富汗並沒有不合理之處；但對英國來說，伊朗進逼阿富汗的企圖心，就是印度安全的威脅。於是一八五七年，英國在阿富汗阻擋伊朗擴張，並派遣軍隊從波斯灣進入伊朗南部；戰敗的伊朗只能被迫簽署和約，同意不再將觸角伸入阿富汗。

在軍事方面，卡加王朝完全沒有抗衡英國與俄國的可能性，但並未就此任人宰割。十九世紀後半葉，伊朗政府致力在外交方面平衡、減輕來自英俄的壓力。一是接受俄國貸款，以處理伊朗北方事務，避免在波斯灣擁有勢力的英國過度干涉；二是同意英國在南方開發內河航運，這也不至於立即衝擊俄國的商貿利益；三是不讓英俄兩國在其境內修築鐵路，減少兩強在伊朗競爭的可能性。

英國的外交檔案裡多次批判這種兩手策略，指稱伊朗似乎在玩弄英俄兩國。而英國外交人員也考慮過是否該跟俄國一同合作，找尋可行的方式來壓制伊朗。諷刺的是，檔案裡一再出現英國堅持「維護伊朗主權獨立與領土完整」的字眼，目的就是爲了防範俄國的競爭勢力。一旦伊朗有足夠能力維持主權與領土，伊朗就成了一個阻擋俄國的緩衝國。但很多時候，英國的「維護伊朗主權獨立與領土完整」只是外交辭令：一旦伊朗的決策損害了英國利益，伊朗的主權就不可能獨立，領土也不可能完整。

一九一四年大戰爆發，英、法、俄國對抗著德國、奧匈帝國、義大利。伊朗在此時宣示中立，便是希望藉著這個巨大時局變遷擺脫英俄壓力，進而「維護主權獨立與領土完整」。只可惜戰爭是殘酷的，英俄這兩個交戰國並不在意伊朗的中立。大戰開始沒多久後，鄂圖曼加入德國陣營，英俄在鄂圖曼的戰場就波及了伊朗西北與西南的邊界。當地不少伊朗人民遭到殺害，物產銳減，更造成一九一七年伊朗大饑荒。而英俄急於結束對鄂圖曼的戰爭，自然無視伊朗的中立。

伊朗政府內部有不少願意跟德國交好的政治人物。但他們不見得想違反伊朗中立，只是想擺脫來自英俄的壓力而已。後來伊朗政府在一九一六年分裂，親德分子離開首都德黑蘭（Tehran），來到西邊靠近鄂圖曼邊界的克爾曼沙（Kermanshah）建立臨時政府。即使如此，中央與臨時政府仍然有著一樣的目的，就是擺脫強權：中央政府要求英俄取消以往的條約束縛，臨時政府則希望與德國簽立平等條約。只可惜，英俄並未同意伊朗中央政府的要求，而臨時政府也在一九一六年英俄的軍事夾擊下解散。那時的伊朗除了大饑荒，還得承受外交受挫的壓力；藉由中立來追尋自主，仍是遙不可及的奢求。

一戰結束：鄂圖曼的末路、掙扎與再生

一九一八年十一月，一次大戰正式結束，此時的局勢已然不同於戰爭初期。一九一七年十一月，俄國發生蘇維埃（Soviet）革命，由列寧（Vladimir Lenin）領導的新政府立即提出《和平法令》（Peace Decree），主張和平談判、不兼併不割地，十二月還與德國陣營簽

署停戰協定，儼然是個和平倡議者。此時美國已經參戰，總統威爾遜（Woodrow Wilson）不甘示弱，在隔年一月提出了「十四點原則」（Fourteen Points），強調民族自決（self-determination），想從列寧手中奪取邁向和平的主導權。然而，「民族自決」只是戰勝國在分配利益時的口號，戰敗國只能遠目，鄂圖曼就是最好的例子。

一九一八年十月底，鄂圖曼與協約國簽下《摩德羅斯停戰協定》（Armistice of Mudros），開放了長久以來歐洲各國激烈爭奪的黑海海峽，並將過去最關注黑海的蘇俄排除在外。隨後，英國人占領了摩蘇爾（Mosul，今伊拉克北部）與巴勒斯坦，法國也控制了現在的敘利亞地區，也就是《賽克斯—皮科協議》的實踐。光是這一部分，就完全沒有落實所謂的「民族自決」。《賽克斯—皮科協議》是一份祕密協議，但威爾遜並沒有能力駕馭英國與法國這樣的老牌歐洲帝國主義國家，「十四點原則」也從來沒有獲得英法的認同。

在《賽克斯—皮科協議》協商之前，先知穆罕默德（Mohammad）後裔的哈希姆家族（Hashemite）領導人胡笙（Hossein bin 'Ali al-Hashemite）正與英國的西亞專員麥克馬洪（Henry McMahon）談論阿拉伯人獨立一事，留下來的這些文件稱為「胡笙—麥克馬洪通信」（Hossein-McMahon Correspondence）。阿拉伯半島（Arabia）在十六世紀落入從北方而來的鄂圖曼人手中，故有不少阿拉伯人想抵抗鄂圖曼這個外來侵略勢力。在胡笙與麥克馬洪的交談中，胡笙冀求的是建立從美索不達米亞到阿拉伯半島的阿拉伯王國，但麥克馬洪卻從未給予肯定的答覆。畢竟，阿拉伯王國若建立了，英國大概就不太可能維持在這區域的優勢。

然而，對哈希姆家族極爲諷刺的是，歐洲的猶太復國主義者（Zionist）卻藉由一九一七年英國外交部長的《貝爾福宣言》，名正言順地進入巴勒斯坦。領導猶太復國主義（Zionism）運動的魏茨曼（Chaim Weizmann）深知英國人對巴勒斯坦的需求，因爲這個地區往北可深入鄂圖曼，往南則連結紅海與埃及。魏茨曼主張猶太人可以成爲英國的伙伴，協助英國安穩控制該地區。猶太復國主義者因爲符合英國政策之需求，取得了巴勒斯坦的「入場券」，反觀哈希姆家族卻在英國漠視之下，無法成爲阿拉伯地區的主人。

一九一九年一月，戰勝國在法國召開巴黎和會（Paris Peace Conference），但會中所做的決定卻一點都沒有和平的意涵。戰勝國恣意分贓利益，戰敗國沒有決定自我命運的機會。顯然，威爾遜的「民族自決」並不適用於戰敗國。如同一份文件在擬定與簽署後，眞正擁有效力的條款並不在內文裡，而是在文件最下方的一行小字，威爾遜的「民族自決」下方小字就是寫著：「哈哈，只要不是戰勝國，一概不適用。」

鄂圖曼的伊斯坦堡（Istanbul）政府並非沒有作爲，而是多次向戰勝國爭取維護自身的生存權益。例如，一九二〇年一月政府宣布《國民公約》（National Pact），承認各民族的權益，並宣示維護國家主權獨立與領土完整。這與威爾遜的理念如出一轍，但結果卻是伊斯坦堡被戰勝國攻占。戰勝國就是要瓜分他們在鄂圖曼的利益，怎可能讓鄂圖曼主權獨立與領土完整呢？發動軍事侵犯，就是要逼迫伊斯坦堡政府接受領土切割的條款。

在長時間的談判後，戰勝國與鄂圖曼在一九二〇年八月簽署《色弗爾條約》（Treaty of Sevres），伊斯坦堡淪爲國際軍事占領區，而安納托利亞（Anatolia）半島也全數割讓給英、法、希臘，或劃爲亞美尼亞人（Armenians）與庫德族的自治區，此時僅剩安卡拉（Ankara）一帶還屬於鄂圖曼的領土。

即使如此，但鄂圖曼政府並未如一般所認知的那樣喪權辱國，而是經過一番掙扎後，才勉強接受戰勝國的蠻橫壓榨。其實，德國跟奧匈帝國也一樣爲自己爭取過權益，但都因爲形勢比人強而不得不屈從；若不遵守戰勝國的遊戲規則，下場可能會更慘。

安卡拉沒有被強權占領，主要是凱末爾（Mustafa Kemal Atatürk）將軍的功勞。凱末爾在一次大戰中累積了不少功績，並逐漸形成一股鄂圖曼內部不可忽視的力量，而這股力量有可能穩定局面，也可能挑戰政府的權威。當伊斯坦堡被列強占領時，凱末爾在安卡拉另尋出路，並於四月底召開國民大會，等於宣告安卡拉與伊斯坦堡的分裂。這個甫成立的安卡拉政府更強調，不會承認伊斯坦堡政府與強權簽署的和約。伊斯坦堡政府在強權環伺下，最後不得不簽署《色弗爾條約》；而安卡拉政府對戰勝國的軍事抵抗卻頗有成果，像希臘軍隊就難以在安納托利亞有所表現。

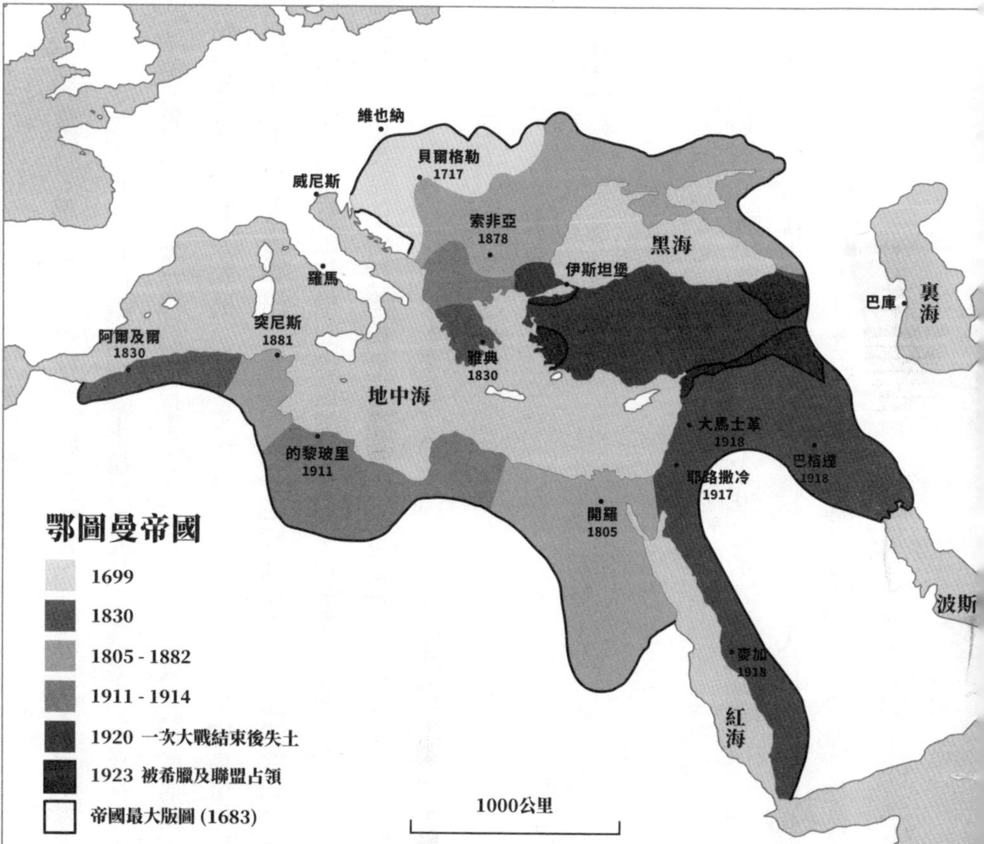

維也納
貝爾格勒
1717
威尼斯
索非亞
1878
黑海
伊斯坦堡
羅馬
裏海
巴庫
突尼斯
1881
阿爾及爾
1830
雅典
1830
地中海
大馬士革
1918
的黎玻里
1911
巴格達
1918
耶路撒冷
1917
開羅
1805
鄂圖曼帝國
1699
1830
1805 - 1882
1911 - 1914
1920 一次大戰結束後失土
1923 被希臘及聯盟占領
帝國最大版圖 (1683)
波斯
麥加
1918
紅海
1000公里

圖二　鄂圖曼帝國領土變遷圖

由於凱末爾的奮鬥，讓《色弗爾條約》難以執行，使得英法不得不思索減低利益受損的方式。一九二二年十月，英法兩國與安卡拉政府在瑞士洛桑（Lausanne）重啟談判，並於一九二三年七月簽署了《洛桑條約》（Treaty of Lausanne）。安卡拉政府得以在安納托利亞維持政權，隨後建立土耳其共和國（Republic of Turkey），但英法仍舊可以控制美索不達米亞。從這份條約的簽署對象可看出，原先鄂圖曼帝國的伊斯坦堡政府已經沒有決定權了。

原本戰敗的鄂圖曼沒有跟強權討價還價的本錢，但凱末爾異軍突起，不似伊斯坦堡政府遭受強權壓制，也沒有任何政治包袱，並藉由掌控軍事力量在安卡拉另闢生路。鄂圖曼帝國雖然走入歷史，但過程並非任人宰割，最後經由凱末爾的力量得到了重生的機會。

伊朗的一九一九

回到一次大戰時宣布中立的伊朗。一戰的相關故事或學術研究，對伊朗並無太多著墨。或許鄂圖曼還有人關注，畢竟在戰後遭到戰勝國瓜分，甚至當代西亞問題的開端就是來自於一戰戰勝國對鄂圖曼的恣意處置。反觀伊朗，除了沒有太多參考資料，多數研究對於伊朗也多半輕描淡寫、一筆帶過。然而，即使屬於中立國，但一戰時期的伊朗在內政及外交上皆受戰爭氣氛影響，戰後也是如此；被戰爭波及的政府，試圖在戰後的和平會議爭取權益。

一九一八年美國總統威爾遜提出「十四點原則」，這讓伊朗政府相當振奮，派駐在華盛頓的伊朗公使梅賀迪汗（Mehdi Khan）便向美國外交部長藍辛（Robert Lansing）提出幾項請求：「讓伊朗參與和會、保障伊朗獨立與主權完整、外國軍隊撤離伊朗、伊朗獲得損失賠償、尊重伊朗中立、廢除伊朗因受脅迫而給予英俄的特權。」伊朗公使的請求完全遵循該國面對強權的一貫路線，也就是「維護主權獨立與領土完整」。一戰時期美國的影響力大增，威爾遜的「民族自決」給各個遭受強權欺壓的國家帶來希望，而伊朗所提出的要求也完全符合威爾遜的主張。但是，藍辛卻只給予含糊的回覆。

一九一九年，在巴黎和會開幕前，伊朗外交部長摩夏維爾道拉（Moshaver al-Dowleh）給美方一份正式文件，裡頭有幾點要求：「一、讓伊朗代表團進入巴黎和會，理由是伊朗有戰爭損失，交戰國在伊朗領土發生衝突；二、廢除違反伊朗主權獨立與領土完整的條約、協定、協議，並獲得國際和平條約簽署國家的有效保障，確保未來伊朗主權與領土不受干涉；三、伊朗應獲得賠償；四、伊朗要經濟獨立；五、修改仍有效力的條約，同時取消對外優惠待遇。」然而，伊朗終究是中立國，威爾遜的「十四點原則」與民族自決等主張，一樣都得看文件下方的那一行小字：「哈哈，只要不是戰勝國，一概不適用。」

其實，美國與西亞地區向來沒有利害關係，美國也不是不在乎伊朗，而是根本不了解伊朗的情況。因此，儘管伊朗籌組代表團前赴巴黎，卻還是沒辦法進入和會之中。伊朗一再強調自己對戰爭中立，想擺脫強權壓迫，也遵循正確的立場與路線，但在強權的遊戲規則下，反而成爲國際社會的邊緣人。

這時，唯有一個國家與伊朗站在同一陣線，那就是一九一七年剛成立的蘇俄。在蘇俄與德國陣營談妥停戰條約時，便向伊朗表達了願意從其境內撤軍的意願。另外，自一八二八年以來舊俄（沙皇時期的俄國）與伊朗爭奪高加索時簽署的《土庫曼查宜條約》（Treaty of Torkmanchai），當時向伊朗取得的領事裁判權，蘇俄也表明放棄，並重訂關稅稅率。以中國近代史的角度來理解，原先的條約就是所謂的不平等條約。伊朗要尋求自主，但威爾遜這個和平倡議者不願意給予伊朗，反倒是列寧願意給予。當然，列寧的「好意」只是因爲蘇維埃政府勢力尚未穩定而不得不向外示好，但就這點來看，列寧比威爾遜還像個和平主義者。現今的主流史觀就算不盡然讚揚威爾遜，卻鮮少有人認同列寧。

伊朗尋求美國協助來爭取權益的作法以失敗告終，但蘇俄在一九一九年也僅是口頭上承諾放棄一切特權；說到底，當時對伊朗局勢最有影響力的就屬英國了。雖然英國外交部的寇松（George Curzon，曾在二十世紀初期擔任過印度總督）也不認爲伊朗應該進入巴黎和會，但他一再向伊朗政府表達善意，表示英國願意提供協助。時任伊朗首相的維蘇克道拉（Vusuq al-Dowleh）相當瞭解時局：一戰後有能力主導西亞地區的，只有英國。儘管一戰前英俄兩國在西亞爭奪勢力範圍，又有德國的力量滲透，但戰後蘇俄退出西亞，德國戰敗，美國又只關注歐洲與東亞，英國遂成爲西亞的唯一霸權。維蘇克道拉也知道，伊朗再怎麼堅持要進入巴黎和會，也絕對不會有結果，所以他與英國駐伊朗公使交涉，要求英國保障伊朗獨立、修訂關稅，以及戰爭賠償。這些要求與伊朗過去的要求都一樣。美國無意協助伊朗，但顯然英國很願意。

八月，雙方簽署了《一九一九年英伊條約》（Anglo-Iranian Treaty of 1919）：「英國承認伊朗主權獨立與領土完整、英國協助伊朗的財政與軍事改革、重訂關稅稅率。」儘管伊朗亟欲擺脫強權束縛，但時局已變，此時的西亞地區只有英國一強獨霸；維蘇克道拉認爲若沒有英國支援，伊朗恐無未來可言。其實《一九一九年英伊條約》是雙方受益，英國也得以完全深入伊朗，不必再像過去一樣擔憂其他強權來切割勢力範圍。此外，也因爲這份條約，伊朗得以受邀進入當時處理國際事務的「國際聯盟」（League of Nations）。伊朗雖未能進入巴黎和會，但最終進入了國際聯盟，達成了捍衛國權、提高國際地位的目標，在這點上維蘇克道拉功不可沒。然而，當時的伊朗國會及輿論並不認爲這份條約會帶來任何效益，僅批判伊朗宛如英國附屬國，許多學者也認爲《一九一九年英伊條約》是一份喪權辱國的條約。其實，這些批評都沒有考慮到條約簽署時維蘇克道拉對當前局勢的考量。

整體來看，伊朗的一九一九並不全然令人失望。伊朗的確在戰後（暫時地）提升了國際地位。很多事情不能僅從某種立場來看待，也不能只由結果來論斷成敗。一九一九年的峰迴路轉，在伊朗現代史上具有重要的歷史意涵。

破碎的阿拉伯

一戰後美國總統威爾遜的「民族自決」只適用於戰勝國，以及攸關戰勝國利益的地方。身爲戰敗國的鄂圖曼，沒有爭取自決的機會。而被強權瓜分後的地區，同樣沒有「民族自決」的權利。舉凡現今國際新聞中的阿拉伯國家，包括伊拉克、約旦、敍利亞、黎巴嫩，在以往都只是地理名詞，在一戰結束之後就由戰勝國占領，但至今都未脫離外來的壓力。

一九二〇年三月，哈希姆家族的領袖胡笙之子費薩爾（Faysal bin Hossein bin ‘Ali al-Hashemite）在敍利亞地區稱王。一戰期間哈希姆家族想要創建阿拉伯王國，被英國完全漠視，這個建立阿拉伯王國的願望，或許可以在費薩爾手中實現。然而，想要自成勢力的阿拉伯人，卻遭到國際強權的打壓。同年四月，英國與法國簽署了《聖雷莫協議》（San Remo Agreement），敘利亞與黎巴嫩納入法國保護之下，而伊拉克與巴勒斯坦則由英國掌控，這可說是戰時英法私訂的《賽克斯－皮科協議》之具體實現。法國軍隊隨後進入敘利亞，擊潰了費薩爾的勢力。此外，國際聯盟還搬出了「委任託管」（mandate）的說辭：由於這些脫離鄂圖曼的地區還沒有自主的能力，所以受委任的國家有義務協助這些地區發展文明。這讓英法在阿拉伯地區的「占領」行爲得以合法化。

雖然漠視阿拉伯人的需求，費薩爾也在敘利亞失利，但英國與哈希姆家族的關係並未決裂。一九二一年，英國讓他在伊拉克登基稱王。英國瞭解到，若想較輕鬆地統治新創建的伊拉克，就必須利用關係相對緊密的阿拉伯人，費薩爾便是不二人選。對費薩爾來說，如同一九一九年伊朗必須與英國簽署條約一樣，他必然也知道此時阿拉伯人要有所發展，只能借重英國的力量。因此在一九二二年，英國與伊拉克簽署條約，一方面英國須提供伊拉克境內各項建設，二方面英國也承認費薩爾政府的存在。諷刺的是，在戰爭期間怎樣都不願意讓哈希姆家族建立阿拉伯王國的英國，卻在戰後讓哈希姆家族「形式上」領導了一部分的阿拉伯地區。

至於胡笙的另一個兒子阿布杜拉（Abdullah bin Hussein bin 'Ali al-Hashemite），也在英國

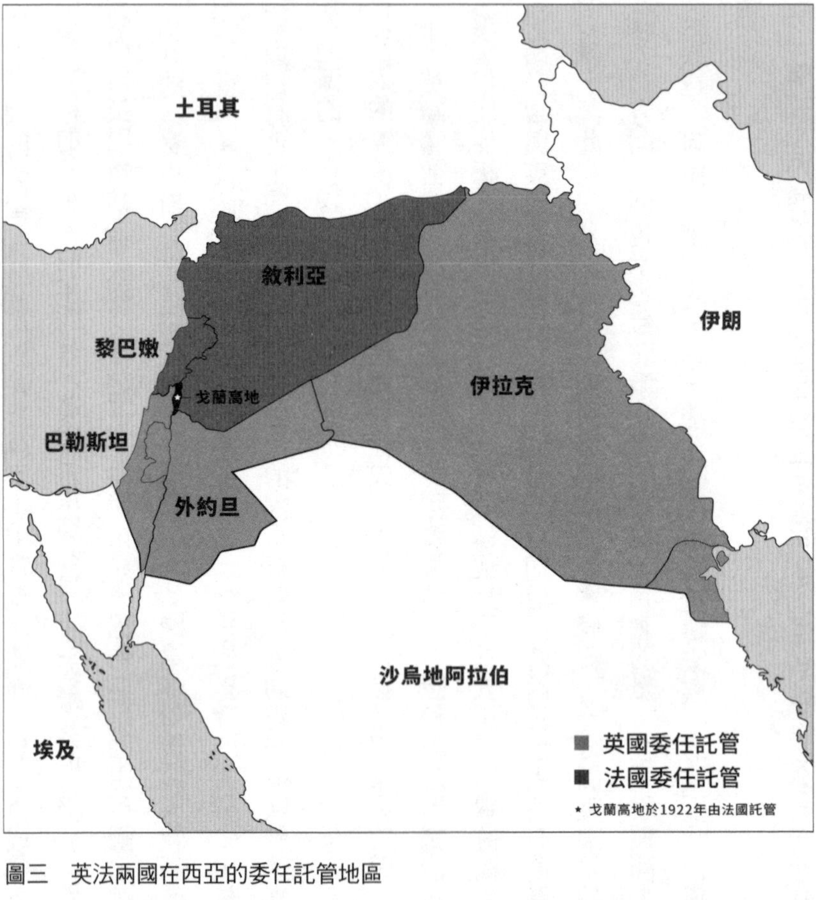

圖三　英法兩國在西亞的委任託管地區

的安排下擔任外約旦（Transjordan，約旦河以東的部分）的領導者。跟費薩爾一樣，阿布杜拉政府在一九二八年取得英國承認，但整個外約旦的各項發展也都由英國主導。其實，英國的委任託管（或稱占領）區本來沒有外約旦，只有伊拉克與很大一部分的巴勒斯坦，但考量到猶太復國主義者移入地中海東岸後，部分阿拉伯人很可能失去居住的家園，於是英國決定讓猶太人在今日所見的巴勒斯坦建立家園，而約旦河以東至伊拉克西側的地區則稱爲「外約旦」，做爲阿拉伯人離散後可以前往居住的地區，彷彿是難民營。

費薩爾與阿布杜拉的父親胡笙不甚滿意上述的情況。對他來說，哈希姆家族要成立的阿拉伯王國，不是這樣分立的兩個政權，也不該是英國掌控下的政權。一九二四年，當土耳其共和國總統凱末爾廢除哈里發（Caliph，先知穆罕默德權位繼承者）之際[2]，胡笙在阿拉伯半島的漢志（Hejaz）自立爲哈里發。但阿拉伯半島上有衆多部落，其中紹德家族（Saud）自十八世紀起在半島中心的內志地區（Nejd）已頗有勢力，也曾與哈希姆家族爭奪勢力範圍。胡笙自稱哈里發，對紹德家族來說等於是要接受哈希姆的領導，他們自然無法接受。同年紹德家族進軍漢志，擊潰胡笙的勢力，往後阿拉伯半島就逐漸成爲紹德家族的天下。

在一九一七年的《貝爾福宣言》之後，有越來越多的歐洲猶太人移居巴勒斯坦，擠壓

2 鄂圖曼帝國在十六世紀之後掌握了麥加（Mecca）與麥地那（Medina）兩處伊斯蘭聖地，此後君主冠上了哈里發的稱號。

了原本居住在巴勒斯坦阿拉伯人的生活空間。耶路撒冷（Jerusalem）既是猶太聖地，也是穆斯林的聖地。猶太復國主義者有目的地遷入定居，對穆斯林來說就是主權威脅，而且猶太人背後還有英國支持，導致阿猶衝突頻傳。此外，法國委任託管下的敍利亞，包含後來劃分出來的黎巴嫩，也面臨著當地人多番抵抗的危機。

於是，阿拉伯世界就這樣被切割成東一塊、西一塊，但英法強權卻沒有能力穩定阿拉伯的局勢。這讓西亞與歐洲構成了令外人很難理解的複雜關係。一戰結束之後，沒人料到西亞地區出現的竟是破碎的阿拉伯。

邊緣者聯盟：被國際社會排擠的非主流勢力

大戰結束後，戰勝國在巴黎和會取得絕大多數的利益，排擠了戰敗國與中立國。但是，這不代表戰敗國與中立國就任人宰割。在西亞地區，好幾個國家都盡可能找尋擺脫強權束縛的機會。即使處於主流國際壓力的政治情境下，也不是沒有發展的機會。

在蘇俄方面，列寧於一九一七年十一月的革命之後掌握政權，隨後宣布退出一戰戰場，提倡和平。此外，蘇維埃政府在一九一八年對德國陣營簽署的條約中，便已提到要承認伊朗爲主權獨立與領土完整的國家，並撤離在伊朗的駐軍。隔年，蘇俄更向伊朗表示願意放棄過去在伊朗長達近百年的特權。列寧的蘇俄才剛成立，就受到戰勝國的排擠，此時放下對伊朗的特權，只是突破外交困境的策略之一。

在伊朗方面，儘管首相維蘇克道拉在一九一九年與英國簽下了條約，伊朗獲得英國承認其主權獨立，並得以進入國際聯盟，但伊朗內部高漲的反英浪潮並不認同這項條約。而戰爭期間伊朗國會未能召開，故以憲法角度來看，《一九一九年英伊條約》的簽署並未經國會批准，這項條約當然無效。當一九二一年國會重啟之後，否決了《一九一九年英伊條約》，而且也轉爲承認蘇維埃政府。英國等戰勝國對蘇俄的拒絕承認，反而成爲伊朗向蘇俄靠攏的推動力。同年，蘇俄與伊朗簽署了友好條約，蘇俄正式放棄在伊朗的特權。才轉瞬間，伊朗已非英國盟友，而是與戰勝國排擠的蘇俄結盟。一九二六年，伊朗卡加王朝也走入歷史，巴勒維政府（Pahlavi）成立，帶著新的局勢面對下一階段的未來。

在土耳其方面，一九二一年凱末爾尚未建國，主流國際社會也還未承認凱末爾的安卡拉政府，蘇俄就先與凱末爾搭上了線。原本在前一個世紀，西方列強於黑海海峽征伐不休；當俄國向鄂圖曼取得在海峽的優勢時，英國就又聯合其他強權一同施壓，讓俄國勢力退回黑海以北。但在一九二一年，蘇維埃政府與安卡拉政府簽署了友好條約，蘇俄取消舊俄在鄂圖曼境內所擁有的特殊待遇，安卡拉政府也不必負擔鄂圖曼對舊俄的債務，這讓黑海地區的情勢頓時不似往常一般緊張。此時最重要的，是兩個政府相互承認與尊重，對抗西方帝國主義。

蘇俄、伊朗、土耳其，這三個沒有獲得主流國際社會重視的國家在一九二一年的友好結合，正可謂「邊緣者聯盟」。

在這樣的情勢下，蘇安兩政府都不承認一九二〇年鄂圖曼政府與戰勝國的《色弗爾條約》，也等於是敵對戰勝國與在伊斯坦堡的鄂圖曼政府。凱末爾的頑強讓戰勝國難以執行《色弗爾條約》，最後於一九二三年《洛桑條約》之中凱末爾取得了黑海海峽的主導權。一九三四年，土耳其成為國際聯盟的成員。一九三六年，土耳其又透過《蒙特勒條約》（Treaty of Montreux）更加確認了在黑海海峽的主權。此時戰勝國並沒有能力再干涉黑海海峽，否則若以十九世紀的國際氛圍來看，西方強權絕對有如惡狗一樣叼著黑海海峽不放。

一戰結束後，《凡爾賽條約》（Treaty of Versailles）處置了歐洲的問題，《華盛頓會議》（Washington Conference）則安排了往後亞太地區的發展；有些研究指出，這是所謂「凡爾賽—華盛頓體系」（Versailles-Washington System）之建立。儘管部分學者反對這樣的意見，畢竟這些和約與會議並非事先安排，而是隨著局勢走的，但無論如何，戰勝國的策略的確形塑了往後歐亞局勢發展的框架。然而，西亞卻可能是戰後強權最難以處理的區塊。英法在統治美索不達米亞時，屢次遭到當地人民與政府的對抗；戰勝國想用「託管」的美名來帶領這些「沒有能力」的人民發展文明，這絕對不是當地人所想要的結果。儘管有阿拉伯人想脫離鄂圖曼政府的管轄，卻也不代表他們想讓西方強權統治。一九三一年伊拉克獲得英國承認，成爲主權獨立的國家，便是英國已經難以面對當地反抗浪潮的結果。

一九三四年，伊朗巴勒維國王出訪土耳其會見凱末爾。一九三七年，土耳其、伊朗、伊拉克、阿富汗在德黑蘭簽署了《薩阿德阿巴德條約》(Sa'ad Abad Treaty)，相互承認與友好，互不干涉，表現出西亞國家自己的主體性，也是向世界宣示他們不願再受外來壓力之箝制。以前的鄂圖曼與伊朗並不是沒有這種意願，而是過去西方強權太過專注在這兩個國家，才讓他們沒有喘息的空間。主流觀念習慣稱呼鄂圖曼爲「近東病夫」，如同稱呼中國爲「東亞病夫」一樣，這都忽略了他們在多方壓力進逼下難以作爲的困境。

一戰後的西亞，出現了一股非主流國家結合的態勢。蘇俄已經先行與伊朗及土耳其交好，隨後西亞國家也形成追尋自主的勢力。當一戰的戰勝國欣賞著他們歐亞戰場的戰利品時，一個「邊緣者聯盟」也在西亞慢慢形成。無論日後這些西亞國家與西方強權是合作還是對抗，往往都成爲左右國際局勢的重要核心。

英國面臨抵抗的窘境

一次大戰結束後，西方強權在西亞地區的力量幾乎全都削弱了。德國戰敗，原本以巴格達鐵路深入西亞境內的計畫已然不再。蘇俄退出戰場，也退出西亞，暫且扮演一個充滿善意的角色，與伊朗及土耳其取得友好關係。至於英國，除了與伊朗簽署條約，也占領了現今伊拉克、約旦、巴勒斯坦等地，頓時成爲西亞的最大強權。然而這樣的強權也只是曇花一現，甚至是個假象，很快地就遭到西亞各國人民的反撲。

埃及自一八八二年遭英國占領後，向來難有安穩的一日。一戰結束後，埃及欲向巴黎和會派遣代表團（阿拉伯文稱爲「華夫德」〔Wafd〕），卻被英國政府拒絕。埃及國王雖不滿意，但也知道對抗英國將使埃及更沒有獨立自主的機會。後來這群代表團成員以華夫德爲名建黨，在成爲國會最大黨之後，便加強反美的力道。一九三〇年代初期，英國想在尼羅河（Nile）增加軍隊駐紮，就遭到華夫德政府的抵制。不過，華夫德卻在一九三六年與英國簽立條約，即使取消了領事裁判權，但還是給予英國在埃及的許多軍事方面的權益。會有這樣的轉變，並不是華夫德改變立場，而是他們在執政後也如哈希姆的費薩爾與阿布杜拉、伊朗的維蘇克道拉一樣了解到，不與英國交好，可能往後都沒有發展的機會。而英國會同意取消在埃及的部分權利，也是因爲歐洲局勢變遷，義大利與德國不再受國際聯盟牽制，英國擔憂埃及向地中海對岸的德國、義大利靠攏，才只好讓埃及獲得一定程度的主權。

阿富汗，這個在十九世紀英俄兩國「大博弈」對峙下的戰略要地，先是趁一次大戰的時機宣布中立，隨後更在一九一九年宣告獨立自主，以抵抗英國人的控制。同時，阿富汗更聯合了南方鄰國印度一同發起反英戰爭，最後逼使英國不得不與阿富汗簽署條約。一九一九年的《拉瓦爾品第條約》(Treaty of Rawalpindi) 承認了阿富汗的獨立。雖然表面上英國還是與阿富汗保持緊密關係，但往後已經暫時沒有能力進入阿富汗。另外，這時的蘇俄成爲阿富汗尋求合作的對象，而且蘇俄也願意承認阿富汗的主權獨立與領土完整。蘇俄與阿富汗的友好，讓「邊緣者聯盟」越來越穩固。這也顯示了在非主流的國際社會中，西亞國家對蘇俄其實頗有好感。儘管洞悉國際關係的政治人物都知道，國與國之間的結合與對立都只是利益關係，但在英國仍然汲汲營營於掌控西亞的情況下，西亞國家向蘇俄靠攏，就成爲英國影響力受挫的關鍵點。

讓猶太復國主義者移居巴勒斯坦，也是英國人的策略。原本英國想藉由《貝爾福宣言》在西亞置入猶太人的勢力，但很明顯地，事情並沒有想像中來得如意。大量的猶太人進入巴勒斯坦，擠壓了阿拉伯人生存的空間。過去雖然在巴勒斯坦也有不少猶太人，當然也有外來的猶太移居者，可是都不像猶太復國主義者所主張的那樣，要取代阿拉伯人成爲該塊土地的主人。巴勒斯坦的穆斯林教長阿明侯賽尼（Amin al-Hosseini）因此堅決反對猶太復國主義，要廢除猶太民族之家，結束猶太移民。原本英國也希望猶太復國主義者能夠有所讓步，但猶太復國主義者認爲英國的態度退縮與遲疑，而阿拉伯人見猶太人仍然不斷移入，自然也不認爲英國有解決問題的誠意。在二次大戰爆發前，英國其實已經無力調停猶太人與阿拉伯人的衝突。因此在二戰期間，不少猶太復國主義者轉而借助美國的力量進行建國工程，同時期阿明侯賽尼也與德國希特勒（Adolf Hitler）會面，策劃著驅離猶太人的工作。

除此之外，像伊朗與土耳其這類在戰後比較能夠獨立自主的國家，英國也已經頗難完全掌控他們的發展方向。而一九三二年紹德王室建國，稱爲沙烏地阿拉伯（意指「紹德家族的阿拉伯半島」），更同樣想借重美國來擺脫英國的影響。於是，在一次大戰後看似榮登西亞唯一霸權的英國，實際上已逐漸失去既有的權威，難以維繫其優勢地位了。

第一篇

你的天堂，我的地獄？
阿拉伯與以色列的勢不兩立

在西亞世界，阿拉伯與以色列的衝突已經超過了半個世紀的時間。一次大戰結束後，鄂圖曼瓦解，阿拉伯地區碎成了一片，而英國又協助猶太復國主義者進入巴勒斯坦建國。對喪失阿拉伯地區主要地位的阿拉伯人來說，這些「空降」巴勒斯坦的猶太復國主義者就是外來的侵略者，而且背後還有邪惡的英國支持。一九四八年五月，猶太復國主義者建立以色列。此後，這場英國、阿拉伯人、猶太復國主義者之間的糾葛，就在諸多爭執不斷的問題中，成爲至今依舊沒有解決跡象的阿以衝突。[1]

第一章　阿拉伯人與猶太人的糾葛

創造以色列

一八九六年，一位奧匈帝國的猶太人赫茨爾（Theodor Herzl）出版了《猶太國》（*The State of the Jews*）一書，此後逐漸有猶太復國主義的力量出現。巴勒斯坦成爲這些歐洲猶太人移居的目的地，因爲這塊土地是上帝耶和華所給予的「應許之地」（Promised Land）。在羅馬帝國時代，居住在巴勒斯坦的猶太人被迫離散，所以猶太復國主義者主張猶太人應該要回到應許之地，建立自己的國家。然而，在巴勒斯坦或鄰近的阿拉伯地區，並不是離散之後就沒有猶太人存在，其實不少猶太人早已「阿拉伯化」。

猶太復國主義者的想法，比較接近歐洲民族主義（Nationalism）的概念，而作法則類似

1　儘管阿拉伯國家與以色列的戰爭，多數文章多寫為「以阿衝突」，而且不少是持以色列角度來書寫，但本書傾向使用「阿以衝突」一詞，強調以阿拉伯立場為理解西亞問題的出發點。

英國史學家霍布斯邦（Eric Hobsbawm）所說的「創造傳統」（Invention of Tradition）。這群猶太人後來在一九四八年建國的疆界、使用的語言或國籍，都是被「創造」出來的，完全不是古代的那個以色列。而且，如果沒有一九一七年英國外交部長貝爾福的推波助瀾，單憑猶太復國主義思想，是不可能讓以色列建國的。

一次大戰結束後，哈希姆家族沒有如願建立阿拉伯王國，反倒是《貝爾福宣言》讓越來越多的猶太人移居巴勒斯坦，移入哈希姆家族的阿拉伯王國範圍內。對此，家族代表費薩爾在一九一九年初曾與當時猶太復國運動領導者魏茨曼協商，大意是「阿拉伯人與猶太人之間將和平相處，雙方擁有平等的地位與權利。同時，一切糾紛都由英國裁決。」從這樣的協商結果可看出，費薩爾不認為猶太復國主義是阿拉伯人的威脅；猶太人要進入巴勒斯坦，只要經過哈希姆家族這一關，談妥條件，移居巴勒斯坦就不成問題。至於由英國人來裁決阿猶糾紛，並不是費薩爾要出賣阿拉伯人，而是費薩爾深刻瞭解到當時英國在西亞地區的影響力。這也顯示了，實際上哈希姆家族是沒有主導權的，一切都是英國說了算。

西方壓力下的伊拉克與巴勒斯坦

一九二二年，戰後成立的國際超然組織——國際聯盟，將伊拉克與巴勒斯坦委任英國託管，而敘利亞與黎巴嫩則給了法國。既然英法在戰爭期間已有協議要切割阿拉伯世界，一九二〇年時也已各自進行軍事占領，故一九二二年的「委任託管」只是「先上車後補票」而已。而一戰後英國成爲西亞地區霸權，但往後許多的作爲都是假合法之名行霸道之實，越來越「顧人怨」。

一九二一年費薩爾在伊拉克擔任國王，雖說是英國的扶持，但他卻不盡然想受英國管制。可是，英國也不願意放棄對伊拉克的「託管」，以致於整個一九二〇年代伊拉克的反英勢力都持續高漲。同時，一樣受英國控制、甚至規劃讓猶太人移居的巴勒斯坦，受到許多伊拉克政治菁英的關注，也連帶出現了反猶太復國主義的浪潮。「反猶抗英」便是伊拉克政治的重要元素。費薩爾的兄長阿布杜拉掌管外約旦，儘管西側就是巴勒斯坦，但他對巴勒斯坦的情形並不熱衷。這是因爲，在費薩爾離開敘利亞時，阿布杜拉曾發起對法國的討伐活動，即使後來在英國的壓力下，阿布杜拉接受了管轄外約旦的條件，但他最關注的還是敘利亞。反而地理位置有些距離的巴勒斯坦，與伊拉克的關係較爲緊密。

儘管伊拉克反英氣氛濃厚，但在一九三〇年代多次擔任伊拉克首相的努里薩依德（Nuri al-Said）認爲，有英國的支持，伊拉克才得以在西亞累積影響力。當然，也有不少政治菁英主張反對英國、支持巴勒斯坦，這一派系的米德法伊（Jamil Midfa'i）也曾多次擔任首相，他便特別強調：「巴勒斯坦絕對是阿拉伯的一部分，不容被迫拆散，我們要不惜一切維護巴勒斯坦弟兄的權益！」有不少伊拉克的軍火、資金都送往巴勒斯坦。至此，伊拉克成了阿拉伯人對抗西方勢力的代表。

移入巴勒斯坦的猶太人越來越多。耶路撒冷猶太聖殿遺址的西牆（Western Wall）[2] 就在穆斯林的阿克薩清眞寺（Aqsa Mosque）旁。[3] 猶太人在西牆聚集的人數越多，活動越頻繁，便越是挑戰穆斯林的主權。一九三六年起，巴勒斯坦爆發了長達三年的阿拉伯人抗爭事件，這是英國在巴勒斯坦託管期間最大的衝突。一九三七年七月，英國提出分治方案，將巴勒斯坦北部靠近黎巴嫩南部的一小塊區域劃分給猶太人，南部則是阿拉伯人居住地，而耶路撒冷由英國託管。然而，時任伊拉克首相的蘇萊曼（Hikmat Solayman）如此說道：「伊拉克政府絕對不會同意巴勒斯坦的分治。」甚至也有人願意協助巴勒斯坦「廢除分治、限縮猶太移民人數、讓巴勒斯坦整合起來」。

二次大戰開打後，英國外交人員希望伊拉克一同對抗由德國、義大利、日本結合的軸心國（Axis Powers），但對伊拉克政府來說，「沒有任何理由接受英國的要求，跟隨英國對德國宣戰，就等於是幫助英國欺壓巴勒斯坦人。」而且，納粹（NAZI）德國在一戰之後擺脫戰勝國的壓力重新崛起，在伊拉克政府眼中是相當值得推崇的典範。巴勒斯坦穆斯林教長阿明侯賽尼於一九三九年十月造訪巴格達，這象徵巴勒斯坦與伊拉克的反英勢力連成一氣。即使伊拉克外交部長努里致力於協調英國與伊拉克的反英勢力，但一九四一年四月，時任伊拉克首相拉希德阿里蓋拉尼（Rashi Ali al-Gaylani）還是宣布支持德國。結果，巴格達瞬間就被英國軍隊占領。從這件事可看出，儘管希特勒從未讓德軍深入伊拉克，但英國不允許德國有任何機會滲透伊拉克、甚至整個西亞地區。

二戰結束後英國勢力衰微，於一九四七年將巴勒斯坦問題交給聯合國（United Nations）處理。同年十一月聯合國頒布第一八一號決議，竟將巴勒斯坦約五七％面積的土地劃歸猶太人所有，而四三％屬於阿拉伯人。聯合國完全漠視了巴勒斯坦阿拉伯人的主體性。一九四八年五月十四日，以色列正式建國，隔天鄰近的阿拉伯國家就出兵攻擊了。當一九四九年阿以戰爭停止後，只有伊拉克沒有前往以色列簽署停戰協議。這再次說明了伊拉克是最

2 另稱「哭牆」（Wailing Wall）。

3 伊斯蘭世界第一個帝國為巫麥雅帝國（Ummayad Empire，西元六六一至七五〇年），於八世紀初在耶路撒冷建立了阿克薩清真寺。

重視巴勒斯坦的國家，在阿拉伯人之中最有代表地位。

五〇年代初期韓戰（Korean War）爆發後，世界局勢完全改觀，美國與蘇俄兩極霸權模式成形。然而在四〇年代後期，蘇俄在黑海與高加索的擴張，就已經對西亞地區造成相當大的威脅，伊朗與土耳其深受其害。美國爲圍堵蘇俄而支持伊朗，「杜魯門主義」（Truman Doctrine）也協助土耳其。其實，伊拉克內部本來就有「是否與西方靠攏」的立場問題，而冷戰初期又是前文提到的努里當政，他原本就持對英國友好的立場，此時便選擇站在西方陣營，一同抵抗蘇俄共產勢力。因此，以巴問題就在伊拉克的政治權衡下（暫時地）降低了重要性。伊拉克與巴勒斯坦之間的命運，就這樣連結了、又切割了。

分道揚鑣的伊拉克與巴勒斯坦

主流輿論時常談論阿拉伯人團不團結的問題，其意涵就是「只要團結，就不會輸給西方」，但問題完全不在阿拉伯人團不團結。畢竟，現在的阿拉伯世界是西方國家創造出來的，區域或國際間玩的遊戲規則也是西方人定的，如果不玩就被罵，而玩了也就完了。二十世紀下半葉的伊拉克與巴勒斯坦得以連結還是切割，就得看西方遊戲規則玩得好不好了。

一九五〇年代美蘇冷戰正式開始之際，也是埃及總統納賽爾（Gamal Abdel Nasser）反英國、反對外來勢力的時刻，從英國手中收回蘇伊士運河（Suez Canal）經營權尤其重要。一九五五年，在英國的主導下，土耳其、伊朗、伊拉克、巴基斯坦（Pakistan）組成了中部公約組織（Central Treaty Organization, CENTO），除了圍堵北方的蘇俄，也是爲了孤立埃及。納賽爾批判同爲阿拉伯國家陣營的伊拉克政府向西方靠攏，這樣的立場也獲得伊拉克一部分人的認同。隔年英、法、以色列三國合力攻擊埃及，引爆蘇伊士運河戰爭（Suez Canal Crisis），此番對峙更讓納塞爾在阿拉伯世界獲得廣大支持。原本伊拉克內部反英氣氛就很濃厚，這時政府卻與埃及敵對、親近英國、對以色列沒有進一步行動。在這種情況下，一九五八年七月軍方終於發動政變，打著「反對帝國主義」、「解放巴勒斯坦」的口號，建立伊拉克共和國（Republic of Iraq），並於隔年退出中部公約組織。

然而，新成立的卡西姆（Abdul Karim Qasim）政府強調「伊拉克優先」（Iraq First）的政策，卻也被許多人批判格局太小、無法整合阿拉伯世界。此時的伊拉克政局不穩，於一九六三年與一九六八年先後爆發兩次政變，使得「反對帝國主義」、「解放巴勒斯坦」的理想難以付諸實行。儘管一九六七年埃及對以色列的戰爭打得如火如荼，伊拉克卻未能積極出兵。戰爭才短短六天，敘利亞的戈蘭高地（Golan Heights）、埃及的西奈半島（Sinai Peninsula），約旦河西岸（West Bank）、加薩（Gaza），就都被以色列占領。一九六八年，追求整合阿拉伯世界的復興黨（Ba’ath Party）掌握政權，伊拉克內政才逐漸穩定，也得以加強反對帝國主義的運動，例如讓石油國有化，也在一九七三年參與對以色列的戰爭。然而，一九七八年埃及爲了取回西奈半島，便改變立場，轉與以色列和談，時任埃及總統的沙達特（Anwar Sadat）還因此獲得諾貝爾和平獎（Nobel Peace Prize）。

代表阿拉伯人對抗以色列與西方帝國主義的任務，自此轉移到其他國家身上。像巴勒斯坦著名的領導人阿拉法特（Yasser Arafat），就帶領一九六四年成立的巴勒斯坦解放組織（Palestine Liberation Organization, PLO，後簡稱巴解）對以色列發動多次的武裝抗爭。但是，一九六七年以色列占領約旦河西岸與加薩，導致更多巴勒斯坦人四處流竄。巴解先是前往約旦，但持續對抗以色列造成約旦內部混亂，導致約旦只能驅離巴解。隨後巴解進入黎巴嫩，在黎巴嫩南部與以色列交戰，又造成了黎以兩方的糾紛。阿拉法特爭取巴勒斯坦的獨立，既造成紛亂，也不符合美國與以色列的利益，在國際間就是個徹頭徹尾的「恐怖分子」。

一九七九年七月，時任伊拉克總統薩達姆・胡笙（Saddam Hossein，臺灣譯爲「海珊」）也試圖在埃及與以色列和談後塡補阿拉伯世界領導權力眞空的位置。八〇年代伊朗與伊拉

之前

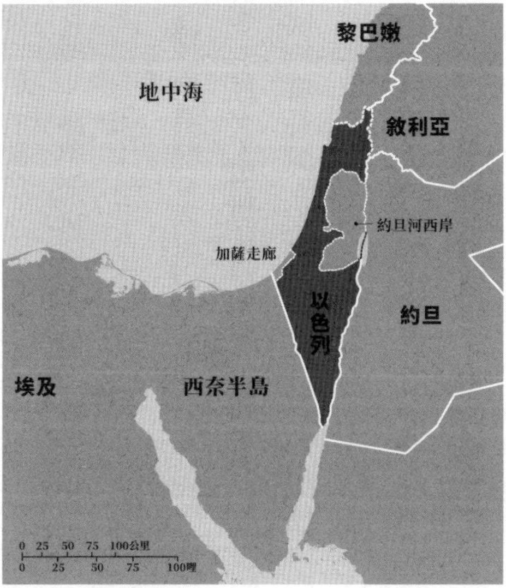

------ 1949年停火線

之後

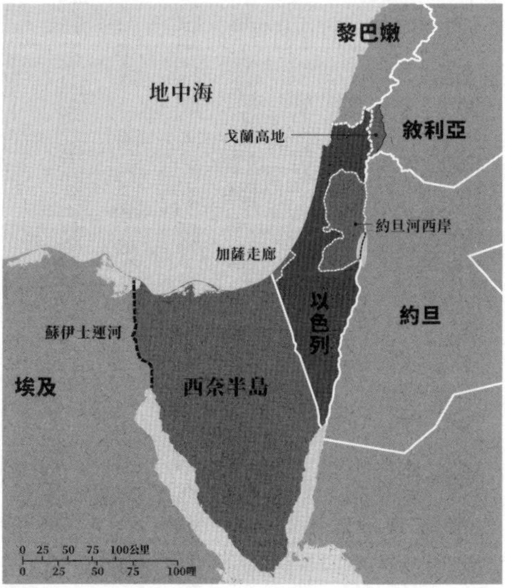

以色列占領區

------ 1967年停火線

以色列於1982年撤出西奈半島，2005年撤出加薩

圖四　一九六七年阿以戰爭前後以色列疆界變遷圖

克開打兩伊戰爭（Iran-Iraq War）時，伊拉克輿論塑造出他們是阿拉伯人代表的形象，抵抗伊朗人的勢力，彷彿重現六三六年阿拉伯人在卡迪西耶（Qadisiyyah）戰勝伊朗薩珊帝國（Sassanid Empire）的歷史橋段。戰爭結束後，伊拉克在首都巴格達建立勝利之門（Sword of Qadisiyyah or Victory Arch），便是要表達七世紀那場阿拉伯戰勝伊朗的意涵。表面上看來，伊拉克的政策重心似乎不在巴勒斯坦身上，戰時也多半強調「伊朗是插在阿拉伯人胸口的匕首，應率先處理。」但其實在八〇年代，伊拉克是巴解重要的金主。

一九九〇年八月，伊拉克與科威特（Kuwait）開戰，情形就完全不同了。兩伊戰爭時，薩達姆宣稱自己是阿拉伯人的代表，伊拉克是對抗伊朗人的前線，保護著整個伊斯蘭社群（umma）。但科威特問題，則跟對抗英國爲首的西方勢力有關。十九世紀末期英國人與科威特酋長關係密切，科威特是英國在波斯灣貿易的重要據點。在伊拉克建國時，科威特本應屬於伊拉克領土，但英國卻讓科威特自治，並於一九六一年讓科威特獨立。對伊拉克來說，科威特是應該從萬惡的英國人手中收復的失土。

伊拉克攻打科威特，爲的是擊敗西方殖民主義，整合伊拉克與科威特。伊拉克師出有名，但當主流輿論都站在西方國家的立場時，薩達姆就被冠上了「恐怖分子」的形象。而薩達姆也主張若要伊拉克撤出科威特，那以色列就該撤離從一九六七年以來占領的加薩、約旦河西岸、戈蘭高地，因此伊拉克也向以色列宣戰。巴解的阿拉法特認同薩達姆，也認爲唯有對科威特採取行動，才能維護阿拉伯人的利益，進而讓巴勒斯坦脫離以色列控制。在主流輿論中，就形同這兩大「恐怖分子」合作打擊以色列。

一九九一年初，這場波斯灣戰爭在以美國爲首的西方勢力施壓下，伊拉克同意停戰。同年年底蘇俄瓦解，更讓美國成爲世界霸權。世界局勢全面由美國掌握，使得阿拉法特在巴勒斯坦問題上只能妥協，放棄武裝，跟以色列和平談判。結果，如同埃及的沙達特，阿拉法特在一九九四年獲頒諾貝爾和平獎，搖身一變成爲和平主義者，而薩達姆依舊是個受主流輿論批判的強人、恐怖分子。唯有照著西方的遊戲規則走，才能屬於「和平」的一分子。原先沆瀣一氣的伊拉克與巴勒斯坦，也就在九〇年代之後分道揚鑣。

至此可看見，西亞局勢的諸多紛爭，完全來自於近代西方強權的權力運作。伊拉克與巴勒斯坦被刻意創造出來之後，無論在哪個時期都深深受到外力的壓迫與影響，以致於伊拉克不同立場的政治人物相互傾軋，再怎麼想「保護」巴勒斯坦，始終還是受西方遊戲規則所箝制。至於誰是「恐怖分子」？誰是「和平主義者」？就端看當事人玩不玩國際社會的遊戲規則了。

約旦與巴勒斯坦的那些年

今日的約旦國王阿布杜拉二世（Abdullah II bin Hossein al-Hashemite）是至今還存在的哈希姆家族勢力，而他太太拉尼亞（Rania al-Yassin）是巴勒斯坦人。有輿論說這場婚姻帶有約巴和平相處的意涵，畢竟約巴之間在二十世紀充滿緊張氣氛，也雙雙受制於歐洲問題及冷戰局勢。

一切又是從一次大戰後開始說起，哈希姆家族在阿拉伯半島的漢志跟紹德家族開戰，阿布杜拉吃了敗仗。當時在敍利亞登基的弟弟費薩爾被法國擊退，阿布杜拉遂轉而北上要與法國對決。阿布杜拉的舉動雖然無法對法軍造成多大威脅，但時任英國殖民大臣的邱吉爾（Winston Churchill）視他爲麻煩人物，也不願看到他進入敍利亞打破當前局勢。於是，在巴勒斯坦被規劃爲猶太人移入地區後，英國便刻意安排阿布杜拉統治外約旦，形同條件交換，讓阿布杜拉掌有權勢，不致破壞局面，也能讓猶太復國主義者順利進入巴勒斯坦。

當然，阿布杜拉依舊有意圖拿下敍利亞、聯合伊拉克、再擊退紹德家族，但機會卻一個個消失。先是國際聯盟在一九二二年明確地將伊拉克、外約旦及巴勒斯坦交由英國託管，而法國掌控敍利亞與黎巴嫩。後來，紹德家族於一九二四年進入漢志地區，一九三二年建立了沙烏地。而一九三三年費薩爾去世，後繼者也跟阿布杜拉缺乏互動與信任關係。

對於巴勒斯坦的去向，阿布杜拉當時並不太在意，因爲那裡本來就應該是阿拉伯王國的領土，不需要質疑。然而沒人想到，這場猶太復國運動會演變成至今七十年未能解決的大問題。此外，一九二四年阿布杜拉父親胡笙面對紹德家族的勢力進逼時，不願接受英國協助，使得阿布杜拉認爲這才是哈希姆家族潰散的重要因素。以一戰結束後的西亞局勢來看，只有英國能夠處理該區域的問題，與英國合作是較妥當的道路。因此，當英國開始讓猶太人移民巴勒斯坦時，外約旦提供了相當多的協助。這讓領導巴勒斯坦的反英勢力開始與阿布杜拉形成敵對關係，不滿阿布杜拉吃裡扒外。

一九三六到三九年，是巴勒斯坦人抵抗猶太移民與英國的最高峰期，此時阿布杜拉扮演了協調者的角色。英國當然樂見這樣的結果，畢竟在接手託管後，巴勒斯坦的抵抗十多年來都沒有停過。但問題就出在這裡：英國自十七世紀開始逐漸成爲西亞霸主後，一直沒有意識到，刻意把另一批族群移入某個地區，會造成更多問題。巴勒斯坦人當然不願意看到阿布杜拉這樣做，更糟糕的是，當一九三七年英國決定讓阿拉伯人與猶太人分治巴勒斯坦時，阿布杜拉竟然還同意了。反觀距離較遠的伊拉克相挺巴勒斯坦、反對英國的態度，無怪乎耶路撒冷反英反猶的穆斯林教長阿明侯賽尼不僅不滿阿布杜拉，他還前往伊拉克尋求可能的協助。不過，換個角度來看，阿布杜拉並無意出賣巴勒斯坦，也絕對不是不保護巴勒斯坦，他只是盡力想維持局勢穩定，卻因此讓人覺得他沒有誠意。

外約旦在二次大戰結束後獨立，畢竟戰後英國國力式微，不再有能力掌控過去的占領地。但是，英國並沒有把巴勒斯坦交給阿布杜拉，而是讓聯合國來處理。這讓阿布杜拉再次受到打擊：他致力於當巴勒斯坦問題的中間人，就是將巴勒斯坦視爲自己的領土，他的努力絕對不小於伊拉克政府，但現在一切權益卻讓聯合國拿走！因此，當一九四八年五月以色列建國後，外約旦自然與鄰近的阿拉伯國家一同出兵討伐。

然而，隨後又出現新的轉變。聯合國於隔年介入調停，各國因戰爭而元氣大傷，此時阿布杜拉卻決定與以色列和談，而且交涉的內容是把耶路撒冷劃分成東西兩部，東耶路撒冷歸外約旦所有，而約旦河西岸納入外約旦領土。這形同外約旦與以色列「瓜分」了巴勒斯坦。一九五〇年阿布杜拉改國名爲「約旦哈希姆王國」（Hashemite Kingdom of Jordan），象徵自己不再是侷限在約旦河東岸與伊拉克西側的那塊小區域，而是可以保護巴勒斯坦的獨立國家。在阿布杜拉看來，先行取得約旦河西岸，也向統合巴勒斯坦的目標跨出第一步。

不過，一九五一年七月，阿布杜拉在耶路撒冷被巴勒斯坦人暗殺。可見，對巴勒斯坦人或多數阿拉伯人來說，阿布杜拉與外來勢力的和緩，甚至與以色列和談，就算他再怎麼表達出要捍衛巴勒斯坦的權益，也都沒有任何說服力。很多人應該早就看阿布杜拉不爽很久了，他的死值得大聲歡呼。然而，約旦並未就此與巴勒斯坦脫離關係，約巴所鑄下的這段孽緣，還有超展開的劇情值得一看。

相看兩相厭的約旦與巴勒斯坦

從地理位置來看，約旦與巴勒斯坦就是鄰居，而且既然都是阿拉伯人，在一九四八年共同對抗突然建國的以色列也是應該的。不過，卽使約旦想要表現出保護巴勒斯坦的意願，卻因對待以色列的態度不合巴勒斯坦人所願，最後搞到約旦與巴勒斯坦之間相互對峙。卽使許多阿拉伯人的共同目標都是把以色列抹除在地圖之外，但彼此若方式不同、程序不同，反而會造成阿拉伯弟兄自己的衝突。

約旦國王阿布杜拉在一九五一年遭刺殺身亡，原因就是他對以色列的和談與協議。阿布杜拉一直都把巴勒斯坦視爲他的領土，保護這塊土地的心絕對不亞於其他人；然而，卻有很多阿拉伯人不承認以色列的存在，當然也不樂見任何阿拉伯人與以色列和談。阿布杜拉死後，孫子胡笙（Hossein）於隔年登基。而在當時阿拉伯世界高舉著保護巴勒斯坦的旗幟、強勢反對英國的指標人物，是埃及總統納賽爾。

另一方面，此時以美國為首、反共意識明確的西方國家，除了在歐洲成立北大西洋公約組織（North Atlantic Treaty Organization, NATO），也在其他區塊圍堵蘇俄。一九五五年二月在英國主導下成立的中部公約組織，便是西亞地區的反共勢力。然而，這個組織也帶有聯合西亞各國孤立埃及的用意。同年四月，在印尼舉辦的萬隆會議（Bandung Conference），納賽爾等亞非多國領袖則主張不結盟運動，致力排除美國與蘇俄的壓力。但在這過程中，約旦都採中間路線，沒有參與。一來新登基的約旦國王胡笙僅有十七歲，勢力甚小，二來以色列對西岸的侵犯仍持續進行，然後外界（例如埃及）批判約英兩國相對友好的關係，也使得國內反對聲浪高漲。這些都讓胡笙難以好好面對這劇烈的風起雲湧。

一九六四年，阿拉伯國家聯盟（League of Arab States，成立於一九四五年，後簡稱阿盟）宣布成立巴解，主張「反對猶太復國主義、以武裝抗爭解放巴勒斯坦」。對多數人來說，巴解的國際形象就是激進的暴力組織，不可與之為伍。但對巴解與多數巴勒斯坦人來說，以色列的建國就是擠壓、剝奪巴勒斯坦人的生存空間，而主流國際社會卻罔顧他們的生存權益。一九四八年五月十四日是以色列人的建國日，但隔日卻是眾多巴勒斯坦人淪為流離失所的難民、彷彿末日的「災難日」（Nakba Day）。成立後的巴解在眾多壓力下想要發聲、鋌而走險，其實是無可奈何之事。

埃及總統納賽爾勇於衝撞西方帝國主義、主導對以戰爭，獲得巴解在內不少阿拉伯人的支持。但隨著一九六七年埃及領導的對以戰爭再次失敗，約旦河西岸與加薩都被以色列占領後，巴解只好轉進約旦與黎巴嫩。

這時的以色列不僅超過一九四七年聯合國決定猶太人居住的範圍，也破壞了約旦的領土完整，約以關係因而惡化。原本胡笙國王對巴解時常在約以邊界引發動亂頗爲不滿，但此刻卻對巴解提供許多協助。一九六八年三月，巴解與以色列在約以交界處的卡拉梅（Karameh）爆發衝突，有輿論認爲這是以色列對約旦接受巴勒斯坦難民的懲罰行動。隔年起在阿拉法特領導下，巴解對以色列採取更激烈的抵抗。當衝突情況越來越難以控制，胡笙開始想要約束阿拉法特，以致巴解內部出現不少推翻約旦哈希姆王室的聲音。一九七〇年九月，巴解成員挾持美國飛機降落於約旦境內，隨後引爆了該架飛機，讓胡笙更加認識到巴解的行動已對約旦造成莫大傷害，遂正式下令鎮壓、驅逐巴解，後稱「黑九月事件」（Black September）。阿拉伯弟兄之間決裂，巴解被迫撤出約旦，轉往他國發展。

之後，巴解部分成員組成了「黑九月組織」（Black September Organization），在一九七二年德國慕尼黑（Munich）奧運期間挾持了以色列選手。儘管這並非阿拉法特主導，但顯然巴解情勢窘迫，有些成員已不在乎行動是否需要組織核心人物的許可了。然而，在主流國際社會都認同以色列的情況下，巴解的行動就是恐怖行動，阿拉法特就是恐怖分子，慕尼黑事件就是一件慘案。世人鮮少體會巴解與巴勒斯坦的處境。身為猶太人的美國導演史蒂芬史匹伯（Steven Spielberg）於二〇〇五年執導的電影《慕尼黑》（Munich），就是在談以色列情報單位摩薩德（MOSSAD）如何一個個追殺「黑九月組織」成員。雖然該片入圍多項奧斯卡獎，但這僅是符合美國（或以色列）觀點、一部政治正確的影片，並非特別有價值。

若要評論約旦與巴勒斯坦（或巴解）之間的關係糾葛，就是目標一致但方式相互牴觸。如同電影《X戰警：第一戰》（X-Men: First Class）裡萬磁王對X教授所說的話：「和平從來不是個選項」（Peace was never an option）。這並不代表萬磁王比較邪惡，而是以理想層面來看，大家都希望這世界沒有人種之間的糾紛，X教授的立場沒錯，萬磁王當然也沒錯。同理，對於巴勒斯坦問題，胡笙沒錯，阿拉法特也沒有錯，彼此的目標都是要為巴勒斯坦人追求權益。但因為出發點不同、採取的方法不同，就算有共同目標，也是相看兩相厭了。

約旦還是個選項嗎？

一九六七年六月的阿以戰爭後，以色列占領了自一九五〇年就歸屬於約旦的約旦河西岸地區。不過，爲了讓這區域的事務不會出現更多問題，以色列提出了「約旦選項」(Jordanian Option) 的策略，也就是讓約旦與以色列一同管理巴勒斯坦，避免讓巴勒斯坦獨立，對以色列造成威脅。可是，所謂的「約旦選項」並非以色列專有；巴勒斯坦也有自己定義的「約旦選項」。

誰能處理巴勒斯坦問題？約旦國王胡笙當然認爲只有約旦有資格，沒有其他選項。原本巴解在約以邊界持續抗爭，也代表巴解需要「約旦」這個選項，這樣的「選項」意涵就與上述的以色列立場大相逕庭。但在一九七〇年「黑九月事件」之後，胡笙鎭壓巴解，阿拉法特便轉移至黎巴嫩持續對抗以色列，「約旦選項」暫時消失。

一九七三年埃及對以色列的戰爭吞下敗仗，使得約旦主導巴勒斯坦問題的企圖心又藉機再現。相較起埃及長期對以色列的敵意，美國向以色列建議，約旦仍是比較適合的巴勒斯坦問題交涉對象。因此，一九七四年十月阿盟在摩洛哥 (Morocco) 召開拉巴特高峰會 (Rabat Summit)，強調巴解才是巴勒斯坦人民的代表，其中一個目的便是要降低約旦在巴勒斯坦問題的影響力，同時避免美、以、約關係靠攏，進而影響巴勒斯坦的發展。然而，胡笙還是主張只有約旦才有資格處理巴勒斯坦問題。

同時，移至黎巴嫩發展的巴解勢力逐漸擴大，獲得當地穆斯林的支持，卻因此引發一九七五年黎巴嫩基督教政府與伊斯蘭勢力長達十五年的內戰，更於一九八二年造成了以色列入侵黎巴嫩。[4]在一切情況皆對巴解不利的情況下，阿拉法特離開了黎巴嫩。

以黎戰爭爆發後，美國總統雷根（Ronald Reagan）提出「雷根計畫」（Reagan Plan），「同意巴勒斯坦與約旦共同治理西岸，而且有五年過渡時間讓巴勒斯坦成立自治政府，美國不支持以色列在這時間內增加屯墾區。」雷根認為雖然一九七八年之後以色列與埃及有過和談，都承認巴勒斯坦的自主地位，但還是需要有更多參與者，所以約旦就成為了選項。有了美國這個強權背書，讓胡笙更有信心主導巴勒斯坦問題。但是，以色列與阿拉伯國家都不滿雷根的計畫。

自五〇年代以來，埃及就是極力對抗西方與以色列的主角，但在一九七八年總統沙達特與以色列和談後，埃及在阿拉伯世界的形象受損，阿拉法特對沙達特也感到不齒。一九八一年沙達特遇刺身亡，就與這樣的氣氛有關。接任埃及總統的穆巴拉克（Hosni Mubarak）雖然延續沙達特的政策，不願再與以色列有軍事上的衝突，但他積極表現出整合阿拉伯世界的意圖，也想扮演處理巴勒斯坦問題的要角。

於是，穆巴拉克先是在一九八三年與胡笙會面，並在開羅（Cairo）接待離開黎巴嫩的阿拉法特。透過穆巴拉克，胡笙與阿拉法特在一九八四年十一月碰面，雙方取得共識，建立了「約巴聯邦」（Jordanian-Palestinian confederation），並於隔年二月簽署了《約巴協議》（Jordanian-Palestinian Agreement）：「在約巴聯邦之下，巴勒斯坦擁有自治權，巴解在國際會議中做爲巴勒斯坦代表。」看似約旦又獲得了主導權，但不少巴解人士反對阿拉法特，以色列當然也不同意這項結果。可見，任何一種「約旦選項」都無法令各方滿意。

一九八七年十二月，加薩北方發生猶太人駕駛的卡車撞死巴勒斯坦人的事件，引發了「巴勒斯坦起義」（Intifada），此舉不僅有抵抗以色列的意味，也有批判約旦的意涵。至此，胡笙感受到巴勒斯坦問題已經很難妥善處理了，情況只會越來越糟。一九八八年七月底，胡笙宣布不再堅持對西岸的管轄權。對以色列來說，一九六七年以來的「約旦選項」也就此失效。

4 二〇一八年的黎巴嫩電影《你只欠我一個道歉》（Insult），就是由上述的歷史背景改編而來，另也可參考美國電影《高壓行動》（Beirut）。

有鑑於情勢已與過去完全不同，巴勒斯坦人爭取獨立的氣氛看似達到了高峰，阿拉法特遂在一九八八年十一月宣布巴勒斯坦建國，決定獨力爭取巴勒斯坦的權益。至此「約旦選項」無論對哪一方來說，都已經無效。再加上一九九三年九月以色列與巴解簽署了《奧斯陸協議》（Oslo Accords），雙方總算相互承認，阿拉法特也得以成立自治政府。巴勒斯坦不需要再由他國作代表，當然約旦也就不需要再做爲選項了。不過，該年六月，約旦王子阿布杜拉二世與巴勒斯坦裔的拉妮亞結婚，許多輿論認爲這是約旦王室刻意想緩和對巴勒斯坦的關係。看起來，約旦還是想在巴勒斯坦問題上刷一點存在感。

然而進入二十一世紀，「約旦選項」依然在美國與以色列面對巴勒斯坦問題的討論中，可見它還是有發展的可能性，搞不好還會有人高喊「約旦魂不能亡」！畢竟自二十世紀以降，哈希姆家族在西方的壓力下，沒能建立大一統的阿拉伯王國，保護巴勒斯坦之路也很顚簸。後繼的伊拉克與約旦也都曾努力過，但一九五八年伊拉克的哈希姆王室被推翻後，迄今只剩下約旦延續家族香火。抱著「留得青山在，不怕沒柴燒」的想法，或許在下個我們未知的世代，哈希姆家族能夠如願保護巴勒斯坦，一統阿拉伯也說不定。

第二章　復興黨與阿以衝突的故事

開始起步的復興黨

大概很難想像，有個黨派在同一時期的兩個國家都是執政黨，而且共通點是國際形象都很糟糕——這個黨就是「復興黨」，成立於敍利亞，隨後在伊拉克建立分部。該黨在兩國都有形象不佳的領導人，前者是哈菲茲阿薩德（Hafiz al-Assad）與其子巴夏爾（Bashar），後者則是薩達姆。主流國際輿論都認爲他們是無惡不作的獨裁暴君，但我們應該去瞭解，這樣的形象是怎麼來的。

大概二十世紀三〇年代開始，敍利亞的基督教徒阿弗拉克（Michel Aflaq）宣揚阿拉伯人團結的復興運動，反映出在一戰結束後法國的占領下，部分阿拉伯人透過建立政黨（即「復興黨」）來實踐抵抗的企圖心。阿弗拉克主張阿拉伯統一、民族解放與自由，還要走社會主義（Socialism）的道路。不過主張阿拉伯團結的並非只有阿弗拉克一派，一戰後的法國控制時期已有「民族陣線」（National Bloc）這個主要勢力。一九三九年第二次世界大戰爆發，隔年法國敗給德國，敘利亞也成爲德國的勢力範圍，但在一九四一年被英軍占領。復興黨在這樣的氣氛下成立，不少人也前往同樣被英軍占領的伊拉克，擴大阿拉伯團結的勢力。然而，這時復興黨還不是敘利亞主要的政治勢力。二戰結束後，法國在歷經亡國又重新建國的窘境下，只好讓敘利亞脫離統治，成爲獨立國家。一九四七年七月，民族陣線的庫阿特里（Shukri al-Quwatli）當選總統。

一九四八年五月十五日，以色列在建國隔日立即被鄰近阿拉伯國家強攻。在阿拉伯民族主義本就盛行的時代，以色列這個敵人的出現，成了阿拉伯人齊聚一堂的好機會。很可惜阿拉伯人吃了敗仗，導致後來各走各的路。各個國家都才剛脫離西方控制，未來走向也都還沒有穩定，很難出現讓多數人一致認同的路線。一九四九年，敘利亞的庫阿特里政府因軍事政變而倒台，其中有美國介入，同年的兩次軍事政變，也都有來自英美的壓力。復興黨不僅參與政變，隨後在國會中占有席次，也有黨員擔任過國防部長及外交部長，儘管未掌握政權，但在軍事與政治方面仍有些優勢。參與過敘利亞復興黨活動的部分伊拉克人，在一九五一年回國後也成立了復興黨分部，開啟了復興黨在伊拉克的發展。

二戰結束後，國際局勢迅速轉爲美蘇對立，在一九五〇年韓戰爆發後更爲明顯。美國的反共意圖擴大，想在西亞地區加強圍堵蘇俄的勢力。而在二戰後被蘇俄壓迫的土耳其跟伊朗，很自然地向西方陣營靠攏。一九五五年由英國主導成立的中部公約組織，成員包括了土耳其、伊朗、伊拉克、巴基斯坦，但敍利亞與埃及不願與西方爲伍，甚至簽署合作協議一同對抗以色列及中部公約組織，背後還有蘇俄協助。這時的埃及總統納賽爾以對抗西方帝國主義之姿，在一九五六年蘇伊士運河戰爭時打出名氣，顯露出一統阿拉伯世界的氣勢。在納賽爾主義（Nasserism）盛行的情況下，許多地方都出現納賽爾主義者（Nasserist），敍伊兩國的復興黨內部也有這股力量。

一九五八年初埃及與敍利亞合併爲「阿拉伯聯合共和國」（United Republic of Arab），由納賽爾擔任總統。對敍利亞的復興黨來說，這確實實踐了團結阿拉伯世界的理念。約莫同一時期，在英國主導下，哈希姆家族統治的伊拉克與約旦也合併爲「阿拉伯聯邦」（Arab Federation）。不過，伊拉克長久累積下的反英、反帝國主義的浪潮在此刻爆發，同年七月軍事政變，伊拉克的哈希姆王室終結，新成立的卡希姆政府隨即解散僅僅六個月的阿拉伯聯邦，並退出中部公約組織。

另一方面，埃及與敍利亞的合併也沒有維持很久。敍利亞的復興黨原本期待兩國聯合是阿拉伯團結的希望，但合併時納賽爾要解散兩國政黨的主張，讓部分復興黨人覺得權益受損，對埃及轉爲失望。在埃及主導性較強的情況下，最終導致敍利亞軍方不滿而發起政變。一九六一年阿拉伯聯合共和國宣告解散，敍利亞脫離埃及而「獨立」。

對敍利亞復興黨的部分黨員而言，納賽爾主義雖是主要力量，顯現阿拉伯人團結的意涵，但共和國解散後，就需要警戒黨內納賽爾主義者的活動。另一方面，伊拉克的卡希姆政府雖然也有反帝國主義的企圖，但卻強調「伊拉克優先」，不符合伊拉克復興黨以團結阿拉伯為前提的基本立場。一九五九年復興黨試圖刺殺卡希姆未果，反落為卡希姆政府打壓的對象，更導致雙方敵對情況日增。一九六三年二月，伊拉克復興黨政變成功，敘利亞復興黨也「聞雞起舞」，於三月發動政變取得政權。

敘利亞與伊拉克的復興黨雙雙在一九六三年取得政權，讓這個黨的歷史邁入了新的階段。在立場相同、遭遇也幾乎相同的情況下，六〇年代伊拉克與敘利亞理應會攜手合作，團結阿拉伯世界。然而，事情如果有這麼簡單就好了……

摸索路線的復興黨

一九六三年，敘利亞與伊拉克的復興黨都取得了政權，但雙方領導階層失和，各自也都面臨著內部鬥爭問題，最後沒機會合作。而在隨後重大的外部環境影響下，導致雙方對於阿拉伯局勢及國際關係有不同的立場，更不可能有機會結合。雖然路線歧異，但仔細看其中的過程，其實兩國的復興黨都是在回應、抵抗整個不友善的大環境。

伊拉克復興黨內的不同派系在共同敵人消除後，呈現相互對峙的狀態。政變成功後，過去在卡希姆政府的阿布杜薩拉姆阿里夫（Abd Salam Arif）在國內擁有高度聲望，也成爲穩定伊拉克局勢的領導人人選。然而，阿里夫一直以來都傾向與埃及的納賽爾結合，也曾遭致卡希姆的不滿。當政後，他自然想與納賽爾合作。與此同時，敍利亞曾向伊拉克提議聯合，畢竟兩國都是以復興黨爲主的政權，相互合作與合併理所當然。但是當阿里夫想要擴大成敍、伊、埃三方合作時，狀況就不平順了。敍利亞復興黨歷經一九六一年與埃及分手的事件，對黨內的納賽爾主義者頗爲警戒。對納賽爾主義的埃及抱持不同態度，成了敍伊兩國合作的一大障礙。

另一方面，埃及對伊拉克的邀請反應也不熱烈，納賽爾不願意與復興黨有任何關連，使得阿里夫決定排除伊拉克復興黨的勢力，才能達成與埃及合作的目的。一九六三年十一月，阿里夫驅逐了政府內部的復興黨黨員。才不到一年時間，伊拉克復興黨又失去了政治勢力。但敍利亞復興黨的情況也不平靜，除了要排除納賽爾主義者，還要應付不願意與伊拉克合併的派系。後者在一九六六年政變成功，敍伊兩國的復興黨落入不同情勢之中。阿拉伯團結固然是衆人的目標，但復興黨內各派系立場不同，也導致「團結」成爲不可能的任務。

然而事情出現轉機。一九六七年阿以戰爭，以埃及爲首的阿拉伯國家再度吞下敗仗，以色列取得戈蘭高地、約旦河西岸、加薩、西奈半島，使得納賽爾主義失去既有的光芒。由於伊拉克政府傾向與納塞爾靠攏，讓伊拉克復興黨有了再一次推翻政府的機會，並於一九六八年七月政變成功。至於敍利亞，致力於擊敗以色列的復興黨黨員哈菲茲阿薩德也在一九七〇年政變取得權位。雙雙掌權的敍伊兩國復興黨，下一個目標就是成爲消滅以色列的阿拉伯英雄。

進入七〇年代，西亞局勢持續變化。納賽爾在一九七〇年去世，納賽爾主義也大爲削弱，但並不代表埃及在阿拉伯世界失去影響力。接任埃及總統的沙達特對以色列依舊保持敵對態度，一九七三年十月再次發動戰爭，目的是奪回西奈半島。在這樣的立場下，原先相互猜忌的敍利亞與埃及再次合作，沒想到兩國再度挫敗。此時身爲承繼對抗以色列勢力的代表巴解，自約旦轉往黎巴嫩發展，卻造成黎巴嫩社會的對立。敍利亞對此感到憂心，畢竟黎巴嫩能否擋住以色列還是個問題，若黎巴嫩也戰敗了，下一個以色列的進攻對象是否就是敍利亞？

但沒有人想到，埃及總統沙達特竟在一九七七年年底出訪以色列，與以色列和談。在一來一往間，敍利亞成爲繼續對抗以色列的阿拉伯國家，而伊拉克與敍利亞同樣抱持反埃及的立場，也進一步在一九七九年六月簽署兩國合作的文件。看似兩國終於要攜手合作了，但隔一個月後擔任伊拉克總統的薩達姆，卻對這份合作關係表現出冷漠的態度。一九七九年伊朗革命，持反美立場的何梅尼（Ayatollah Khomeini）上台，同年十一月更鬧出美國駐伊朗大使館遭到伊朗人包圍、甚至綁架外交人員的事件。美國與伊朗的關係正式破裂。何梅尼不僅反美，還想徹底否認過去巴勒維政府的對外政策。鄰國的薩達姆情況危急，因爲一九七五年他代表伊拉克政府與伊朗巴勒維國王達成邊界劃分的協議，此刻何梅尼的態度讓兩伊陷入緊張關係，導致了自一九八〇年九月起長達八年的兩伊戰爭。

兩伊開戰，伊拉克與敍利亞的復興黨卻持不同立場。由於伊朗成爲美國的頭號對手，與伊朗開戰的伊拉克、這個自一九五九年以來反美的國家，自然就變成美國盡釋前嫌的合作伙伴；而自冷戰開始後就保持反美立場的敍利亞，此刻自然也就變成何梅尼的伊朗可合作的對象。在這樣的情況下，先前才因反埃及立場出現合作契機的伊拉克與敍利亞，也就不可能再坐下來對談了。反美與不反美的立場，成爲兩國的復興黨友好與否的關鍵因素。

復興黨成立初期要團結阿拉伯世界的目標，分別在敍利亞與伊拉克兩國落地生根。但隨著六〇、七〇年代內外在環境的不斷改變，擁有多次合作契機的兩國，如今已經不再有團結的可能性，只能各走各的路。敍伊兩國的復興黨各自摸索自己的路線，然而八〇年代之後的情勢，讓兩個復興黨更加難以應對。

「邪惡」的復興黨

二〇一八年韓國電影《與神同行2：最終審判》有一句台詞：「世上沒有壞人，只有壞的情況。」換句話說，客觀的外在環境會影響主觀的個人行爲。不過，若外在環境刻意要把某個人的行爲妖魔化，那就更是讓他墜入人間地獄了。敍利亞與伊拉克的復興黨，就在外在環境刻意施壓之下，成了西亞地區至今人人喊打的大反派。

八〇年代的西亞陷入悽慘的狀態。冷戰局勢演變到七〇年代後期，多數西亞國家屬於美國陣營，受蘇俄支持的國家則以敍利亞爲主。其中阿富汗最爲特別，在一九七八年成立社會主義政府，卻又爆發內鬥，不願完全接受蘇俄控管，致使一九七九年年底蘇俄出兵攻打這個剛到手卻又叛逃的小兄弟。美國也參與了這場戰爭，一九八一年總統雷根更在阿富汗投入相當多的軍事資源，全力求取勝利。這麼一打，就打到一九八七年才結束。此外，一九八〇年九月伊拉克復興黨總統薩達姆對伊朗發動戰爭，再加上前一年伊朗的美國人質事件，也讓雷根與薩達姆越走越近。這麼一打，就打到一九八八年才結束。這兩場美國都介入的戰爭，讓美國在西亞比以往更有軍事影響力。

另外，一九八二年黎巴嫩與以色列爆發戰爭，主因是巴解在黎巴嫩南部抵抗以色列。

敍利亞復興黨總統哈菲茲堅決介入，除了是要奪回一九六七年被以色列占領的戈蘭高地，也是因爲一旦黎巴嫩失守，唇亡齒寒，敍利亞必定遭到波及。一九八五年黎巴嫩有美國人遭到眞主黨（Hezbollah）綁架，而傳言眞主黨背後由反美的伊朗支持。在反美等同反以色列的情況下，敍利亞與伊朗因此成了合作伙伴。

於是，八〇年代的西亞局勢，就是「敍利亞與伊朗 vs 伊拉克與以色列」，上方籠罩著美蘇冷戰的烏雲。敍利亞與伊朗在國際間的邪惡形象，也是源自於這種反美的立場。

一九八七年蘇俄終止阿富汗戰爭，一九八八年兩伊戰爭也結束了。隨後蘇俄在一九九一年解體，美國成爲世界最強霸權，西亞局勢的發展當然也得看美國的臉色。也因此，敍利亞對以色列很難再採取強硬態度，得勉爲其難進行所謂的和平談判（當然是以色列與美國的和平爲標準），拿不回戈蘭高地只能自認倒楣，還是得被國際媒體形容成邪惡人士。

一九八八年起，西亞地區的大型戰爭看似停歇，但伊拉克在一九九〇年攻打科威特，又讓波斯灣局勢陷入動盪。一九八九年美國總統由老布希（George W. H. Bush）擔任，盛產石油的波斯灣區域若動盪起來，必然波及布希家族經營的石油企業，這讓美國對伊拉克的立場由支持瞬間轉爲敵對。八〇年代雷根時期的美國協助伊拉克、把反美的伊朗妖魔化，但九〇年代初期老布希的美國也把伊拉克妖魔化了。做爲美國朋友或敵人的標準，只是利益二字而已。伊拉克就這樣加入了敍利亞與伊朗的行列，西亞的邪惡「三賤客」至此集結。

二〇〇〇年哈菲茲去世，該由誰來領導復興黨、領導國家，一時間難以定論。後繼的哈菲茲之子巴夏爾在執政初期所做的一些變革，例如釋放政治犯、開放言論空間等等，被主流國際社會一廂情願地認爲是「大馬士革之春」（Damascus Spring）。所以當九一一事件發生後，二〇〇二年美國將北韓（North Korea）、伊拉克、伊朗列爲「邪惡軸心」（Axis of Evil），卻沒有放入敘利亞，大概就是因爲那時巴夏爾的政策符合主流輿論立場的關係。

最倒楣的就是薩達姆了。在二十一世紀初適逢美國總統由小布希擔任，也就是老布希的兒子，他聲稱伊拉克擁有大規模毀滅武器（Weapon of Mass Destruction），因此一定要消滅這個恐怖的復興黨政權，並在二〇〇三年出兵攻打伊拉克。即使許多資料證明伊拉克根本就沒有那種武器，但小布希應該是爲了完成他老爸想剷除薩達姆的遺志，因此攻打伊拉克根本是場私怨復仇行動。薩達姆從未攻打過美國，但由於再次遇到布希家族執政，只好承擔擁有大規模毀滅武器、甚至會破壞世界和平這莫須有的罪名。

上述一切發展看似複雜，但性質卻相當簡單：只要對抗美國就是一大「原罪」，即使什麼事也沒做，還是會被冠上十惡不赦的形象。復興黨並不是邪惡的黨，兩個阿薩德與薩達姆也不是壞人，只因爲美國爲其塑造了不友善的「邪惡」形象，才讓他們就此萬劫不復。

第三章　埃及的奮鬥與阿以衝突

納賽爾的時代

一九五〇年代為美蘇冷戰初期，在雙方都還摸不清楚對方實力的情況下打了場韓戰，最後以北緯三十八度線為界，將朝鮮半島分成了南北兩韓。除了朝鮮因美蘇冷戰一分為二，西亞世界也是四分五裂。五〇年代開始，埃及總統納賽爾有意將西亞的碎片拼湊起來，一時之間成為西亞世界面對冷戰的指標人物。

儘管人們知道埃及是個擁有古老歷史文明的國家，可是從十六世紀成為鄂圖曼的領土之後，其實長達幾百年的時間都不是現今人們所認知的一個獨立國家，在十九世紀末葉還成為英國占領地。埃及的軍人與政治人物都會反抗過英國的統治，但都受制於英國壓力，而沒有改變局勢的機會。

一戰結束後，向來反英的埃及政治人物薩格魯勒（Sa'd Zaghloul）欲籌組代表團前往法國參與巴黎和會，希望英國承認埃及為獨立國家，這個代表團就是一九一九年成立的「華夫德黨」前身。這時美國總統威爾遜提倡民族自決原則，薩格魯勒的作法完全符合當下國際主流的氛圍。但若埃及不再是英國占領地，對英國來說會是一大損失，所以極力反對薩格魯勒。往後華夫德黨雖會取得政治優勢，並主導一九二三年埃及憲法的制訂，但薩格魯勒的反英立場，卻對埃及國王福阿德（Fuad）造成極大困擾；畢竟從福阿德的立場來說，一味對抗英國不會給埃及帶來好處。諷刺的是，當華福德黨於三〇年代再度成為國會主要勢力之後，也沒能減低英國的壓力，一九三六年的英埃條約也僅取得有限度的獨立自主。

這是近現代西亞世界辛酸之處。外界認為西亞國家衰敗、政治人物喪權辱國，將國家利益讓予外國勢力，罔顧國民生計，可是問題在於強權把持權益，當西亞國家極力抵抗時，必然會受強權打壓。因此，友好合作是西亞國家的策略，以期有突破困境的機會尋求自主。這情況並非人人都能接受，卻沒有其他更妥善的辦法。那些不顧一切反對外來勢力之群體，後人往往會給予所謂愛國主義者的評價，但其實這並無法改變時勢。基本上在英國還很強勢的時候，埃及無論是誰執政、無論怎麼做，結果都是一樣的。

二戰結束後英國勢力衰退，無法再直接控制伊拉克、約旦，而沙烏地選擇與美國為伍，伊朗也一樣向美國靠攏。一九四八年五月英國結束巴勒斯坦的委任託管，以色列旋即建國。埃及在一九五二年由軍人納奎布（General Mohammad Neguib）與納賽爾發起政變，維持反對強權的路線，「要解除帝國主義束縛，建立社會正義、追求經濟進步，也要維護埃及尊嚴。」

爲了孤立埃及、反對蘇俄，英國於一九五五年在西亞成立中部公約組織。但納賽爾如此回應：「西亞的防衛工作應由當地人民來安排，不需要受外來勢力擺布」、「埃及已經擬定了反擊對阿拉伯國家施加壓力的計畫（中部公約組織），要消除外界對阿拉伯世界的威脅、終止外界一再地分裂阿拉伯國家。」至於蘇俄，在西亞的拓展雖受中部公約組織阻擋，卻因爲埃及極力反對資本主義（Capitalism）國家而找到了合作對象。儘管埃及沒有成爲與蘇俄一樣的共產主義（Communism）國家，納賽爾也不完全與蘇俄契合，但雙方反對美國的立場是一致的。然而在西亞世界，美國勢力還是略勝一籌，蘇俄一直沒能達成協助埃及抵抗西方勢力的目的。

納賽爾的批判確實沒有錯，西亞的阿拉伯世界就是因爲美蘇冷戰而分裂。如同南北韓問題，美蘇都想要插足朝鮮半島，最後將這個原本不見得會分裂的地方，弄出了南北兩個對立的局面。西亞國家若沒有外來強權的壓力，也不至於在美蘇對立之際需要選邊站。因此，納賽爾表示：「決心保障阿拉伯世界不受冷戰毒害，採取中立政策，不讓冷戰波及阿拉伯世界。」在中部公約組織成立隔年，埃及封鎖了英國自十九世紀下半葉握有最大經營權的蘇伊士運河，以及以色列南方的蒂朗海峽（Straits of Tiran）。資本主義陣營在西亞世界生存的經濟命脈，就這樣讓納賽爾切斷了，也因此爆發了蘇伊士運河戰爭。儘管埃及在戰爭中並未取得勝利，但納賽爾也因而成爲了阿拉伯世界的領導人物。納賽爾是激進的政治強人，只是西方中心觀的看法而已。

不過，納賽爾得以強悍對抗西方國家，無論有沒有蘇俄協助，絕對也不完全是靠他自己的力量，這必然與五〇年代以前埃及王室與政府的努力有密切關係。若沒有前朝奠定了對抗強權的基礎，納賽爾肯定也沒有扭轉局勢的可能性。更何況，若沒有二戰後英國勢力的衰弱，納賽爾在一九五二年之後也不會有對抗外來勢力的空間與機會。換句話說，納賽爾能夠掀起一九五六年的蘇伊士運河戰爭，不是他的主觀意念就能夠做到的，外在的客觀因素也需要納入考量。

埃及自十九世紀末以來累積反抗強權的能量，在納賽爾時期英國衰弱、美蘇冷戰尚未形塑完成之際爆發出來。雖然納賽爾在一九七〇年去世時仍未擊敗西方勢力，可是後人也難以就此評斷埃及在對抗強權中落敗，因爲納賽爾時期必然也累積了不少能量，或許在下個世代會以不同的形式再次改變西亞世界。

埃及與沙烏地：兩強爭霸

二十一世紀的埃及與沙烏地沒有對立關係，而兩國也都對美國友好，但半個世紀之前卻不是這個樣子。埃及與沙烏地想要擺脫英國的壓力，但雙方各有各的發展，也在五〇年代獲得不同陣營的強權支持，走上了不同的道路。而在過程之中，埃沙兩國彷彿有阿拉伯地區爭霸的情結：埃及總統的影響力高過任何阿拉伯國家的領導人，沙烏地也得等到一九七〇年納賽爾去世才開始提升其在阿拉伯與國際世界的地位。

埃及於一八八二年被英國占領，阿拉伯半島也在英國勢力的籠罩下，故埃及與紹德家族的共同目的，都是擺脫英國的壓力。儘管一戰結束後埃及獨立，但英國仍有軍事上的影響力。二戰期間北非地區淪爲戰場，德軍逼近埃及，英軍也藉由軍事反擊的方式，維護自身在這個銜接東地中海與紅海的區域。一九四三年年底，英、美、中在埃及召開開羅會議（Cairo Conference），更讓埃及儼然成爲反德國陣營的重要成員。埃及軍官納賽爾相當不滿英國對埃及的長期壓迫，遂於一九五二年七月發起政變。這並不是軍人的首次掌政，畢竟近一百多年來埃及（鄂圖曼時期）就是由軍人掌握政權。過去埃及政府與英國簽立的條約，也被新的軍人政府否決。

沙烏地於一九三二年建國之前，紹德家族與哈希姆家族相互對立，而伊拉克與外約旦這兩個哈希姆勢力有英國的扶持，連帶使得紹德家族反英情緒濃厚。正好美國在西亞地區尋求開發石油利益的機會，擁有龐大石油蘊藏量的沙烏地，便成了美國接觸的對象，而沙烏地也藉此找到強大的後盾，得以打擊英國在阿拉伯世界的優勢。

五〇年代開始，美蘇冷戰也在西亞地區上演，兩強都在爭取盟友。在納賽爾反西方帝國主義立場的眼中，美國、英國、以色列都算是同一陣營，而一九五五年土耳其、伊朗、伊拉克、巴基斯坦在英國主導下成立中部公約組織，更讓納賽爾大爲光火。儘管納賽爾無意加入冷戰任何一方，但蘇俄對埃及表達善意，在軍事方面更多所協助，成爲埃及對抗西方帝國主義的重要支柱。在納賽爾宣布蘇伊士運河國有化之後，等同是要切斷英法經濟命脈、排除英法勢力，英法心想這樣眞的「母湯」。（編註：臺語諧音，不行、不應該之意。）這時以色列也加入英法陣營，展開一九五六年的蘇伊士運河戰爭，正好讓納賽爾有機會一次解決三個對手。這場戰爭，彷彿是「共產主義」與「納塞爾主義」合力強壓「資本主義」與「猶太復國主義」。

至於沙烏地，雖然跟以色列也是敵對立場，但向來其主要對手就是哈希姆家族，過去交惡的關係一日不移除，就彷彿兩顆大石頭壓在紹德王室的肩膀上一樣痛苦。而以色列不是沙烏地最急迫處理的對象，當然也可能因爲雙方共同的「老闆」是美國。再加上，納賽爾雖然在蘇伊士運河戰爭中敗陣，卻成了阿拉伯世界的英雄，連沙烏地王室中也有支持納賽爾的派系，這對沙烏地的紹德國王（King Saud）的權威造成莫大威脅。一九六〇年甚至有消息指出紹德國王有刺殺納賽爾的計畫。無論這消息是否確實，但埃及在阿拉伯世界至高無上的地位，還有哈希姆家族的存在，都讓擁有聖地的沙烏地感受到在阿拉伯地區邊緣化的危機。

為了孤立埃及，一九六四年起擔任沙烏地國王的費薩爾（King Faysal）甚至放下對哈希姆家族的敵意，出訪了伊朗與土耳其。一九六九年，當耶路撒冷的阿克薩清眞寺遭祝融之災，費薩爾便批判以色列該負責，主張團結所有的穆斯林。費薩爾對以色列採強硬態度，必然是要打擊納賽爾的聲望。然而，納賽爾於一九六七年再次與以色列的對抗以失敗收場，並在三年後因心臟病去世。對沙烏地來說未嘗不是件好事，因為終於少掉了這個具有威脅性的鄰居。埃沙過去固然有擺脫英國壓力的共同意圖，但又隨著時局轉為有勢力競爭的意涵。

埃及與沙烏地：攜手合作

納賽爾去世後，阿拉伯霸主的地位正式由沙烏地取代。納賽爾時期的埃及為反對西方帝國主義的代表，納賽爾主義也席捲了阿拉伯世界。一九七〇年後埃及的聲勢下跌，與蘇俄的關係也不如過去緊密；而沙烏地雖晉升為阿拉伯世界的領頭羊，卻與美國仍有合作關係。這都表示阿拉伯國家與西方的對抗，即將進入不同的階段了。

沙達特接任埃及總統後，於一九七三年十月再次與以色列交戰。此時的沙烏地國王費薩爾對於沙達特較無敵意，雙方還在一九七三年年中簽署過共同防禦條約。當埃及與以色列的戰爭再起，沙烏地也做出了他們要消滅以色列的第一次重要行動，就是實行石油禁運、提高油價。沙烏地祭出的「石油武器」（oil weapon）狠狠痛擊了美國。費薩爾對以色列態度轉趨強硬，也等於是不認同美國對以色列的支持。這也看得出來，美國與沙烏地雖然有石油方面的合作關係，但在以色列問題上，沙烏地還是站在阿拉伯人的立場。

在這場戰爭中，沙烏地取得了相當大的勝利。埃及並沒有在戰爭中取得好處，因為戰爭初期看似可以擊潰以色列，但隨後卻又陷入頹勢。美國對於沙烏地石油禁運並無能力做出回應，畢竟此刻國內陷入總統尼克森（Richard Nixon）的「水門事件」（Watergate Scandal）

風暴中，只能冀望沙烏地自行取消石油禁運，並降低石油價格。此外，沙烏地的策略也影響了歐洲的經濟。一時之間，沙烏地成了西亞與世界矚目的焦點。沙達特對阿以問題的影響力已經不大了，反而是費薩爾的「石油武器」成爲決定阿以關係走向的關鍵因素。石油價格在這時期往上提升，在十月戰爭爆發後約半年時間，一桶石油從三美元上漲到十一美元。這當然無法與我們這個時代相比，但在七〇年代，這個情況卻是主流國際社會的「石油危機」（oil crisis），對沙烏地等西亞產油國家來說，則是「石油景氣」（oil boom）的時代。

一九七三年十一月，美國調停埃以之間的戰爭。接任尼克森職位的福特（Gerald Ford）意識到，要讓西亞地區維持穩定狀態，對埃及表示友好是相當關鍵的一步。美國就在內外交困的情況下，稍微地正眼看了一下埃及。同時，沙達特也開始對以色列表示善意，以求取回一九六七年被占領的西奈半島，並在一九七七年年底訪問以色列。隨後的埃以和談，絕對是納賽爾時期人人都想不到的意外局面；更令人意外的是，沙達特與時任以色列總理比京（Menahem Begin）還在隔年共同獲得了諾貝爾和平獎。一九七七年年初才就職的美國總統卡特（Jimmy Carter）必然感到高興，因爲歷任總統都沒能解決阿以問題，卻在他這個菜鳥總統任內解決，彷彿天上掉下來的禮物，心裡想著一九八〇年競選連任鐵定「凍蒜」！

沙達特與美國友好，必然引起阿拉伯國家的不滿，當然沙烏地對埃及又再次採取敵對態度。但是，這卻沒有讓沙烏地與美國繼續交惡，因為一九七九年發生了兩件大事：一是伊朗革命，二是蘇俄入侵阿富汗。伊朗革命後，宗教人士何梅尼取得政權，他的反美立場，以及十一月四日首都德黑蘭的美國使館遭圍與外交人員被挾持事件，中斷了以往伊美兩國的友好關係。此外，何梅尼也批判沙烏地給予那些西方「異教徒」太多的石油利益，這也是何梅尼向來批判過去巴勒維政府的言論。十二月，蘇俄攻打阿富汗，讓沙烏地意識到共產主義對伊斯蘭的威脅，反而資本主義會是個比較可以接近的對象。一九八〇年伊朗與伊拉克的兩伊戰爭爆發，美國協助伊拉克對抗伊朗，而沙烏地也給予伊拉克諸多協助。阿富汗戰爭時期，沙烏地與美國有密切的軍事合作，沙烏地人奧薩瑪賓拉登（Osama bin Laden）在此時協助美軍在阿富汗的軍事訓練及資金投入。結果，兩伊戰爭與阿富汗戰爭差不多都打了八年，讓沙烏地與美國的關係更加緊密：共同反伊朗、共同反蘇俄。

從前文可看到，一九七九年後西亞局勢風雲變色。埃及與以色列和談，伊朗革命的效應促成了沙烏地與美國不似一九七三年以來的敵對，這也就代表埃及、以色列、沙烏地、美國成了可以打一桌麻將的四個好朋友。一九八三年，沙烏地也宣示結束對埃及的緊張關係。就算大家不是完全契合，例如時至今日沙烏地與以色列之間仍未正式建交，埃及也支持巴勒斯坦人對抗以色列，但可能看在彼此背後的「老闆」都是美國的情況之下，已經沒有八〇年代以前那樣的緊張關係。

於是，埃沙兩國大致就在八〇年代同時與美國靠攏。即使有大大小小的爭執，美國對埃、沙、以的關係也不完全和諧，卻都不致出現重大的對峙局勢。埃及與沙烏地兩個國家，雖然在二十世紀前期持不同立場，卻在八〇年代之後趨於友好。然而下個世代若埃沙又有所對峙，人們看待過去兩國的友好關係時，也許又會有不同的歷史解釋。

第四章　阿以問題的當代爭議

遺臭萬年的《貝爾福宣言》

一九一七年十一月，英國外交部長貝爾福宣告，願意協助歐洲的猶太復國主義者在巴勒斯坦建立家園。這份稱爲《貝爾福宣言》的文件，造就了至今百年的禍害。當然，貝爾福絕對不會想到該宣言會造成後續無法解決的問題，但也可以看到，看似較爲「文明」的西方人，決策往往不見得高明或深謀遠慮，單純就是爲了當下的利益而已。這也導致原本應該平靜的巴勒斯坦，此後陷入無止盡的衝突與戰爭。

一九一四年世界大戰爆發，原本戰場在歐洲大陸，但鄂圖曼於十一月加入德國陣營之後，英、法、俄也不得不與鄂圖曼交戰，戰場就從歐洲推進了西亞。在西亞的局勢發展中，英國與俄國本就扮演主要角色。長期以來俄國與鄂圖曼在黑海地區交戰，俄國試圖穿越黑海海峽，鄂圖曼死守到底。英國與俄國既爲競爭對手，大致上也就做爲鄂圖曼的盟友來對抗俄國，不斷動用外交與軍事方式將俄國逼退在黑海以北，著名的一八五六年克里米亞戰爭便是如此。

到了二十世紀初期，當德國不斷壯大的影響力擠壓到英俄等強權的生存權益時，英俄也就不得不放下爭議，專心對抗德國這個共同的敵人。一戰爆發之際，就是德國、奧匈帝國、義大利「三國同盟」（Triple Alliance）與英國、法國、俄國「三國協約」（Triple Entente）兩大政治集團的對抗。當鄂圖曼在一戰成爲德國盟友之後，英國對於這個古老帝國的態度也不一樣了。俄國在黑海、裏海（Caspian Sea）地區、高加索與鄂圖曼交戰，英國的戰場則主要在美索不達米亞。一九一四年底英俄與鄂圖曼對戰時，討論如何取得讓各自滿足的利益。俄國外交部長薩左諾夫（Serge Sazonov）強調，黑海是俄國最關注的地區，也希望能夠掌控鄂圖曼首都伊斯坦堡。英國外交部長葛雷（Edward Grey）爲求盡快戰勝德國陣營，便同意俄國主導黑海地區的戰局。

這也牽涉到伊朗局勢。受德國勢力影響，英俄在伊朗的競爭關係於一九〇七年起有所轉變。過去兩強大致在伊朗南北各據一方，俄國影響伊朗北部，英國的勢力則是在南部與波斯灣一帶。德國勢力崛起後，英俄放下爭議，在伊朗正式劃分勢力範圍：北方爲俄國所有，東南方爲英國所有，英俄雙方互不干涉，中間有一緩衝區。這就是《一九〇七年英俄協定》（Anglo-Russian Convention of 1907）的重點內容。但一九一五年時俄國軍事武力已完全進入伊朗北方，英國軍隊也占領了伊朗西南部若干城鎮，《一九〇七年英俄協定》已然無效，葛雷與薩左諾夫便同意在戰爭結束後重擬新的協定。英法俄三方決定，戰後俄國全然主導黑海、高加索及裏海部分，而英法瓜分美索不達米亞，然後英國在伊朗的勢力範圍可擴及到一九〇七年協定裡的緩衝區內，是爲《君士坦丁堡協議》（Constantinople Agreement of 1915）。但這還是個祕密協議，當時並沒有公開。

一九一六年，德國與鄂圖曼對英俄造成重大打擊。伊朗雖然在戰爭開始後就宣示中立，但英俄還是質疑伊朗是否會向德國靠攏，再加上一九一六年年初戰局吃緊，英俄與伊朗便有幾個月的結盟協商時間。伊朗政府向英俄表示，要結盟可以，但條件就是過去不公正的協議必須要重擬，甚至是一筆勾銷，而且英俄還要補給足夠的人力與軍需，伊朗才有可能結盟、參與戰爭。還有，結盟必須維持十五年左右的時間。這對英俄兩強來說是相當棘手的事情，彼此都不願放棄在伊朗既有的利益，但又想要順利與伊朗結盟，以消除任何德國陣營持續壯大的可能性。薩左諾夫提出反對意見，只願意給予有限的軍需人力，過往的協議應於戰後再來談判，且結盟只限戰爭期間。當然，伊朗絕對不同意這樣的要求，最後談判破局。

一九一七年，俄國爆發了兩次革命。七月中旬克倫斯基（Kerensky）政府同意把軍隊撤離伊朗，十一月列寧的蘇維埃政府成立後，更主張要退出戰場，要一改過去帝國主義的作爲，還決定放棄對伊朗的特權。這樣的重大變局對英國充滿好處，這代表英國在西亞地區的決策，已經不需要再考慮俄國的意見了。於是，在前一年年底接任外交部長的貝爾福，對西亞地區的態度就與前一任部長葛雷完全不同。葛雷的決策多半要考慮俄國，甚至在內閣裡備受質疑，後代史家也批判他的政策軟弱，面對俄國毫無自尊可言。但葛雷的時代氣氛就是如此，其實不需要以負面的角度觀之。貝爾福初任外交部長，正好是俄國退出戰爭的時期，更可以自由行動。那時候歐洲猶太人正在進行復國主義的運動，目的地就在巴勒斯坦，並央請英國政府給予協助。對於貝爾福來說，在西亞地區多出一批可以信任的合作夥伴，會是加強英國在西亞優勢的最佳方式。

《貝爾福宣言》在一九一七年十一月推出，完全呈現英國想要一手掌握西亞地區的意圖。沒有俄國這樣的競爭對手，無論協助猶太人進入巴勒斯坦是否是個正確或正面的決定，對貝爾福來說都是加強英國在西亞外交的籌碼。但是，當年意氣風發的貝爾福，在百年後卻是造成巴勒斯坦悲劇的始作俑者。若情況不會改變，《貝爾福宣言》將就此遺臭萬年。

偽善的諾貝爾和平獎

諾貝爾和平獎創始於一八九五年，每一個獲獎人都代表他們的努力有其重要成果，也有永存人們心中的歷史意涵。在人們主流的觀念中，獲得這座獎項，就代表這個人確實對這世界有重大的貢獻。但是，也有不少人問道：「這世界真的和平了嗎？」而且，是否必須符合某種價值觀才能得獎？我們也可以問：「這個獎真的是爲和平而頒嗎？」

在現代的西亞歷史之中，以色列人與阿拉伯人的衝突至今仍然無解，很多人都想知道究竟何時可以和平落幕。以色列於一九四八年五月建國，隨後與鄰近的幾個阿拉伯國家交戰。衝突與糾紛並非以色列建國之後才有，其實從十九世紀末歐洲的猶太復國主義者積極移居至巴勒斯坦之後，就開始出現土地、身分、文化方面的紛爭。不過，自古以來就有不少猶太人居住在巴勒斯坦，固然也有各方面的問題，但肯定不至於到仇恨與對立。

猶太復國主義者藉由英國的力量，在二十世紀初期大量移入巴勒斯坦。但大批有目的移入巴勒斯坦的猶太人，擠壓了當地阿拉伯人的生存空間，無論他們的立場多麼有正當性，對長久以來就居住在當地的阿拉伯人來說，這些新來乍到的猶太人就是外來者。一九四七年聯合國的分治方案，卻是將半數以上的巴勒斯坦土地分給猶太人。當以色列宣布建國後，鄰近的阿拉伯國家，如約旦、敘利亞、黎巴嫩、埃及等國家出兵攻打以色列，試圖除去這個強行欺壓阿拉伯人的國家。誰破壞了和平，不言而喻。

雖然一九五六年的戰爭使埃及總統納賽爾成爲阿拉伯世界的指標人物，但其實以色列的領土不斷擴張。一九六七年以色列併吞埃及的西奈半島後，這塊失土就一直是埃及的痛處。同時，美國逐漸對以色列全然支持，也使以色列對鄰近的阿拉伯國家有恃無恐。一九七〇年埃及總統沙達特雖然誓言消滅以色列，但在一九七三年對以戰爭再次失利的情況下，沙達特也開始思考與以色列對談，以取回西奈半島。一九七八年在美國總統卡特的主導之下，沙達特與以色列總理比京握手言和，還共享了諾貝爾和平獎。

諷刺的是，引起巴勒斯坦問題的是猶太復國主義者，是英美等國，但主流輿論沒有予以批判。以往阿拉伯國家如何努力捍衛阿拉伯人在巴勒斯坦生存的權益，不讓以色列與西方強權予取予求，卻都不見任何讚賞。約旦國王阿布杜拉與埃及總統納賽爾都致力解決問題，也從未獲得任何和平獎項。人們只看見阿拉伯國家引發糾紛，以色列是受外在威脅下艱苦生存的小國。反而一九七七年沙達特主動表示和談後，竟在短時間獲得國際肯定，也獲得諾貝爾和平獎。這樣的和平，只不過是主流標準下的和平，並不是埃及與整體阿拉伯國家的和平。

更何況，阿拉伯世界有衆多國家，就算埃及與以色列和談，也不代表其他阿拉伯國家願意跟以色列和談。阿以問題發展至此，已經很難從「阿以」整體的角度來觀察，其實是需要從「埃以」、「敍（利亞）以」、「約（旦）以」等個別角度著手。這樣一來，究竟誰的標準才能算是眞正和平的標準，也無法判斷了。

卡特、沙達特、比京在一九七八年的意氣風發之後，下場都很悽慘。卡特在一九七七年就任美國總統，不過兩年時間就有以埃和解這樣的成績，必然有助於他的聲望。但人算不如天算，一九七九年十一月四日，伊朗在革命之後反美聲浪高漲，一群伊朗人衝進美國駐德黑蘭大使館，綁架多名外交官，持續了四百四十四天之久。卡特在一九八〇年出動救援部隊失敗，反而重挫自己的聲望，最後連任失敗。而沙達特雖有突破對以色列僵局的成果，但也是因爲對以色列和談，而在一九八一年十月六日遭到反對人士殺害。至於比京，因一九八二年陷入對黎巴嫩的戰爭，再加上妻子去世，故黯然卸下總理一職。

至今，以色列與阿拉伯國家的衝突沒有任何改善。每一個人、每一個群體、每一個國家都有不同的立場，「和平」也總是某一方屈就於更強勢的一方。一九七三年北越的黎德壽與美國的季辛吉（Henry Kissinger）在越戰和談後共同獲得諾貝爾和平獎，黎德壽批判此獎僞善而不願領取。比較起來，黎德壽有風骨，季辛吉只是擁有霸權的優勢而已。回過頭來看，西亞的和平其實無論如何調解、如何探究，任何討論都不可能取得平衡點。誰掌握話語權誰就是和平，實在極度諷刺。

無解的阿以衝突

二〇一八年五月十四日，美國駐以色列大使館正式在耶路撒冷掛牌，隨後引發嚴重衝突，加薩有衆多巴勒斯坦人在抗議之中傷亡。這一天是以色列建國七十週年，慶祝活動必然少不了，當然也無法避免會有巴勒斯坦人的抗爭活動。畢竟對巴勒斯坦人來說，七十年前有無數同胞遭到以色列驅趕，原本的居民成了難民。人們歡慶的以色列建國日七十週年，卻也是巴勒斯坦人的「災難日」七十週年。

巴勒斯坦的阿拉伯人與猶太人問題，從二十世紀初期歐洲猶太人移入之後就沒有中斷過。這與《舊約聖經》（*Old Testament*）及《古蘭經》（*Quran*）完全沒有關係，因爲巴以的問題全然是現代問題，都是從一九一七年《貝爾福宣言》支持猶太人在巴勒斯坦建立家園開始。不同族群本來就有差異，無論語言、風俗、傳統、文化都不同，並沒有什麼好說的，也不代表會造成衝突。可是一九一七年之後猶太人移入巴勒斯坦，就是個政治問題了。有英國這樣的外來勢力推波助瀾，任由猶太人再怎麼說，往後受到多少阿拉伯人的批判，一九四八年的建國其實算是相當順利的。反觀當時的巴勒斯坦人若想爭取權益不受以色列控制，大概也沒有強權願意支持。

長久下來，鄰近的阿拉伯國家大概也無意再處理巴勒斯坦問題了。儘管在以色列建國之後，阿拉伯國家立卽發起戰爭，但多次交戰下來，擁有美國與國際社會支持的以色列，幾乎立於不敗之地。在一九六七年六月的阿以戰爭後，曾經出現一個領土範圍從戈蘭高地一路南下進入西奈半島的超大以色列，而同年十一月聯合國頒布的第二四二號決議只要求以色列退出占領地，卻沒有提到應該如何尊重巴勒斯坦人的權益。這號決議完全沒有約束或制裁以色列的作用。

約旦跟埃及都曾是主導巴勒斯坦問題的要角，但也都先後與以色列和談，甚至與美國靠攏。黎巴嫩在八〇年代開始與以色列交戰，敍利亞的戈蘭高地還在以色列手上，自己都自顧不暇。要像一九四八年那般，阿拉伯國家集體對戰以色列，已經是不可能的事情了。但似乎自一九六七年以來也沒有其他更好的決議，以致於五十多年過去了，連一九九四年在艱苦中成立的巴勒斯坦自治政府（Palestinian Authority）還有伊斯蘭抵抗運動（Islamic Resistance Movement or Harakat al-Muqawamah al-Islamiyyah，另譯爲哈馬斯 HAMAS），都同意以聯合國第二四二號決議與以色列交涉。這個情況代表了，不玩西方的遊戲規則，絕對不會有任何結果。問題是，半個世紀前的決議，能夠處理這個時代的問題嗎？

在今日，儘管有時看到俄國、英國、法國、土耳其等都有譴責以色列的言論出現，但究竟誰會誠心支持巴勒斯坦？也許只有伊朗吧，因爲一九七九年革命後的伊朗政府，由持反美立場的精神領導人何梅尼掌握政權，連帶也反對以色列。他譴責美國是「大撒旦」（Great Satan），而以色列是「小撒旦」（Little Satan）。因此，爲巴勒斯坦人奮鬥的阿拉法特，還特地去了一趟伊朗祝賀何梅尼革命成功。之後的伊朗沒有以色列使館，反而有巴勒斯坦使館。這樣的立場在一九八九年何梅尼去世後也沒有轉變，現任精神領導人哈梅內意沒有停止過對美國與以色列的批判。

但問題是，伊朗與以色列的許多角力看來只是心戰喊話。例如在伊朗的媒體輿論中，多半稱以色列爲「猶太復國主義者政權」（Zionist regime），僅在用詞方面降低以色列的層級，無法給予多大的打擊。即使二〇〇五年伊朗總統阿賀馬迪內賈德（Mahmoud Ahmadinejad）有過疑似針對以色列的激烈言論，但終究也沒有實際行動。這麼多的口水戰打來打去，又有哪個國家實際用行動協助巴勒斯坦？大家都不願意成爲發起戰爭的人，若有人發起對以色列的抵抗，屆時肯定被主流輿論批判爲恐怖主義、恐怖行動。聲援巴勒斯坦人的言論總是僅止於言論，不會有哪個國家往耶路撒冷，或者華盛頓（Washington）轟一下。

這就是國際政治的現實。不受主流價值觀認可的想法與行動，始終是受到人們批判。

上個世紀六〇年代以來領導巴解的阿拉法特，一再對以色列發起抵抗行動，在國際間阿拉法特就是恐怖分子，巴解就是恐怖組織。直到一九九三年與以色列總理拉賓（Yitzhak Rabin）對談，才拿到了諾貝爾和平獎。諷刺的是，只有在主流國際社會遊戲規則之下的努力，才是和平；其他無法受到認可的，就是恐怖行動。阿拉法特的目標必然從未改變，卻也只能玩別人的遊戲規則，才取得一丁點成果。拿到諾貝爾獎時的他，心裡可能不會太好受。從恐怖分子到和平之父，這樣的形象轉變，對他來說絕對沒有意義。二〇〇四年阿拉法特去世，至今巴勒斯坦還是只有自治政府，仍舊不是國際認可的獨立國家。阿拉法特在天之靈，應該會覺得九〇年代的談判一切枉然。

以色列與巴勒斯坦之間就是兩條平行線，除非某一方勢力衰微，問題才可能解決。任何階段的和平談判，都只是當下的情勢使然，一旦複雜的主客觀因素有所改變，一切就豬羊變色了。一九一七年英國的《貝爾福宣言》至今已經背負遺臭萬年的罪名，美國總統川普（Donald Trump）宣布耶路撒冷是以色列首都，大概也會步上一樣的後塵。

耶路撒冷事件的反思

在川普二〇一七年十二月正式宣布耶路撒冷爲以色列的首都後，新聞報導中已經可以看到不少穆斯林爲之憤怒的畫面。川普的決策很難說會改變些什麼，畢竟穆斯林對於美國與以色列的憤怒不是現在才有，而巴勒斯坦周邊的局勢也很難出現什麼大變動。伊朗總統羅哈尼（Hassan Rouhani）隨後表示，如果沙烏地阿拉伯停止對葉門（Yemen）轟炸、終止對以關係，那伊朗就會與沙烏地和緩緊張關係。然而，實際上德黑蘭與利雅德（Riyadh，沙烏地首都）會就此靠攏嗎？

有人會覺得穆斯林沒資格憤怒，畢竟幾千年前耶路撒冷就屬於猶太人所有，《舊約聖經》已經寫得很清楚了。但有不少聖經研究指出，考古資料無法證明自古以來就有猶太人的存在，大概要到大衛（David）時期才比較能確定有這樣的族群；而且，很可能不是什麼很大的勢力。後來古代以色列滅亡，耶路撒冷的主導權不斷易手，再加上自七世紀至今都是穆斯林主宰這個地方，已經離開了的猶太人其實也沒資格再去要求什麼。更何況，歷史上仍然有眾多猶太人沒離開過巴勒斯坦，代表要在巴勒斯坦建國、甚至要求成爲耶路撒冷唯一的主人，並非當地猶太人所考慮的問題。近現代的巴勒斯坦與耶路撒冷問題，是歐洲的猶太復國主義者所引起的，並非猶太人。

引發更多問題的原因是，半個多世紀以來，巴勒斯坦問題與耶路撒冷的歸屬，從來都不是阿拉伯人或穆斯林所能決定的，而是一九四八年建國的以色列，還有遠在世界另一端的美國。舉個簡單的例子，如果自己的家族在某一地已經住了幾十年，這時有一批自稱其祖先在更早之前就住在這裡的人要求重新住進來，背後還有權位更高的人要求我們讓出空間，甚至強迫我們離去，有誰會答應呢？這已經不是宗教問題了，這是生存問題。若是我們自己遇到這個問題，難道會說自己沒資格憤怒？

川普承認耶路撒冷爲以色列首都，讓沙烏地不滿，但會不會動搖沙美關係還很難說。從二戰以來的沙烏地與美國，關係並非一路平穩，在巴勒斯坦問題上，沙烏地也不同意美國與以色列的作法。但今日沙美雙方互利的好處大過於其他層面，因此沙烏地應不會對以色列有所行動，頂多不與之建交而已。此外，伊朗的羅哈尼向沙烏地表示善意，也可能是在試探沙烏地會有什麼反應，或想讓沙烏地的處境更加尷尬。羅哈尼應是藉機要求沙烏地放下敵對立場，形塑出西亞兩大穩定國家一致對抗以色列的氣氛。總的來說，耶路撒冷問題不見得會讓沙美關係決裂。沙烏地對美國跟以色列，可能就是維持原狀。對於伊朗，可能更會維持原狀。若與伊朗靠攏，引發美國的反對，必然沒有好處。

在羅哈尼批判以色列與美國的同時，土耳其總統艾爾多安（Recep Tayyip Erdogan）也有一致的看法。艾爾多安批判以色列是「殺害孩童」（Killer of Children）的政權，而且也是「恐怖主義」政權。就耶路撒冷問題來看，以色列在西亞地區已經遭到滿大程度的孤立了。美國的國際形象只會更差，當然沒有人想走向戰爭，但很顯然美國也沒有處理西亞問題的策略。總之，川普的決定仍有利於以色列的生存，而最後陷入動盪的仍然是阿拉伯世界，被主流媒體批判的還是穆斯林。

戈蘭高地的爭議

二〇一九年三月底，美國聲稱以色列擁有敘利亞戈蘭高地的主權。過沒多久，以色列還在戈蘭高地設置了一塊名為「川普高地」（Trump Heights）的占領區。諸多媒體都在看阿拉伯人如何憤怒、猜測是否還會爆發阿以之間的戰爭。而伊朗、土耳其、俄羅斯則保持近年來的合作氣氛，一致譴責美國的決定。戈蘭高地自上個世紀延續至今，仍舊是國際新聞頭條。但此時還可看出，在國際強權的勢力消長上，美國似乎趨於弱勢了。

自一戰結束以來，西亞地區的諸多國家都是「被創造」的，導致了諸多無中生有的邊界糾紛與戰爭。例如伊朗與伊拉克、土耳其與伊拉克、土耳其與敍利亞、伊拉克與科威特、伊拉克與沙烏地、巴勒斯坦與約旦等等，都在二〇、三〇年代出現諸多邊界問題。敍利亞與以色列之間的戈蘭高地爭議，也是在這樣的情況下開展。二戰結束後，敍利亞脫離法國占領，以色列也成功建國。儘管過去沒有敍利亞這個國家，尙難劃分出領土範圍，但對所有阿拉伯人來說，以色列憑空出現，怎能享有西亞任何土地的主權？然而，仗著古老的《舊約聖經》以及現代的歐美勢力，以色列可肆無忌憚地建國，擠壓了巴勒斯坦地區阿拉伯居民的生存權益。無怪乎一九四八年五月十四日以色列建國的隔天，阿拉伯國家便立卽發起戰爭。

從那樣的情況來看，是阿拉伯國家主動攻擊，然而從更大的面向來看，反而是猶太復國主義者長時間對阿拉伯世界先行且刻意的侵犯。因此，敍利亞等鄰近的阿拉伯國家發動攻擊，何罪之有？此後，五〇年代美蘇冷戰展開，各區域都面臨選邊站的問題。簡單來說，伊朗、沙烏地阿拉伯、以色列、伊拉克、約旦、土耳其屬於英美兩國陣營，而埃及與敍利亞則接受蘇俄協助。一九五六年埃及與英、法、以色列的蘇伊士運河戰爭，便是阿拉伯國家與西方帝國主義對抗的代表例子。

一九六七年六月五日，以埃及與敍利亞爲主的阿拉伯國家再次共同對抗以色列。事件發生的原因之一，就跟以色列與敍利亞邊界爭奪用水的問題有關。然而這次的戰爭只打了六天就結束，故人們稱之爲「六日戰爭」(Six-Day War)。這場戰爭埃及與敘利亞輸得一場糊塗，西奈半島（埃及領土）與戈蘭高地（敘利亞領土）、巴勒斯坦的約旦河西岸與加薩都被以色列占領。奪回西奈半島與戈蘭高地，成爲往後埃敘兩國對抗以色列的一大目標。

一九七三年十月，再次爆發以埃敘爲主對抗以色列的「齋戒月戰爭」(Ramadan War)，但兩個阿拉伯國家仍然沒能奪回失土。美國在背後對以色列的協助，讓當時的埃及總統沙達特思索，得透過外交談判方式拿回西奈半島。但這樣的作法，就是要與以色列同桌交涉了。沙達特因而遭到批判，而敘利亞總統哈菲茲阿薩德仍維持反以路線。之後，沙達特留下與以色列總理比京對談的歷史性畫面、留下和平主義者的美名、留下美國總統卡特主邀的美國行，也留下一座諾貝爾和平獎的殊榮。其實美國在阿以問題中並沒有什麼傑出的外交政策，只因爲身爲國際強權，掌握所有輿論與資源，才塑造出正派好人的形象。而沙達特無奈遭到阿拉伯人的批判，拿下那個僞善的諾貝爾和平獎，以色列則是「心不甘情不願」地慢慢把西奈半島還給埃及。

反觀戈蘭高地，敘利亞尚無意與以色列停止對立。不過，時局已開始轉變，一九七九年之後伊朗公開反對美國，隨後開啟近四十年的伊美對抗。一九九一年蘇俄解體，但二十一世紀普丁(Vladimir Putin)時期的俄羅斯又重回強國地位。於是，在伊朗政局穩定、土耳其也不怎麼一定要與歐美爲伍、俄羅斯仍與美國陌路之際，伊土俄三國成了敘利亞在取回戈蘭高地、面對以色列與美國的最大靠山。冷戰時期的戈蘭高地問題，美以對抗敘蘇，到了這個時代變成美以對抗伊土敘俄的局勢。因此，川普主張以色列在戈蘭高地的主權，是在二打四居於弱勢的情況下，故作強硬的宣示了。

不過，還難以斷定川普的作法改變了什麼，畢竟他只是把話講白而已。戈蘭高地已被以色列占領超過半個世紀的時間，對很多人來說，也等於是以色列的土地了。儘管現在川普處於二打四的局面，但還是握有他人無法駁倒的話語權。

利庫德時代下的阿以衝突

二〇一九年四月以色列總理納坦雅胡（Benjamin Netanyahu）再度勝選，進入他的第五任總理時期，也是利庫德（Likud，另譯「聯合黨」）延續政治生命的機會。通常在許多國家有這種事情出現，尤其是主流國際社會不認同的國家，大概輿論就會開始批判這樣的領導人長期獨裁專制、靠選舉舞弊當選、引發社會上諸多不公不義、人民生活困苦，選後還很可能引起動盪、甚至戰爭等。然而，以色列的選舉結果卻獲得美國總統川普熱烈恭賀。

自七〇年代後期以來，以色列工黨（Mapai）與利庫德就持續爭奪政權。一九四八年五月十四日，巴勒斯坦超過一半的土地成為以色列領土，另一些地區成為巴勒斯坦人居住區。此時以色列由工黨的班古里安（Ben Gurion）擔任總理，他提出整合國家的政策，例如建立國家層級的軍隊、削弱建國前各據一方的武裝勢力。此時已為一方之霸的比京非常不認同班古里安的作法，除了他不願意接受巴勒斯坦仍有阿拉伯居住區之外，他也認為班古里安此舉是企圖剷除異己。

比京的反對並沒有錯，班古里安肯定就是要剷除異己。不過，班古里安的手段帶有整合國家的意涵，畢竟建國後就不再如以往一般各擁武力、在各地打游擊戰了；而他的立場也沒有錯，就算剷除異己也是一般國家領導人的政治手段。但對比京而言，自己的生存權益受到威脅，他也是為了求生存而不願與政府同路。一九七三年比京組成利庫德，更加強了抵抗政府的力量。

工黨長久執政以來，雖然對阿拉伯國家的征戰都獲勝，也在六〇年代後逐漸獲得美國大力支持，卻始終無法平緩阿拉伯國家的敵意，這構成了以色列政局的變數因子。一九七七年六月，利庫德在選舉中勝出，比京成為以色列領導人，可以想見比京將會強硬地否定阿拉伯人的存在。不過，這一年卻出現了重大轉折：埃及總統沙達特對以色列提出和談。即使利庫德成立的宗旨是要強硬對抗阿拉伯人，但沙達特打出和談這一招，必然不是比京預想得到的。沙達特的目的，是要拿回一九六七年被以色列占領的西奈半島，但比京算是撿了個大便宜，竟然在他與利庫德的菜鳥執政時期，獲得了天上掉下來這麼大的禮物。

然而，八〇年代的以色列陷入對黎巴嫩的戰爭，敍利亞也一再以保護黎巴嫩爲由給予協助，以便收復失土戈蘭高地。一九八七年年底爆發巴勒斯坦大起義，隔年巴解領導人阿拉法特更宣布巴勒斯坦獨立。一九九二年以色列工黨再度執政，由拉賓擔任總理。一連串的發展，都代表著利庫德執政未能根本解決阿以問題。即使如此，拉賓卻在與阿拉法特和談後，於一九九五年被反對人士殺害。看來，無論是工黨或利庫德，以色列對阿拉伯人的政策都很難獲得完善結果。一直到二〇〇九年納坦雅胡再次當選總理至今，才出現這十年來的穩定局勢。此時納坦雅胡連任，可想見以色列的態度將有更長的時間不會有所調整。

其實，許多國家若經歷上述的路線反覆及內鬥問題，可能就很難穩定發展。但以色列的優勢是有美國的全力支持。美國政治學教授米爾斯海默（John Mearsheimer）與沃特（Stephen M. Walt）在《以色列遊說集團與美國對外政策》（*The Israel Lobby and U.S. Foreign Policy*）一書就提到，「美國毫無保留地協助以色列。」主流國際媒體一再強調阿拉伯人的威脅、以色列有高科技發明等「以色列神話」，導致人們在看待阿以問題時，只關注以色列的「安危」與「發展」，而漠視巴勒斯坦人與阿拉伯人的生存權益。

二〇一七年年底川普宣布耶路撒冷爲以色列的首都，二〇一九年承認以色列擁有戈蘭高地的主權。這些都給予以色列太多的優勢，但巴勒斯坦人與阿拉伯國家在國際上從未擁有過這種待遇。日前以色列駐聯合國大使主張《舊約聖經》就是他們祖先在巴勒斯坦居住的「地契」，很明顯地就是要將巴勒斯坦視爲他們自古以來就擁有的地方。然而，《舊約聖經》講的是一回事，卻不代表事實就如他們所說。

已故學者薩伊德（Edward Said）在他的諸多著作中表明對巴勒斯坦的認同。自八〇年代以來，以色列史研究中的新史學家學派（New Historians）也致力於打破以色列「神話」，不把以色列建國與發展當作美好的童話故事來看待，也不把以色列當作受害者的角色來看待，不遺餘力地批判以色列。從觀念的表述及個案的研究上，都可看到諸多學者想破除以色列「高大上」的迷思。

第二篇

庫德族的迢迢建國路

自二十世紀至今，庫德族已成為西亞地區一個重要且無解的問題。以目前來看，庫德族分居在土耳其東部、敘利亞東北部、伊拉克北部、伊朗西部，但在一九二三年鄂圖曼「被瓦解」之前，庫德族大致上是個完整群體，居住在兩河流域（美索不達米亞）北方到高加索地區之間，而這一帶正好是鄂圖曼與伊朗卡加王朝的邊境。以往這兩大強國常有邊界糾紛，因此庫德族不免也會受影響，但也只是如一般領土接壤的國家日常而已。一直到鄂圖曼被瓦解之後，才開始出現今日所看到的庫德族問題。

第一章　背叛與交易——伊拉克庫德族

庫德族問題之形成

十六世紀開始，鄂圖曼領土由巴爾幹與安納托利亞拓展到阿拉伯世界，形成一個族群多元的大帝國。伊斯坦堡政府採用各族群（例如宗教社群）自我管理的「米勒特」（Millet）制度，跟主流論述非西方國家都是君主專政的形象有很大不同。這理應是個很富有彈性的管轄制度，卻在政府受外來強權干涉而衰弱之後，反噬了伊斯坦堡政府的權威性。十九世紀鄂圖曼受到俄國及奧地利的勢力壓迫，巴爾幹地區為俄奧鄂爭執之地，此地歸不歸屬於鄂圖曼，成了困擾伊斯坦堡政府的問題。於此同時，鄂圖曼東側的庫德族也開始想要脫離鄂圖曼，走民族獨立的路線。庫德族就在鄂圖曼中央政府相對弱勢之下，不斷強化自我認同。

在一九一四年一戰爆發之前，英國在今日埃及、紅海、波斯灣及印度擁有相當大的影響力，而法國也向鄂圖曼取得在東地中海的特權。戰爭爆發後，鄂圖曼加入德國陣營對抗

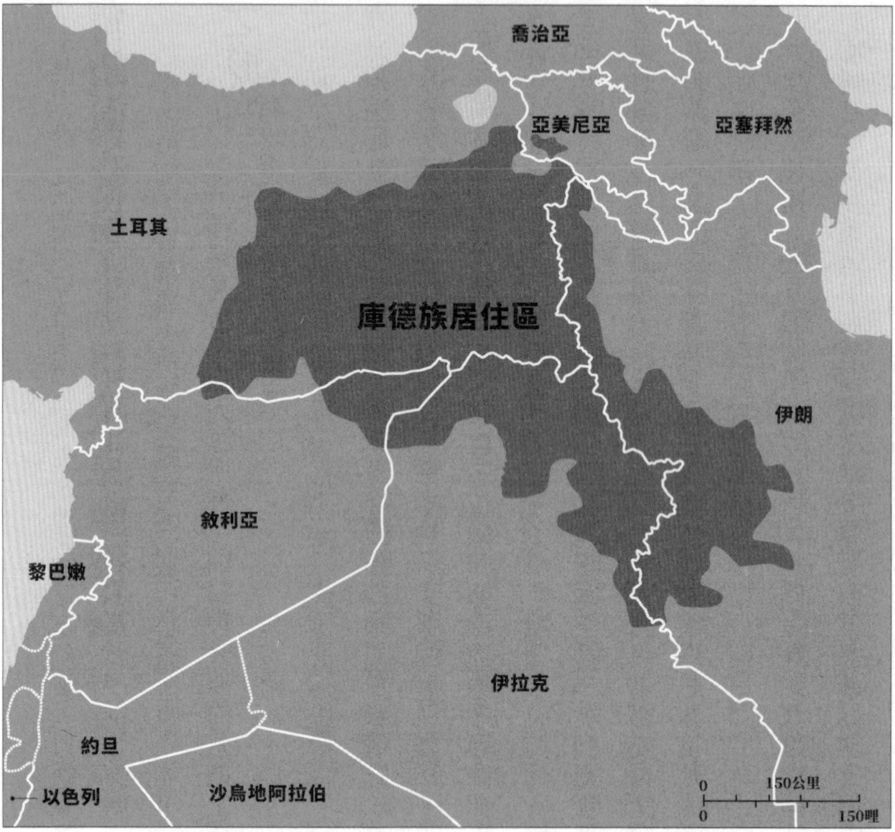
喬治亞
亞美尼亞
亞塞拜然
土耳其
庫德族居住區
伊朗
敘利亞
黎巴嫩
伊拉克
約旦
以色列
沙烏地阿拉伯
0
150公里
0
150哩

圖五　庫德族分布區

英法俄三國，英法便思索在戰爭之後瓜分鄂圖曼。一戰結束後，鄂圖曼在一九二〇年的《色弗爾條約》被切割地體無完膚，幾乎是從地圖上被抹去。

戰後美國總統威爾遜宣傳著「民族自決」的精神，許多被壓迫的地區或國家都認爲這是解放的曙光。但諷刺的是，庫德族這時候想要「民族自決」，卻受到英國的壓制。畢竟英國在戰後就是要併吞西亞世界，不管庫德族想自治或是獨立，對英國來說都是笑話一則、天方夜譚。更何況，英國這個老帝國主義國家，若讓當時從沒處理過世界事務的美國以「民族自決」來規範戰後的秩序，豈不荒謬？就算美國在戰後提升了國際地位，也輪不到他們來處理英國原本就擁有優勢的地區。

隨後，庫德族與英國軍隊之間的衝突不斷，也就是想當然耳的事情了。而庫德族的抵抗，致使英國在一九二〇年八月戰勝國對鄂圖曼的《色弗爾條約》中，勉爲其難地同意庫德族應有他們的自治區；儘管這不符庫德族領導階層所願，但至少是個新的開始。然而，在安卡拉崛起的凱末爾政府一再抵抗戰勝國，也否定伊斯坦堡政府與戰勝國簽署的任何條約，使得《色弗爾條約》難以執行。戰勝國不得不轉而與凱末爾政府接觸，簽署新的條約，也就是一九二三年七月的《洛桑條約》，讓凱末爾政府在安納托利亞穩定下來。儘管凱末爾無法如過去的鄂圖曼一樣也擁有阿拉伯地區，但不至於讓外來強權完全瓜分與占領。重點是，《洛桑條約》內卻沒有讓庫德族自治或獨立的決定，而隨後凱末爾建立的土耳其共和國，先與法國及敍利亞簽署邊界條約，後與英國及伊拉克也簽署邊界條約，導致原本鄂圖曼的庫德族居住地就這樣分屬於土伊敍三國。庫德族在戰後看似值得憧憬的未來，頓時全部灰飛煙滅。

在土耳其與伊拉克劃定邊界的過程中，土耳其境內的庫德族不願受凱末爾政府管轄，遭到鎮壓後一度逃至伊拉克。英國雖貌似提供「協助」，但絕對無意讓庫德族能夠團結，只是爲了鞏固英國在伊拉克的權威，況且那時凱末爾是英國的死對頭，絕不能讓他從安納托利亞繼續南下取得任何一片土地。在土耳其與英國對峙的情況下，原先有意大一統的庫德族，也就成了被兩國玩弄的棋子。這些伊拉克庫德族聚居在今日伊拉克北方的摩蘇爾(Mosul)一帶，是英國統治的動亂來源。此外，英國在伊拉克扶植哈希姆家族的費薩爾，想要加強的是阿拉伯認同，也不是庫德族能夠接受的。

伊拉克庫德族該不該自治或獨立？試問任何一個政府，若國內一直有個社群認爲他們屬於獨立個體，不屬於這個國家，有可能就這樣同意他們獨立嗎？從情感上來看，或許該讓他們獨立，畢竟這是他們的意願，是「民族自決」。但從現實層面來看，這會讓政府權威遭到破壞，領土無法完整；內部族群的獨立，就是國家分裂的開始。於是，固然庫德族的聲音值得重視，也應該給予支持，但在現實考量下，不太可能有什麼進展。

第一次世界大戰就是個潘朵拉盒子，創建了許多新的情境。儘管這不是百年前當地人們所願，但已經過了那麼久，各國也都有各自發展的方向、關注的利益，很多事情都回不去了。在鄂圖曼土崩瓦解之後，諸多國家得以成立，卻出現了「被分散」的庫德族。複雜難解的庫德族問題，才正要開始。

想像的伊拉克阿拉伯與庫德族共同體

一戰結束後，英國統治伊拉克，但庫德族的抵抗讓英國人感到棘手。例如，英國在一九二二年原本計畫讓伊拉克東部蘇萊曼尼亞（Soleymanieh）的庫德族領導人馬賀穆德（Mahmud al-Barzinja）擔任省長，但他卻宣布獨立，導致隔年被英國剷除。不過，伊拉克境內的阿拉伯人雖有反英情緒，卻也跟著一起壓迫庫德族的獨立運動。

這跟新成立的伊拉克政權態度有關。哈希姆家族的費薩爾是個新來乍到的伊拉克國王，他的基本目標是讓人人對哈希姆王國宣示忠誠。然而，這是一個被拼湊出來的「國家」，內部既有阿拉伯人，也有庫德族人，如何說個「謊言」說服大家爲這個過去不存在、由外人一手創建的「國家」而奮戰？更令人無奈的是，這個哈希姆王國上頭還有個英國老闆，這讓費薩爾的權威大打折扣。此外，英國人不被阿拉伯人信任，社會抗爭運動不斷，雖然費薩爾大可順勢反英，但這也可能讓自己的政權更不穩定，因此費薩爾仍試圖跟英國維持和緩關係。

此外，英國自一九一七年就開始協助歐洲的猶太復國主義者移居巴勒斯坦，當時尚未有外約旦，故巴勒斯坦就是伊拉克的鄰居。對伊拉克的阿拉伯人來說，一群猶太人刻意要擠進來隔壁的巴勒斯坦「復國」，建立「想像」的國家，這件事強化了阿拉伯人的凝聚力。在該區瀰漫著「泛阿拉伯」(Pan-Arab) 的氣氛下，伊拉克許多有志之士強調「阿拉伯民族認同」(Arab national identity)，庫德族因而完全成爲「邊緣族」，其獨立的聲音就成了「邊緣雜音」。伊拉克的創建明明比庫德族主張獨立的時間來得晚，理應遵守先來後到的順序，但如今伊拉克的阿拉伯人占多數，團結的聲浪遠大過於庫德族的獨立。這讓庫德族實在無法接受。

總之，費薩爾及其政府想努力建立一個穩定的伊拉克，並藉由對英協商簽署條約來提高國際地位，而庫德族則毫無意願成爲其中的一分子。一九三〇年英伊簽署條約，英國尊重伊拉克的主權獨立，但英國仍在伊拉克握有軍事影響力。一九三二年，伊拉克加入了國際聯盟。一戰結束後，國際聯盟有權力處理國際問題，身爲成員國便可參與國際事務，也可提高國際地位。

然而，庫德族並不在意這樣的事，而是聯合伊拉克境內的基督徒及什葉派（Shiite）穆斯林，對抗著這個遜尼派（Sunni）穆斯林政府。庫德族要團結獨立，其實有學者安德森（Benedict Anderson）所說「想像的共同體」（Imagined Community）的意涵；而伊拉克的阿拉伯認同，一樣也是想像而來，再加上整個國家本來就是刻意塑造的。歸根究底就是一戰後的安排導致了上述問題，基本上也沒有誰是真正「有理」，因為一切論述全都立基在虛構的基礎上。

獨立後的伊拉克政府開始制訂憲法。當然，庫德族可以住在他們的原居地，選擇他們的代表，甚至自治也是可以談的。但問題就在於，伊拉克的庫德族一旦自治，就可能促成土耳其與敘利亞的庫德族弟兄一同加入，連帶造成伊拉克北方邊界的動盪。為了國家穩定，伊拉克政府只能暫時放下庫德族自治一事，然後相對地盡可能給予庫德族某些保障。另一個問題是，一九三七年土耳其、伊拉克、伊朗及阿富汗曾共同簽署《薩阿德阿巴德條約》，目的是結合西亞國家，合作維護區域安全。土國與兩伊都有庫德族人，所以條約交涉中也談及了防止庫德族創建獨立國家一事。

二戰結束後又出現新的問題。伊拉克境內反英、主張泛阿拉伯的勢力興起，例如獨立黨（Istiqlal Party），但庫德族並沒有機會參與。一九四八年五月十四日以色列建國，隔日阿拉伯國家全力圍攻，即使未有成果，卻也讓阿拉伯人團結對抗猶太人的氣氛一時沸騰。伊拉克境內既有的猶太社區一一遭到攻擊，多數猶太人被驅離。在這樣的情況下，庫德族能不能獨立，已經完全不是這個時代伊拉克最急迫的問題了。

庫德族的獨立是西亞地區重要的議題，長久以來有不少人爲此奮鬥與犧牲，以今日來看，確實也受到國際注意。但回到一百年前的歷史，在西亞國家「被建立」的情況下，各國要實踐自己「想像的共同體」都很不容易了，還要面對萬惡的猶太復國主義者。在時代的浪潮下，伊拉克庫德族的命運就這樣被邊緣化了。

復興黨時代之前的庫德族問題

二戰結束之後，伊拉克又經歷了許多政治動盪。一九二〇、三〇年代於伊拉克紮根的哈希姆王室，在一九五八年革命後退出了歷史舞台。隨後由軍人掌握的政府，卻面臨新一波的阿拉伯民族主義勢力——復興黨的挑戰。在哈希姆伊拉克轉移到復興黨伊拉克的過程中，庫德族發生了什麼變化？而復興黨自一九六三年取得政權，一直到二〇〇三年被美國侵略才瓦解，期間庫德族的命運如何？獨立過程又是如何？

儘管哈希姆時期有濃厚的「泛阿拉伯主義」氣氛，但在費薩爾統治時期，政府內閣部長並不排斥由庫德族與什葉派穆斯林擔任，這讓少數族群中有不少人願意與政府合作。像當時著名的上校軍官斯德基（Bakr Sidqi）就是庫德族人，他認爲軍隊不僅要捍衛國家對抗外敵，也要剷除國內的異議分子。他雖獲得政府的重視，在社會上卻是惡名昭彰。當費薩爾在一九三三年去世之後，情況就不一樣了，即位的是他兒子加齊（Ghazi），對什葉派穆斯林的態度一反前朝，時任首相也僅重視遜尼派穆斯林，加深了什葉派穆斯林與庫德族被排擠的感受。一九三六年，什葉派穆斯林與許多反對勢力發起政變，斯德基便是主要人物之一。但隔年阿拉伯民族主義勢力奪回政權，使得庫德族又面臨不受重視的問題。

二次大戰期間，庫德族內出現了幾個組織，其中以巴爾薩尼（Mulla Mustfa Barzani）的勢力最強。他們不僅要求政府特赦所謂的反叛人士，還要求庫德族自治，例如摩蘇爾地區。這些對政府來說可以商議，但執行遙遙無期，且換人執政就換了施政方向，導致庫德族的反抗依舊激烈。二戰結束後，巴爾薩尼因對抗伊拉克軍隊失利逃往伊朗邊界，並接受蘇俄協助，成立庫德族馬賀阿巴德共和國（Kurdish Mahabad Republic）。然而伊朗當時正面臨西北部亞塞拜然省（Province of Azerbaijan）的左派分離運動危機，也與蘇俄處於對峙局面，因此必須對這個庫德族勢力施加壓力。一九四六年年底，伊朗重新奪回西北疆土，巴爾薩尼逃至蘇俄。

五〇年代伊拉克庫德族問題曾出現改變的契機。例如什葉派穆斯林穆罕默德賈瑪里（Muhammad Fadhel al-Jamali）曾受邀擔任外交部長，一九五三年擔任首相，他也曾指派過庫德族人薩依德卡薩茲（Said Qazzaz）爲內政部長。這樣的作法有機會安撫庫德族對政府的不滿。然而，五〇年代整個世界籠罩在美國與蘇俄的冷戰氛圍下，伊拉克政府的立場傾向與西方靠攏，加入一九五五年英國主導的中部公約組織就是一例。隨後一九五八年伊拉克與約旦組成的「阿拉伯聯邦」，則是庫德族最不樂見的「泛阿拉伯主義」的體現，伊約兩國在合併過程中也完全沒提到庫德族的權益。這些都讓庫德族的不滿持續加深。

然而，「阿拉伯聯邦」的存在僅有短暫幾個月，因爲這場合併只是兩個哈希姆王室的合併，一點都不夠「泛阿拉伯」，國內反對勢力終於爆氣。隨後掌政的伊拉克軍人卡希姆需要凝聚新政權，因此跟費薩爾一樣，他也將民族一統視爲首要目標。結果，隨之而來的當然就是少數族群的抵抗，庫德族更是其中要角。同時爲了除去舊政權勢力，卡希姆雖一邊剷除各地庫德族，但卻同時重用過去失勢的庫德族人，例如巴爾薩尼，因爲巴爾薩尼也同樣反對哈希姆王室。爲了效忠新政府，巴爾薩尼剷除了反政府的阿拉伯人，以及仍支持哈希姆家族的庫德族人。然而，這只是卡希姆消除庫德族勢力的策略。一九六〇年，卡希姆背叛庫德族，開始拒絕巴爾薩尼與其支持者的自治要求，導致雙方關係破裂。這完全是一種「狡兔死，走狗烹」的概念。

可是，卡希姆還是不夠「泛阿拉伯」。五〇年代初期，先前在敘利亞的復興黨，其中的伊拉克籍成員回國後成立黨分部，也參與了一九五八年推翻哈希姆王室的政變。復興黨與卡希姆政府都強調阿拉伯中心的意識形態，但復興黨的立場更加「激烈」。在復興黨眼中，卡希姆政府強調「伊拉克優先」的立場，一點都不夠「泛阿拉伯」。卡希姆當然認爲阿拉伯民族很重要，但伊拉克的國家利益應該擺在更前面，這與復興黨的阿拉伯民族主義有所差異：復興黨並沒有強調任何一國，而是要整體的阿拉伯民族一統。

其實復興黨的思想基礎，便是「想像的共同體」之展現。他們對所謂少數族群的看法，是希望可以提供保護，強調各民族平等，另外也聲稱「庫德族與阿拉伯人的分裂，其實是西方帝國主義侵犯下的產物。」以歷史發展脈絡來看，這個說法倒是完全正確。在英國瓦解鄂圖曼的過程中，庫德族自治的機會曇花一現，隨後又把庫德族劃入阿拉伯人占多數的伊拉克境內，導致庫德族與阿拉伯人的衝突，社會問題轉變成無法解決的政治問題。若無西方勢力進駐，原本庫德族與阿拉伯人之間的差異，也不至於發展成嚴重的對立。

儘管復興黨也強調，「阿拉伯民族若統一，也代表庫德族的勝利，阿拉伯民族的敵人，也就是庫德族的敵人」，但這番話毫無重視庫德族權益的意涵，僅是將庫德族視爲阿拉伯人的一部分而已。庫德族在推翻卡希姆政權時支持復興黨，他們的條件是要獲得自治的機會。問題在於，復興黨執政之後，庫德族的情況會好轉嗎？

復興黨時代的庫德族問題

一戰後美國總統威爾遜倡議的「民族自決」，在庫德族身上卻一切「攏是假」。隨後伊拉克庫德族面對伊拉克政府的「泛阿拉伯主義」，追尋獨立自主的道路上面臨重重阻礙。在復興黨於六〇年代成為伊拉克政治要角之後，庫德族的情況也出現轉變。

一九六三年復興黨發起政變顛覆卡希姆政府時，目的是要推翻這個不夠「泛阿拉伯」的政府，而庫德族也有意脫離卡希姆的壓力，復興黨與庫德族遂成為合作伙伴。然而，復興黨隨即否決了庫德族的自治，強行鎮壓，顯然只是要利用庫德族的力量以求政變成功。隨後復興黨內亂，甚至丟掉政治權位，以致於有些人認為庫德族問題是復興黨執政失敗的關鍵因素。當復興黨於一九六八年再次政變且正式執政後，便改變態度，強調要「和平解決庫德族問題」。問題是，「和平」是誰的「和平」？在世界歷史發展中，人們聽過多少次「和平解決問題」這句話了，有什麼問題是「和平」解決了呢？復興黨在一九六八年訂立了十大目標，雖然強調與許多勢力合作，但終究整個新政府還是由復興黨主導。因此，要「和平解決庫德族問題」，主導權不會在庫德族手上。

此外，庫德族本身也有派系問題。過去巴爾薩尼領導的庫德民主黨（Kurdish

Democratic Party, KDP）勢力最大，但巴爾薩尼曾流亡在外，在五〇年代後期回到國內、「空降」政權高層時，逐漸與黨內的塔拉巴尼（Jalal Talabani）勢力形成敵對狀態，導致巴爾薩尼需多次壓制塔拉巴尼。巴爾薩尼對復興黨並無好感，尤其一九六三年的出爾反爾，更讓巴爾薩尼警惕在心。至於塔拉巴尼則願意與復興黨合作，還聲稱復興黨絕對會眞誠地協助庫德族。這時，復興黨是不是眞的重視庫德族也不重要了，最要緊的是塔拉巴尼與復興黨的合作；若能反制巴爾薩尼，往後塔拉巴尼肯定能成爲庫德族的主要領導人。這已經不是理念問題了，而是政治上的交易與鬥爭。

此外，庫德族之間的內鬥，也成爲復興黨統治上的重大負擔。一九七〇年，復興黨政府再次轉變立場，主張要解決庫德族的內鬥問題。有沒有誠意很難說，但正式執政的復興黨爲了政權穩定，就算虛情假意也得演一齣「庫德族我不能沒有你」的戲碼。同年三月十一日，伊拉克政府討論了庫德族的訴求，「基於庫德族自治與伊拉克國家統一，以民主與和平方式解決庫德族問題。」仔細來看，這與過往的「和平解決庫德族問題」並無兩樣，復興黨完全執政下的庫德族政策依然變不出新的把戲。在這樣的情況下，過去與政府保持距離的巴爾薩尼接受了復興黨的「誠意」，目的便是要解決過去塔拉巴尼與復興黨關係緊密的威脅，也能藉機削弱反對勢力。在長久以來庫德族發展停滯的情況下，把握時間做出改變，也許能換來較爲正面的結果。復興黨與巴爾薩尼各有算計，但若雙方都能各取所需，確實也不錯。

問題是，伊拉克政府與復興黨高層要和解，多數伊拉克人與庫德族的其他人就願意和解嗎？巴爾薩尼在一九七一年遭暗殺未遂，疑似是復興黨人所爲；儘管巴爾薩尼並未批判政府，隨後卻又發生庫德族重要人物遭暗殺的事件。無論是復興黨人所爲，還是塔拉巴尼勢力反對巴爾薩尼的行動，這都代表了和解沒有那麼簡單，也沒有什麼方案可以滿足所有人的需求。儘管一九七四年伊拉克政府頒布了自治法，保障庫德族地區的自治，但所有權益還是由伊拉克政府掌控。此外一些研究數字顯示，庫德族區域僅有不到一半的地方執行自治，其他地方仍是亂象叢生，這樣的自治對許多庫德族人來說是不夠的。於是，在頒布自治法的同時，不少反伊拉克政府的庫德族勢力組成游擊隊四處破壞，導致一九七五年復興黨政府與庫德族間的戰爭再起。

在一九五八年伊拉克爆發革命、脫離英美陣營後，蘇俄在伊拉克的影響力相對增長。復興黨延續這樣的路線，敵對與美國友好的以色列與伊朗，與復興黨政府敵對的庫德族因此被美國視爲可合作的對象，巴爾薩尼也獲得不少伊朗的軍事補給。不過，一九七五年伊朗與伊拉克簽署邊界條約後，情況爲之一變。自一戰以來伊拉克建國之後，便與伊朗持續交涉邊界問題，但一九五八年革命後對伊朗的態度改變，導致兩國長久以來無法達成共識。一九七五年三月，伊朗國王巴勒維與伊拉克復興黨的代表薩達姆簽署邊界協議，雙方關係和緩，伊朗遂不再支持庫德族的行動。轉瞬間，無論巴爾薩尼與伊拉克庫德族是否仍爲敵對關係，此時同樣都沒有外援了，對復興黨政府也就再無友好的可能性了。

在這段過程中，伊拉克庫德族始終沒有機會掌握話語權，此後巴爾薩尼也不再過問這些問題。能不能自治，都掌握在伊拉克政府手上，但政局多次翻轉的伊拉克，對庫德族來說完全沒有穩定性，自治或獨立也就成了無法兌現的目標。

「邁向國際化」的伊拉克庫德族問題

伊拉克庫德族的問題，自一九二一年伊拉克建國之前就已存在，卻在隨後的「泛阿拉伯主義」浪潮中淪爲配角。固然歷屆執政者都會關注庫德族問題，可是都沒有令人滿意的結果。六〇年代後期復興黨執政後，也難以「和平」解決問題。一九七九年復興黨的薩達姆執政之後，發生了更多事情。

一九七九年二月伊朗革命，巴勒維國王離開伊朗，在幾個月後掌權的何梅尼，因反巴勒維的立場受到伊拉克庫德族人的支持。對伊拉克庫德民主黨來說，原本與巴勒維友好，但一九七五年兩伊交好後不再受政府支持，因此這個一九七九年成立的伊朗何梅尼政府，帶來了新的合作希望。此外，一九七五年伊拉克庫德族勢力被復興黨政府大規模鎮壓，之後反對復興黨的主要勢力就由什葉派穆斯林取代。一九七九年鄰國何梅尼的什葉派勢力得勢，也就使伊拉克的薩達姆政府警戒。對才剛就任總統的薩達姆來說，隔壁這個伊朗鄰居一下子變得難以相處。伊拉克庫德族要顛覆復興黨政府已非薩達姆所樂見，若什葉派穆斯林也成爲動盪因子，將會使整個伊拉克陷入混亂。在這樣的氛圍下，一九八〇年九月，兩伊戰爭爆發。

在這場戰爭中，不是所有庫德族人都反伊拉克政府，有部分庫德族就加入伊拉克軍隊，盤據在伊拉克北方，痛擊庫德民主黨等勢力。但這股力量持續不久，在一九八六年左右即遭到庫德民主黨擊退。結果，同一年薩達姆政府對庫德族發起了「安法爾行動」（Anfal Operation）。「安法爾」一詞源自《古蘭經》第八章，即「戰利品」（spoils of battle）的意思，對伊拉克政府來說，就是以宗教之名來懲罰庫德族。任何反伊拉克政府的庫德族團體，或在兩伊戰爭中支持伊朗的庫德族人，都是這場行動要「清理掉」的目標。接下來近三年的軍事行動，傳言使用了國際間禁止的化學武器，行動指揮官阿里哈桑馬吉德（Ali Hassan al-Majid）還被冠上「化學阿里」（Chemical Ali）的稱號。庫德族人聲稱約有十八萬同胞遭殺害。對庫德族來說，這場行動堪稱是「屠殺」。

一九九〇年九月伊拉克進攻科威特，即波斯灣戰爭（Gulf War）。對伊拉克而言，攻打科威特有收復失土的意涵，也是打擊西方帝國主義的象徵。此外薩達姆也把矛頭指向以色列，這是伊拉克長久以來「泛阿拉伯主義」的表現。原先兩伊戰爭時支持伊拉克、與伊朗交惡的美國，因波斯灣戰爭造成石油利益受損，轉瞬間由支持伊拉克變爲反對伊拉克，國際風向也隨著美國立場一併改變。美國總統老布希說波斯灣戰爭已不僅是伊拉克與美國之間的問題，讓往後的國際輿論逐漸塑造出「全世界對抗薩達姆」的氣氛。

其實前一段提到的庫德族「屠殺」，原本可能還不見得受國際重視，但在九〇年代，這件事就被渲染成庫德族的悲劇、薩達姆的罪行。然而若換個立場思考，薩達姆眞的十惡不赦嗎？伊拉克對庫德族採取的政策，其實是許多國家主流群體與少數族群之間都有的情況。況且，沒有任何一個國家會希望看到境內有一群人不願效忠、主張脫離，只是伊拉克政局夾雜了太多外來因素箝制，導致局勢極端到需要發起「屠殺」行動。政府爲了維持自身合法性，祭出了最不得已的作法。至於化學武器，美國可能也用得不少；在批判薩達姆之際，也得審查一下美國的作爲，才算公平。

一九九一年波斯灣戰爭結束後，薩達姆政府在國際的壓力下同意停戰，這個挫敗讓往後伊拉克庫德族相對地獲得自主，在伊拉克北方逐漸出現一個形式上的「政府」。聯合國安理會（Security Council）一九九一年的第六八八號決議案，也譴責伊拉克對庫德族居住區的壓迫行徑。以往安理會可能不太在乎庫德族的事情，對伊拉克歷代政府而言，庫德族問題也是內政問題，由自己處理即可；但波斯灣戰爭之後，伊拉克成為「世界公敵」，庫德族問題就跟著「國際化」，成了國際問題。

二〇〇三年，美國在小布希執政時期侵略伊拉克，除了謊稱伊拉克擁有大規模毀滅武器外，也再次批評薩達姆政府對庫德族的壓迫與屠殺。這讓人不禁聯想，小布希是否只是想完成他父親沒能剷除薩達姆的遺願。然而，伊拉克庫德族問題會因為復興黨被剷除而就此解決嗎？近年來，我們看到的是庫德族仍在爭取權益，一切依舊毫無止盡。其他國家的庫德族，也是一樣的命運。

第二章　你的阿拉伯化，我的去庫德化——敘利亞庫德族

敘利亞那端的庫德族問題

一次大戰結束後的局勢，讓庫德族成爲四分五裂的族群。美國總統威爾遜那美好的口號「民族自決」，究竟誰有權使用，其實威爾遜自己都沒有答案。卽使庫德族想用「民族自決」決定自己的未來，卻也不代表當時的環境能讓他們這樣做。換句話說，儘管有些庫德族人追尋獨立自主，但當時的西亞局勢卻成爲重大的阻礙。被迫成爲敘利亞居民的一些庫德族，與其他地方的庫德族一樣，都面臨同樣的問題。

庫德族本應在《色弗爾條約》中取得自治地位，但凱末爾勢力在安納托利亞越趨強大，對南方毗鄰由英法統治的伊拉克與敘利亞造成威脅。因此，兩個歐洲強權的當務之急是維護自身利益，跟凱末爾劃淸疆界，庫德族的自治遂成爲次要議題。同時，凱末爾在安納托利亞開始宣揚「土耳其化」（Turkify）運動，打壓少數族群。這所謂的「少數」並不見得是眞正的少數，而是凱末爾政府定義下的少數。在凱末爾勢力尙未穩定時，「土耳其化」是合理化自身政權的武器。庫德族就這樣被歸類爲少數。

受到凱末爾的壓迫，不少庫德族人逃往敘利亞與伊拉克。掌管敘利亞的法國雖接受這些流離失所的庫德族人，但目的卻是要加強安納托利亞的庫德族力量，以對抗凱末爾。法國讓敘利亞北部的庫德族成立了「獨立聯盟」（Khoybun League），庫德族也藉著對抗凱末爾，對外加強宣傳庫德族是「文明的」，而土耳其是「野蠻的」的意涵。許多研究都認爲，這般「獨立聯盟」的作爲已經是一種明確的庫德族民族主義象徵。可是敘利亞終究受法國管轄，庫德族能不能「獨立」，並非自己能決定。

由於凱末爾讓英法難以招架，以致於兩個強權必須與之協商。一九二一年十月，法國與凱末爾政府簽訂邊界條約，稱爲《安卡拉條約》（Treaty of Ankara）。透過這份條約，法國在敘利亞的統治得以不再受凱末爾威脅。這樣一來，也正式確定了這區域的庫德族被劃分成土耳其庫德族與敘利亞庫德族。在這期間，敘利亞阿拉伯人反法國的浪潮持續延燒，最終導致了一九二五年八月的敘利亞叛變（Syrian Revolt），阿特拉希（Atrash）家族挺身對抗法國，直至一九二七年法軍才平定這場動亂。當時有不少庫德族人服務於法軍，扮演了鎮壓阿拉伯人相當重要的角色，也因此讓敘利亞庫德族人與阿拉伯人之間關係更加惡化。

敘利亞的庫德族問題，跟其他地區的庫德族一樣，其實都沒有任何「自決」性質，卻很諷刺地形成在一個國際間「民族自決」氣氛濃厚的時代。當客觀環境發展的重心不在庫德族身上時，庫德族要主觀地追尋自治或獨立，就不是那麼簡單的事情了。

法國委任託管結束前的庫德族問題

在法國的委任託管下，敍利亞阿拉伯人沒有「民族自決」的機會，庫德族也一樣。儘管今日人們認爲庫德族命運坎坷，在各阿拉伯國家的壓迫下沒有獨立自主的機會，卻很少人意識到，問題的根源並不在阿拉伯人與庫德族人的「族群衝突」，而是西方勢力衝擊下衍生的政治問題。法國在敍利亞的委任託管若一切穩定，那也無妨，問題是多次的阿拉伯人抵抗，加上二戰爆發，皆對法國造成莫大的衝擊，也讓庫德族的命運更趨複雜。

法國委任託管下的敍利亞，一直面臨阿拉伯人的激烈反抗，致使一九三六年法國與敍利亞抵抗勢力簽署條約，承諾逐步讓敍利亞取得獨立地位，也減少對敍利亞事務的干涉及軍隊駐紮，但條約中卻沒有提到庫德族能否取得自治或獨立的資格。畢竟這是一個多數阿拉伯人試圖擺脫西方壓力的時代，包括復興黨的成立，以及民族陣線等阿拉伯民族主義勢力；庫德族民族主義試圖有所發展，卻始終在這股阿拉伯民族主義的遮蔽之下。

爲了取得承認，不少庫德族人不斷向法國請求獨立，還強調庫德族有自己的旗幟及傳統習俗，刻意要與阿拉伯人做出區別。部分庫德族人也願意跟法國合作，例如倡議庫德族自治的康狄（Nuri Kandy），不斷讓法國人知道他們願意協助排擠阿拉伯民族主義者。而法國軍官泰瑞爾（Pierre Terrier）則允諾庫德族人在敘利亞北方的賈茲拉（Jazira）自治，稱爲「泰瑞爾計畫」（Terrier Plan）。但庫德族的「春天」並未就此來臨，畢竟這只是有限度的自治區，往後庫德族要求更多區域自治，就不是泰瑞爾要做的事。再加上一九三六年法國與敘利亞簽署獨立協定，僅維持軍事與經濟控制，讓法國與庫德族的合作就此中斷；既然承諾敘利亞獨立，庫德族往後的發展就不再是他們的責任了。

總的來說，法國在敘利亞委任託管時期看似友善的庫德族政策，其實是法國不想在阿拉伯問題之外還節外生枝；一旦與阿拉伯人之間的關係有和緩的機會，庫德族就失去利用價值了。這也是所有西方強權在西亞、甚至各個地區的作法：看似協助當地人，其實只是爲了自身利益，因此不會持久，也沒有誠意。

然而，在敘利亞阿拉伯民族主義聲浪高漲的情況下，庫德族、連帶當地基督徒的權益就越趨萎縮，以致於「庫德族—基督徒陣線」（Kurdish-Christian Bloc）成爲一股潛在的反對力量。賈茲拉的庫德族希望國際聯盟能保障庫德族與其他敘利亞穆斯林享有同樣的權利，還要求法國軍隊保障少數族群的安全。庫德族越來越多的自治要求，造成大馬士革（Damascus，今日敘利亞首都）與賈茲拉的衝突，甚至有賈茲拉基督徒遭大馬士革人暗殺，並於一九三七年年中爆發賈茲拉「叛變」的事件。這對敘利亞政府來說是「叛變」，但對庫德族人來說當然就是爭取權益的行動。在情況越演越烈、甚至土耳其也有意介入後，法國於一九三九年出兵占領賈茲拉。法國看似同意讓敘利亞獨立，但仍舊發起干涉行動，企圖鞏固自身地位。

一九三九年九月二戰爆發之後，法國在敘利亞的委任託管受到了更大的衝擊。一九四〇年六月法國亡於德國之手，連帶影響在敘利亞的優勢，更促使往後英國占領伊拉克與埃及，企圖圍堵德國勢力滲透西亞。儘管法國還有殘存的維琪政府（Vichy government），但完全受德國控制。這時，逃亡英國的法國將軍戴高樂（Charles de Gaulle）組織「自由法國」（Free France），還宣稱要讓敘利亞人獨立自主。會這樣做，不是真的要讓敘利亞獨立，而是這時法國在敘利亞已經沒有優勢，承諾讓敘利亞獨立，可促使敘利亞人向自由法國靠攏。另一個原因是維琪法國強調自己的「正統」地位，譴責流亡的自由法國，故戴高樂的主張頗有與維琪法國對立的意涵。

庫德族在這樣的局勢下獲得新的獨立機會。獨立聯盟再度崛起，並找尋外在勢力來支持庫德族民族主義，譬如德國。當時德國掌握了歐洲戰局，勢力也進入西亞地區，故此時保證敘利亞庫德族獨立並非口號，而是有正式的交涉與協議。但一九四二年德國軍隊在敘利亞吞下敗仗後，獨立聯盟也只好切斷與德國的聯繫，轉而與英國及自由法國結盟。這當然是英國樂見的情況，因此大肆宣傳對庫德族自治的支持，甚至還要把土耳其、敘利亞、伊拉克庫德族人團結在一起，但這肯定不是同情庫德族的遭遇，只是想要封鎖德國。而獨立聯盟也並非牆頭草兩邊倒，只是爲了尋找勢力穩定的合作對象以求生存。

在法國於二戰失去委任託管的優勢後，敘利亞庫德族就陷入更難獨立的窘境。伊拉克與敘利亞庫德族的發展，牽涉到一戰後被英法各自占領，兩國面臨的情況不同，致使伊拉克與敘利亞庫德族走上了不同的命運。二戰結束後法國得以重建，戴高樂這位「逃亡人士」雖躍升爲「民族英雄」，但也無力再控制敘利亞的發展。一九四六年敘利亞正式獨立，新的敘利亞政府 vs 庫德族的局面就此展開。

兩次獨立中的庫德族問題

一九四六年二戰結束，法國放棄在敘利亞的委任託管。在多數人口都是阿拉伯人的情況下，這樣的國家當然屬於阿拉伯國家。問題是脫離法國控制後，自主的「阿拉伯國家」敘利亞，本就是一個「想像的共同體」，必須無所不用其極地強化「阿拉伯認同」。這跟伊拉克的情形是一樣的。同時，當這群阿拉伯人之中的庫德族人不願意作「阿拉伯人」、要爭取獨立的時候，權益鬥爭的問題就會突顯出來。

在法國委任託管時期，有不少庫德族人受雇於法軍。在這個政權模糊不清的時期，若能掌握軍權，便擁有影響大局的能力。一九四七年，推動阿拉伯民族主義運動的民族陣線領導人庫阿特里當選敍利亞總統。在阿拉伯民族國家正在發展的時候，侵占巴勒斯坦的以色列在一九四八年建國了。諸多阿拉伯國家對以色列發動戰爭，形成「泛阿拉伯主義」與「猶太復國主義」的意識型態之戰。

此時敍利亞政府在戰爭失利，導致若干軍人策劃政變，推翻「無能」的政府。一九四九年三月，庫德族軍官薩依姆（Husni Za'im）發動政變，隨後擔任總統。但薩依姆卻試圖與美國靠攏，甚至與以色列簽署和平條款，此舉隨即遭到阿拉伯民族主義勢力的挑戰，五個月後就被敍利亞社會民族黨（Syrian Social National Party, SSNP）的軍人政變且處死。不過，同年十二月敍利亞再次爆發政變，由庫德族人西斯卡克里（Adib al-Shiskakli）取得政權，此後西斯卡克里執政到一九五四年，都在打壓阿拉伯民族主義者。而一九五四年阿拉伯民族主義勢力再次取得政權後，就下令從此停止軍警招募庫德族人。阿拉伯民族主義與庫德族民族主義相互傾軋，是二戰結束後敍利亞的政治大戲。

一九五六年，埃及納賽爾在蘇伊士運河戰爭中獲得極高人氣，頓時之間成為阿拉伯世界勇敢對抗西方帝國主義的領導人物，納賽爾主義蔚為風潮。敍利亞也同樣抱持反西方立場，一九五八年與埃及合併為「阿拉伯聯合共和國」，更強化了阿拉伯統一的氣氛。至於庫德族問題，此時敘利亞政府宣稱，在法國委任託管期間勢力穩定的庫德族是帝國主義的遺毒，阻礙了阿拉伯人一統的機會。可以想見，在這個「泛阿拉伯主義」盛行的時代，庫德族難以脫離被邊緣化的窘境。

五〇年代後期的敘利亞庫德族人既沒有從政機會，甚至連之前獨立聯盟時期推廣的庫德族文化、語言、音樂等成果，也都被敘利亞政府破壞殆盡。敘利亞政府認爲庫德族是非阿拉伯的少數（non-Arab minority），在阿拉伯一統的目標下，庫德族就不在敘利亞政府的保障內。敘利亞境內反庫德族的情緒，就如同反以色列、反美一樣強烈。此外，庫德族在國際上並沒有任何支持者，當時最受世界關注的是阿拉伯與以色列的衝突。庫德族民族主義不在國際輿論的討論中，聯合國也沒有討論過庫德族問題。

一九六一年埃及與敘利亞合併的「阿拉伯聯合共和國」走入歷史，原本這對敘利亞庫德族來說是個新希望：若這個「再次獨立」的敘利亞政府尚未穩定，或許能獲得自治或獨立的機會。然而這個敘利亞政府正式將國號訂爲「阿拉伯敘利亞共和國」（Arab Syrian Republic）之後，非但不承認庫德族人的公民權，也否定了法國委任託管時期賈茲拉地區的自治；而在一九五六年左右成立的敘利亞庫德族民主黨（Kurdish Democratic Party of Syria, KDPS），此時更遭到敘利亞政府鎮壓。

一九六二年，伊拉克庫德族與政府爆發衝突，試圖結合敘利亞庫德族的力量。這讓敘利亞政府頗爲擔憂，若境內的庫德族跨越國界與他國勢力結合，就是對國家主權與領土完整的最大傷害。因此，敍利亞政府祭出更加否定庫德族的政策：「在敍利亞境內只有六〇%的庫德族人是眞正的敍利亞人，其他都是從土耳其或伊拉克逃過來的，而且背後還有美國等帝國主義支持。」這可看出敍利亞政府對庫德族團結獨立的氣氛抱持著恐慌與不安的態度，不僅找尋任何說法否定庫德族人的身分，還硬要將庫德族民族主義與美國帝國主義結合在一起。這也使庫德族人必須想辦法證明自己在一九四五年之前就居住在敍利亞，否則就沒有「合法」生存的機會。對外地來到敍利亞的庫德族人是個危機，對原本就居住在敍利亞的庫德族人也是；即使同一家庭內的成員，也不見得都擁有「合法」身分。

戰後的敍利亞歷經了從法國委任託管結束後的「獨立」，但隨後面臨多次政變，還是庫德族軍人一手促成；然後一九六一年脫離阿拉伯聯邦共和國而再次「獨立」，似乎庫德族又有竄起之勢。在這樣的歷史經驗下，阿拉伯民族主義者自然會一再地敵對庫德族。這沒有誰對誰錯，其本質也不在於族群衝突，而是客觀環境促使了阿庫兩方爲爭奪生存權益而戰。這一切還將持續惡化下去。

復興黨執政下的庫德族問題

一九六三年初，敘利亞復興黨政變成功。復興黨於三〇年代成立，目的是一統阿拉伯世界、團結阿拉伯民族。法國委任託管時期的敘利亞，就已存在庫德族與阿拉伯人對峙的現象，而且是法國一同對抗阿拉伯民族主義，但法國於二戰結束退出敘利亞後，庫德族就得獨自面對阿拉伯人了。五〇年代敘利亞的阿拉伯政權尚未穩定的情況下，庫德族還有尋求自治或獨立的機會，但這樣的機會卻在六〇年代阿拉伯勢力穩固後漸趨渺茫。

復興黨黨內批判庫德族的聲浪相當高昂，不僅強化庫德族是阿拉伯「毒瘤」的形象，也將庫德族民族主義類比為猶太復國主義。復興黨還特別在庫德族自治過的賈茲拉地區發布研究報告，認定過去並沒有庫德族存在，當然也沒有所謂的文明，族群更不具純正性。另外還公布十二個解決方案，例如拒絕庫德族受教育、遣返土耳其追緝的庫德族人、禁止聘用庫德族人、宣傳反庫德族運動、在庫德族地區增加阿拉伯人口等等。在復興黨執政之前，庫德族的生存權益已經被否定，在復興黨執政之後，更是將庫德族當作沒有必要的物品一般拋棄。

不過，復興黨沒能有機會好好「照顧」庫德族。當時復興黨存在著內部路線不合的鬥爭，主張社會主義路線的復興黨人於一九六六年取得政權。加上隔年對以戰爭失利，戈蘭高地落入以色列手中。在急於對抗猶太復國主義的情緒下，復興黨內部極端仇以的哈菲茲阿薩德於一九七〇年政變成功，成爲往後執政三十年的敘利亞總統，堅決對抗以色列。

對敘利亞及許多阿拉伯國家來說，二戰後所面對的問題，就是如何建立一個從來不存在的「阿拉伯國家」，還要是一個以西方形式爲主的「國家」，這是相當多層面的「想像的共同體」。此外，在一九四八年之後，阿拉伯人最大的威脅就是那個小小的以色列，一個受西方勢力支持的國家。在一個阿拉伯團結對抗以色列的時代氣氛下，庫德族問題也就不是必要且亟需解決的問題。而廣義來看，庫德族問題是西方帝國主義與鄂圖曼對峙下造成的結果，是更深層的歷史問題，沒有人知道這需要多少時間解決。

即使如此，敘利亞復興黨仍有消滅庫德族的策略，例如前述的賈茲拉報告正逐步進行中。復興黨政府在土耳其、伊拉克邊界地區大量移入阿拉伯人，稱做「阿拉伯紐帶」（Arab belt），這項政策的宣傳口號就是「從賈茲拉拯救阿拉伯主義」（save Arabism from Jazira）。這使得十多萬的庫德族人必須遷往他處，例如從敘利亞北部遷往南部，也降低了敘利亞庫德族與土伊兩國庫德族連結的機會。

此外，有些庫德族家庭在新生兒報戶口時，被要求使用阿拉伯名字，才能擁有「合法」的戶籍。庫德族新年慶典被阿薩德政府壓制，庫德語成爲被壓抑的語言，相關書籍出版或流傳都屬非法，連十二世紀著名的庫德族英雄薩拉丁（Salah al-Din Ayyubi），也在復興黨強調「阿拉伯化」的氛圍下變得沒有庫德族身分。這堪稱是敘利亞復興黨政府的「文化清洗」。一切都「阿拉伯化」，也同時「敘利亞化」。這時的阿拉伯民族與敘利亞國家氛圍鼎盛，不容許其他性質不同的群體存在，就算他們存在，也得同化、稀釋他們，以降低他們的重要性。敘利亞「阿拉伯化」與「敘利亞化」的另一層意涵，就是「去庫德化」。抗議當然無效，只會招來更大的打壓。

然而，庫德族內部對於復興黨政府也有不同的聲音，並非都持反抗態度，有些庫德族宗教教長及菁英階級願意接受政府政策。比較著名的是大馬士革的阿賀馬德庫夫塔魯（Ahmad Kuftaru），以及從土耳其來的穆罕默德薩伊德拉馬丹布提（Muhammad Sa'id Ramadan al-Buti）。復興黨主要的目的，是透過他們協調其他庫德族勢力，因此容許這些人發展自身理念或舉辦若干活動。願意「阿拉伯化」的庫德族人可以申請成爲復興黨員，也可以在地方政府擔任官員。這些庫德人的任務，就是說服其他庫德族勢力與復興黨「和平相處」；雖然會被唾棄、被視爲「庫德奸」，可是這都是爲了求生存。另外，偏向什葉派的穆斯林主導復興黨之後，得面對國內多數遜尼派穆斯林的挑戰，遂出現復興黨與部分庫德族人有些許政治合作的空間，也導致敘利亞遜尼派穆斯林認爲庫德族就是復興黨的走狗。阿拉伯人內部的相互傾軋，讓庫德族可以同時是合作對象，也是攻擊對象。

這是敘利亞庫德族的悲劇。在阿拉伯人占多數的情況下，生存權益遭到漠視。但其實，這也是敘利亞阿拉伯人的悲劇。畢竟連國家都是「被塑造」出來的，求生存的意念絕對不比庫德族低，也不容許任何「庫德族老鼠屎」壞了一鍋「阿拉伯粥」。阿庫兩方都要建立自己的「想像的共同體」，因此，最後就看誰拳頭比較大，能把「想像」變成「現實」了。

第三章　誰想當山地土耳其人？——土耳其庫德族

凱末爾主義與庫德族民族主義

一戰結束後鄂圖曼瓦解，居住在鄂圖曼與伊朗之間的庫德族看似可獲得自主的機會，但政治現實卻不允許這樣的理想實現。從伊拉克與敘利亞的情況可看到，試圖脫離鄂圖曼的並非只有庫德族，還有阿拉伯人。儘管庫德族人爲數不少，但被迫分散在不同的阿拉伯國家，使得人口比例相對較低，因而讓庫德族難以對抗阿拉伯人。在土耳其也是一樣的情況。

一戰後國際間最受歡迎的口號，是美國總統威爾遜的「民族自決」。許多受過歐洲帝國主義壓迫的地區與國家，都希望威爾遜這個新時代的救世主可以帶領「被壓迫者」(oppressed) 脫離苦海。諷刺的是，威爾遜只能說空話，沒辦法主導所有的事情。以庫德族與西亞地區整體發展史來看，這地區宛如歐洲強權的境外競技場，是英國與俄國的博弈地區，但在一戰時期俄國蘇維埃政府撤出西亞，就出現英國獨霸的局勢。於是，英國的政治人物對「民族自決」這個「美國貨」當然不屑一顧，至少在西亞這個英國勢力範圍裡發揮不了作用。

庫德族在戰後獲得自主的機會，也不是因爲「民族自決」，而是以英國爲首的戰勝國想徹底瓦解鄂圖曼。一九二〇年八月，戰勝國與伊斯坦堡政府簽署的《色弗爾條約》即包含庫德族自治的條文。但庫德族能否自主仍是未知數，因爲在《色弗爾條約》前，英國與法國於四月就已簽署了《聖雷莫協議》瓜分西亞，多數庫德族居住地都在英國的占領範圍內，即今日伊拉克北部一帶。隨後國際聯盟將伊拉克委任給英國託管，名義上是要協助當地人「文明化」，但根本性質就是占領。這樣一來，庫德族要自決自治自主，必然還是得看英國的意見。

沒想到，半路上殺出了凱末爾這個程咬金。對凱末爾而言，伊斯坦堡政府已處於無用狀態，但其實並非無用，而是西方強權的政治箝制、戰爭破壞及戰後要脅，才導致這等局面。凱末爾在遠離伊斯坦堡的安卡拉建立政府，抵抗戰勝國入侵，令《色弗爾條約》難以執行。原本戰勝國只承認伊斯坦堡政府，此時也不得不正視安卡拉政府的存在。一九二三年七月，戰勝國與安卡拉政府終於簽署《洛桑條約》，凱末爾保全了安納托利亞，但阿拉伯地區還是無法從英法兩強手中取回。這也可看出，凱末爾儘管軍事方面有所成果，在外交方面仍沒能突破伊斯坦堡面臨的障礙。

當時，也有不少庫德族人將自主的希望寄託在凱末爾身上，畢竟在英國的管轄下也不見得能完全自主。基於庫德族也有反英情緒，故凱末爾承諾給予他們自主的機會。庫德族向凱末爾靠攏，使英國備受威脅，頓時對伊拉克北部的管理也不再顧及庫德族的想法。然而，凱末爾隨後的決策，卻讓庫德族感到不受重視。一九二三年土耳其共和國建立，凱末爾推動民族主義、共和主義等運動，統稱爲「凱末爾主義」（Kemalism）。整體土耳其人的生存，是凱末爾此時最急迫的任務。像庫德族這樣的「邊緣」族群，若已經沒有對抗外敵的功用，就可能會成爲危及土耳其民族完整的潛藏因子。結果，土耳其國會宣布「庫德族是土耳其人」。這顯示了庫德族人沒有機會在土耳其政府管轄下成爲獨立族群，因爲一旦獨立，就破壞了土耳其民族的完整性。

另一方面，「凱末爾主義」這看似二十世紀鄂圖曼瓦解後的新浪潮，也創建了新國家，可是除了形式上西方化之外，類似現象在西亞歷史上屢見不鮮，因爲今日的土耳其人原爲早期突厥人（Turks）的一部分，早已掌有長久的政治勢力。從伊斯蘭時期的阿巴斯帝國（Abbas Empire，七五〇年至一二五八年）起，就有不少突厥人從中亞遷徙而來，多數做爲奴隸或編入軍隊之中。阿巴斯衰弱後，中亞與埃及都陸續有突厥人的勢力浮現，例如塞爾柱人（Seljuks）與馬木路克王朝（Mamluk Dynasty），當然還有存在六百多年、剛滅亡沒多久的的鄂圖曼。比起敍利亞與伊拉克這兩個憑空建立的阿拉伯國家，凱末爾要建立的土耳其人國家並非「想像的共同體」，只是版圖比較小而已。

有些學者認為，凱末爾的民族主義排擠了其他族群在土耳其的生存空間。不過，這不是凱末爾的問題，而是歐洲民族主義的本質，原就是矛盾地排外、又自詡平等博愛。於是，即使土耳其境內的庫德族沒有英法等外國勢力掌控，也不似在伊拉克與敘利亞面臨「泛阿拉伯主義」的阻礙，卻依舊遭遇「凱末爾主義」。諷刺的是，無論是泛阿拉伯或是凱末爾，都先發後至，奪走庫德族獨立自主的機會。庫德族民族主義在一戰結束後，落入一拳難敵四手的窘境。

土耳其共和國的庫德族如何共和？

一九二三年十月土耳其共和國成立，隨後當選總統的凱末爾推動的「凱末爾主義」，包含了以土耳其人為主的民族主義。在近代西方的民族國家（nation-state）觀念裡，單一民族建立國家合情合理，但問題就在於任何國家內絕對不可能只有單一民族。這樣的國家建構模式在歐洲造成諸多動盪與戰爭，而當非西方世界邁向「西化」之路時，也因爲建立民族國家發生同樣不幸的悲劇。土耳其境內的庫德族，也是其中一個例子。

今日土耳其東南部與伊拉克北部的摩蘇爾，是庫德族的主要分布區域。一戰結束後，雖然戰勝國與鄂圖曼簽訂的《色弗爾條約》同意讓庫德族自主，卻沒有劃出精確的區域範圍。然而，條約制訂通常只「活在當下」；一旦情勢變化或出現更多考量因素時，條約就完全失效了。尤其英國知道摩蘇爾有大量的石油貯藏，自然不樂見任何外來勢力滲透。一戰後沒有人想到凱末爾在安卡拉崛起，其勢力的拓展更會影響英國對摩蘇爾的控制。一九二四年十月，土英雙方討論土耳其與伊拉克的邊界，稱爲「布魯塞爾線」（The Brussels Line），摩蘇爾的歸屬問題當然也在討論範圍內。然而，所有事情都是強權說了算。土耳其並非國際聯盟的會員國，故國際聯盟只會考量英國的立場，同意英國取得摩蘇爾，土伊遂以布魯塞爾線做爲永久邊界。

在這樣的情況下，庫德族成了強權協商的犧牲品。《色弗爾條約》讓庫德族有自主的機會，但隨後英國獲得委任託管權，「合法占領」今日的伊拉克，當地庫德族因而落入英國的掌控，英國失信於庫德族。另一方面，先前凱末爾政府對抗英國、擺脫《色弗爾條約》束縛時，庫德族曾是重要的合作伙伴，也承諾給予自主機會。但當凱末爾要建國時，最大的障礙是南方英法占領的伊拉克與敘利亞，若兩個歐洲流氓國家不願意離開，勢必也得跟他們劃清邊界。庫德族的獨立，就不是凱末爾政府最急迫的工作了，凱末爾也失信於庫德族。儘管人人都知道有個庫德族問題在那裡，但土耳其與英法為求解決彼此的紛爭，就只能先把問題放在一旁了。

土耳其庫德族與敘利亞及伊拉克庫德族一樣，都被視為是國家的「毒瘤」，而且共和國的憲法將土耳其庫德族列為「山地土耳其人」(Mountain Turks)，儘管政府不會趕盡殺絕，但都得「土耳其化」。就如同在伊敘境內庫德族必須「阿拉伯化」一樣，大家都面臨被迫與強勢群體同化的命運。再加上凱末爾廢除了哈里發，有擺脫舊制度、迎向西方進步文明的意涵，但對宗教界來說卻是個很大的打擊。庫德族也有宗教人士，當然不贊同凱末爾的決定。

於是，在凱末爾「民族主義」與「世俗主義」(Secularism) 的壓力下，庫德族爭取權益的情緒轉化為對抗政府的行動。一九二五年，在土耳其東部的迪亞爾巴基爾 (Diyarbakir) 爆發了庫德族抗爭運動，並蔓延到了伊拉克與敘利亞境內。在這場抗爭運動中，宗教教長薩義德 (Sheykh Said) 扮演主要角色，他對凱末爾發動聖戰 (jihad)，也宣布自己就是哈里發，而凱末爾政府為異教政府。

諸多研究將這場運動定義為民族主義與宗教主義的結合。凱末爾花了一個月左右平定這起事件，也開啟軍事法庭審判薩義德與近五十名「亂賊」，不少庫德族人被驅逐到土耳其西部。在一九二五年事件之後，土耳其政府也發起「東部改革計畫」（The Reform Plan for the East），表示分布在東部的庫德族應該被排除在國家政府、警察、司法體系之外。庫德族成爲人人喊打的對象，爹不疼娘不愛，其訴求不僅沒有受到重視，還遭到打壓。

一九二〇年年底，英國與法國完成了伊拉克與敘利亞占領區的邊界劃分。一九二一年土耳其與法國也簽署邊界協議。一九二六年土耳其與伊拉克簽訂《安卡拉條約》，也一樣確定了邊界，土耳其正式放棄摩蘇爾。在一連串的協商之後，庫德族被迫分屬於三個國家（其實還需要算進伊朗的庫德族人）。然而，庫德族還是繼續跨區域的合作，例如一九二七年到三〇年獨立聯盟在敘利亞與土耳其境內抗爭以求自主，另也有一九三六年到三七年德爾西姆（Dersim，今稱Tunceli）地區的抗爭。土耳其東部的庫德族問題，直至二戰爆發前都沒有好轉的跡象。從主觀角度來看，人們應該要譴責凱末爾政府，但換個角度來看，土耳其政府處於草創期，能不能夠從鄂圖曼瓦解的土堆中重生，能不能夠面對英法的壓力，都在未定之天。庫德族的訴求固然有理，但土耳其政府也有苦衷。

以單一民族建立國家會造成動盪，土耳其庫德族便是一例。然而，實際造成問題的不是庫德族想自主，而是強權勢力間的政治鬥爭。在這個邁向進步與文明的共和國之中，因其地理位置與詭譎的國際情勢，土耳其庫德族找不到任何方法與土耳其人一起共和。

脫亞入歐的土耳其庫德族問題

土耳其國父凱末爾在一九三八年去世，他的「凱末爾主義」繼續進行。被迫劃為土耳其、敍利亞、伊拉克的庫德族人彼此相互串聯是很正常的事情，但也構成土敍伊三個新興國家邊界安全的威脅。一九三七年，土耳其與伊朗、伊拉克簽署《薩阿德阿巴德條約》，便提及要阻止庫德族建立國家。此後，土耳其仍然持續對抗庫德族的自主。

二戰結束後，土耳其政府逐漸走上歐洲國家多黨制的政治模式。從土耳其政府的角度來看，多黨制有正面意涵，但對不滿共和人民黨（Republic People's Party，由凱末爾建立）執政的人來說，這是顛覆政府的好時機。一九四六年民主黨（Democrat Party）就是因反對共和人民黨而成立。

此外，戰後的土耳其雖實行多黨制，卻排除了共產黨。土蘇雙方自一九二一年起簽訂友好條約，但二戰期間蘇俄被德國攻擊，土耳其保持中立，令當時蘇俄領導人史達林（Joseph Stalin）相當不悅。因此戰爭一結束，蘇俄轉而對土耳其施以外交壓力，而土耳其政府的回應便是壓制境內的共產勢力。

共和人民黨與民主黨既為對峙狀態，對待庫德族的立場也相斥。民主黨試圖鬥倒共和人民黨，所以把庫德族問題都歸咎於執政黨。有政府報告指出，必須要盡快在土耳其東部（卽庫德族居住區）設置官方機構，才能夠處理庫德族問題。也有報告說，民主黨在土耳其東部省分建立組織，當地庫德族與民主黨關係十分密切。一九五〇年土耳其舉辦建國以來第一次的開放選舉，民主黨獲勝，黨主席巴亞爾（Celal Bayar）擔任總統，門德爾斯（Adnan Menderes）爲首相，很大一部分的選票卽來自於庫德族。

民主黨雖給予了庫德族一部分的自由，例如過去遭流放的人可以回到土耳其，也提供參與政治的權利，但條件是必須成爲「土耳其人」。有些人回憶提到，庫德族人要受教育必須到「一般」的學校，但那些都是禁止庫德語的學校；而爲了求生存，部分庫德族人不得不改說土耳其語，以免在學校及往後職場上「落後」於「一般」的土耳其人。由此可見，庫德族只是民主黨與共和人民黨對立之下任人擺布的棋子。民主黨對待庫德族的態度根本無異於共和人民黨。儘管對立，但兩黨都強調土耳其是單一民族國家，庫德族要在土耳其境內建立另一民族，絕對不會是兩大黨所樂見的事情。庫德族雖然給了民主黨選票，但巴亞爾還是沒有給庫德族全面自主。

不過，一九五二年土耳其加入北大西洋公約組織，持續執行凱末爾「脫亞入歐」的政策，卻爲庫德族再次提供了解放機會。由於西歐缺乏勞工，不少庫德族願意遠走高飛；比起在土耳其被「土耳其化」，當外籍勞工比較能保持庫德族的身分。至於仍在土耳其境內的庫德族，還是沒能爭取權利，畢竟民主黨與共和人民黨顧著內鬥內耗，民主黨在五〇年代後期無法處理經濟問題，又受到一九五八年伊拉克革命影響，兩地的庫德族趁機串聯，也促使民主黨加強鎮壓各種可能的反對勢力。

一九六〇年五月，軍方以防範兩大黨引發內戰爲由逮捕了總統與首相，並解散國會，由軍方主導政局。庫德族雖受兩黨箝制，但並未投靠軍方，而是趁勢抵抗軍政府。軍方鎮壓了庫德族的抗爭活動，例如成立國家統一委員會（National Unity Committee），將庫德族人安置到土耳其西部，以斷絕東部庫德族與其他國家庫德族串聯的機會，另外也聲稱庫德族的重要據點迪亞爾巴基爾「只有土耳其人，沒有庫德族人」，顯見「消滅」庫德族的力道有增無減。

一九六〇年之後，土耳其發生多次軍事「政變」，多數研究批判這是土耳其難以民主的原因，但近來也有研究認爲這是「政治清理」與「路線調整」，讓土耳其政治不至於混亂到無可收拾，畢竟多黨制的路線在這些「政變」後都沒有改變。不管如何定義土耳其軍方的行動，總之國家對庫德族的整體政策並沒有太大的變動。一九六二年開始，土耳其政府將庫德族的獨立活動視爲重大罪行，也在南方與伊拉克交界處設置禁區，用意在防範兩國庫德族人接觸。

此時的庫德族與左派人士有相當多的合作，畢竟兩者都受到政府打壓。一九六一年土耳其工黨（Workers' Party of Turkey）成立，裡面就有不少庫德族成員。一九六五年，土耳其庫德民主黨（Kurdish Democratic Party of Turkey, KDPT）成立，強調要將庫德語做爲庫德斯坦的官方語言，還要擁有土耳其國會的代表席次。一九六七年庫德族學生發起抗爭運動，便以迪亞爾巴基爾做爲據點。另外，也有庫德族組織發行庫德語刊物，對抗土耳其政府禁止庫德語教育與傳播的禁令。一九六八年該黨的重要領導人都被土耳其政府監禁、暗殺、流放，更導致一九七一年三月軍方再次「政變」，目的之一便是將左派土耳其人與庫德族都列爲非法勢力。

土耳其軍方再次的「政治清理」，一樣是維持凱末爾以來的「民族主義」，在標準之外的一概不予承認。這不能說土耳其民主之路是失敗的，因爲每一國都有自身的主要發展路線，即使是號稱最自由民主的美國，也有許多聲音被壓抑。

此時，土耳其「脫亞入歐」的工作尚未完結。此後，庫德族問題逐漸成爲影響土耳其發展對外關係的重要因素。

加入歐洲時的土耳其庫德族問題

土耳其的庫德族問題，是多數人口（土耳其人）與少數人口（庫德族人）對峙、求生存的問題。誰的拳頭大，誰就是老大。但庫德族並非老二或老么，只是在更大的區域與國際情勢發展過程中被迫成爲次要角色，以致於爭取自我權益時，被那個更大的區域與國際情勢不斷壓著打。土耳其政府也因爲這個問題，在亟欲加入歐洲世界時面臨諸多阻礙。

七〇年代後期，受土耳其政府打壓的不只庫德族，許多反對聲音都遭到壓制，經濟也依舊蕭條，導致了一九八〇年九月第三次軍事的「政治清理」。庫德族與左派社會主義勢力長期結合運作，一九七八年成立的庫德族工黨（Kurdish Worker's Party or Partiya Karkeren Kurdistan, PKK）也更加激烈地對抗土耳其政府，其中厄賈蘭（Abdullah Ocalan）的勢力最爲強勢。有些研究指出，厄賈蘭運用了中國毛澤東在鄉村打游擊戰的概念，四處打擊土耳其政府在地方上的政治根基。他們崛起之處不在庫德族區域，而是在首都安卡拉，對土耳其政府來說更是政治中心的直接威脅。同時，伊拉克的庫德族勢力仍與土耳其庫德族密切合作，這也是長期以來兩國政府相當頭痛之事。

一九八〇年軍方再度改變政局，庫德族一樣是在必須壓制的「黑名單」內。一九八一年三月，軍政府強調所有恐怖分子都已經剷除，一整年下來逮捕、審判、處決了不少庫德族工黨成員。但庫德族工黨游擊戰並沒有因而失去影響力，接下來八〇年代仍有各種土耳其政府指稱的恐怖行動，像是只要有學校強調「同化教育」，否定庫德族的教育方針，就會遭到庫德族工黨的破壞。一九八七年土耳其政府宣布國家進入緊急狀態，戒嚴令在庫德族省分還實施特別久的時間。無論土耳其政府如何壓制或開放庫德族的活動，都無法減弱他們對政府的敵意；在這樣的情況下，只能將他們視爲「恐怖組織」，才能更加合理化政府的政策。

從主觀角度來看，庫德族對政府的憤怒已經不可能平息。從更大的角度來看，土耳其自立國以來的政治局勢就在「是否延續凱末爾主義」中擺盪，包括共和人民黨與民主黨的政治鬥爭，以及一九六一年以來的兩次政治變革，都讓土耳其政治處於變動狀態。變動並非不好，畢竟每個國家的政局也都隨時在變動，可是若一再糾結於某個問題，就會呈現內耗狀態。土耳其政府更加用力處理庫德族，只是爲了有效解決問題，本身沒有對或錯。爲了達成消滅對方的目的，也必然譴責對方是「恐怖組織」、「恐怖分子」。

以上的庫德族問題，是土耳其內政難以解決的問題。究其本因，「凱末爾主義」終究還是主流路線，再怎麼調整，也不可能不走土耳其民族主義的路線。當然，庫德族也不可能摒棄他們的民族主義，所以雙方立場在光譜的兩端，發展路線沒有交集，當然問題就不可能解決。然而，到了二十世紀後期，土耳其庫德族從內政問題成了「國際」話題。諷刺的是，這跟凱末爾主義也有很大關係。

自凱末爾以來，「脫亞入歐」的目的一直沒有改變過；土耳其不單是要在外表上變成歐洲人，也想要獲得歐洲國家的身分。二戰後以法國爲主的歐洲整合運動，要在美蘇冷戰之外成立第三勢力，此時受蘇俄壓迫的土耳其更加快「脫亞入歐」的速度，一九五二年成爲北大西洋公約組織成員卽爲一例。一九五七年歐盟前身歐洲經濟共同體（European Economic Community, EEC）創立，土耳其也積極申請加入，但一直沒有結果。在剷除庫德族力道最強的八〇年代，歐洲輿論也一再強調土耳其政府不應再對庫德族施壓。庫德族問題的國際化，成爲土耳其加入歐洲的一大阻礙。

爲了加入歐洲，土耳其政府對庫德族確實做了些變化，八〇年代後期已經接受國內有庫德族，廢除了庫德語禁令，也不再稱庫德族爲「山地土耳其人」。一九九一年因伊拉克攻打科威特，導致不少伊拉克庫德族受戰爭影響而四處逃竄，土耳其政府也接受這些難民。但一切卻僅止於此。一九九三年土耳其總統換人後，庫德族的情況又恢復原樣。

同年，歐盟（European Union）成立，土耳其當然也積極要成爲其中一員。不過，歐盟制訂了入盟條件，稱爲「哥本哈根標準」（Copenhagen criteria），也就是要求所有申請國必須有民主、法治、人員、保護少數民族的制度。首先，土耳其爲伊斯蘭國家，不是基督國家，故不得加入。此外，歐盟批判土耳其自六〇年代以來的軍事「政變」，是不民主的表現。再者，庫德族問題若沒有解決，就不可能成爲歐盟的一員。

其實，歐盟拒絕土耳其加入，純粹是「欲加之罪，何患無辭」。土耳其的政治肯定是民主政治，但問題是，這世界上有各式各樣的民主政治，試問歐盟要的是哪一種？若庫德族屬於少數族群問題，那歐盟之中難道就沒有任何族群權益受剝奪的問題？歐盟批判土耳其不注重人權，但歐洲人難道眞的人人平等？更何況，土耳其政府與庫德族之間的問題有其歷史因素，甚至問題源頭也與歐洲強權有關，但歐盟未必能夠體會。土耳其的庫德族問題演變成「國際」話題，但並非以所謂的「國際」標準，就能達到公平正義。怎樣才是合適的解決方案，誰也不知道。

第四章　自治終究曇花一現——伊朗庫德族

一次大戰前後的伊朗庫德族

今日的庫德族分居四國，除了伊拉克、敍利亞、土耳其之外，還有伊朗。兩河流域上游以東、薩格洛斯山脈（Zagros Mountains）北段以西一帶爲庫德族聚居地。自十六世紀起，西亞地區出現了鄂圖曼與薩法維伊朗兩個伊斯蘭勢力，夾在其中的庫德族（鄂圖曼東北、伊朗西北）分屬這兩國管轄，也發展出與這兩國的抵抗、合作關係。這些問題到了十九世紀更趨複雜。

十九世紀的伊朗進入卡加王朝時期，在確立自身勢力範圍時，曾與鄂圖曼有過幾次交戰與邊界談判。此外，北方俄國的勢力已不容忽視，也不斷介入兩個伊斯蘭國家的邊界問題。十九世紀末夾在伊鄂俄之間的庫德族，感受到情況越發紛亂。在鄂圖曼境內的庫德族教長烏拜依杜拉（Sheikh Ubeidullah）主張自主，號召伊朗庫德族一起加入，但也承諾會在自治後認同鄂圖曼主權。鄂圖曼君主雖予以支持，但目的應在於破壞伊朗領土完整，而不在於讓庫德族實現自治。之後伊朗軍隊壓制邊界的庫德族活動，烏拜依杜拉退回鄂圖曼境內，結果他也遭到鄂圖曼的追擊。不過，往後鄂圖曼的庫德族仍有許多爭取自我權益的運動。

卡加伊朗的庫德族情況則不同。鄂圖曼在十九世紀中葉如火如荼地推行西化改革，強化中央權力，卻造成地方勢力不滿。反觀卡加王室自十九世紀建立王朝以來，中央權力始終沒有深入地方，在政治中心德黑蘭之外就沒有影響力，地方省長也得在各地勢力與部落之間周旋，直到一九二五年卡加王朝瓦解前都是如此。這讓卡加伊朗的庫德族稍有自主的空間。一九一四年一戰爆發，伊朗國王宣布中立。鄂圖曼與俄國的戰場延燒到伊朗西北部，影響庫德族生存，但在一九一七年十月俄國蘇維埃革命之後，列寧政府宣布退出戰場，也自伊朗境內撤軍。這不僅讓庫德族有機會脫離戰爭的壓力，還取得了許多俄國人留下的軍火。

戰爭結束，英法要瓜分美索不達米亞，戰勝國也簽署《色弗爾條約》磨刀霍霍向鄂圖曼，但立即面臨凱末爾的抵抗勢力。一九二三年戰勝國與凱末爾政府簽署《洛桑條約》，卻沒有列入庫德族的權益。同一時期的伊朗是一戰中立國，所以鄂圖曼境內庫德族被迫劃歸在伊拉克、敘利亞、土耳其等國的情形並沒有在伊朗發生，伊朗庫德族還是伊朗庫德族。但庫德族追求獨立的浪潮，在伊朗也構成了問題。

一戰後的伊朗正處於改朝換代的時期，軍人禮薩汗（Reza Khan）逐漸取得政治優勢。一九二二年，庫德族的重要領導人物希姆科（Simko Shikak）在伊朗西北部建立庫德族政府，被禮薩汗擊退。爲了防堵伊朗庫德族與土耳其庫德族串聯，土耳其政府給了禮薩汗諸多支援。希姆科與其支持者都被禮薩汗驅離，轉入伊拉克。一九二五年，伊朗國會推舉禮薩汗爲國王，卡加王朝就此走入歷史，開啟了巴勒維政府時代。跟凱末爾一樣，禮薩汗也試圖發展西方形式的單一民族國家。於是，巴勒維需要建立的「伊朗人」國家，不會容許任何所謂的分離主義（separatism）出現。其實過去卡加王朝時期就有一些「很自治」的部落勢力，例如伊朗西南方的巴賀提亞里部落（Bakhtiyari tribe）、或是靠近波斯灣的穆哈梅拉酋長（Sheykh of Mohammerah）、伊朗南部的卡希加儀部落（Qashqa'i tribe）等等，他們與英國人關係密切，甚至簽署一些合作協議，也不在乎德黑蘭政府的意見。一九二五年後巴勒維政府正值草創期間，需要壓制這些太過於「自治」的地方勢力。

儘管伊朗南部的部落確實勢力龐大，庫德族問題對巴勒維政府而言較無威脅性，但也不能說庫德族就沒有面臨壓迫。在短短幾年的時間裡，禮薩巴勒維整治了伊朗東西南北各方勢力，一改過去卡加王朝對地方沒有影響力的政治狀態。如同伊拉克、敘利亞、土耳其的庫德族面臨阿拉伯與土耳其民族主義的壓迫，伊朗庫德族也在這種「伊朗民族主義」的情境下，語言使用受到限制，居住區也沒有妥善建設。伊朗駐土耳其大使佛魯基（M. A.

Foroughi）曾與土耳其政府討論過，要合作鎮壓庫德族獨立運動；一九三七年伊朗與土耳其、伊拉克、巴基斯坦簽署《薩阿德阿巴德條約》，目的在於區域安全，也討論過不讓庫德族獨立，避免造成區域動盪。

伊朗並未像鄂圖曼一樣在一戰後解體，所以不似阿拉伯人或土耳其人面臨求生存的問題，但在追尋西方式「單一民族國家」的路上，也視庫德族爲相對的少數勢力。一戰結束後，阿拉伯人、土耳其人、伊朗人都試圖顛覆西方勢力，當然不容許任何人想要脫離出去。庫德族的問題，也就如幽靈一樣糾纏著伊朗不放了。

伊朗西北方的庫德共和國

在二十世紀衆多庫德族的獨立運動中，幾乎都沒有機會形成政治實體，唯有一個看似實現建國願望的例子，便是一九四六年成立於伊朗西北方、靠近土耳其東部的馬賀阿巴德共和國。這是在二戰期間伊朗特殊情境下的產物。

一九三九年九月二戰爆發，隨後伊朗國王禮薩巴勒維宣布中立。然而，一九四〇年英國遭到德國威脅，隔年蘇俄也被德軍進逼，同盟國深怕德國會有更進一步的擴張。尤其是埃及、伊拉克、敍利亞、巴勒斯坦的阿拉伯人都很歡迎納粹勢力進駐，以擺脫英國控制，因此同盟國得格外留意任何德國可能滲透的地方。中立國伊朗就在這樣的情況下受到波及。英蘇共同對伊朗施壓，要巴勒維政府將境內的德國外交人員、專家顧問都送出伊朗。對巴勒維來說，一旦接受英蘇的「命令」，那就違背中立原則了。結果，一九四一年八月英蘇軍隊進入伊朗，僅一個月時間就占領德黑蘭，巴勒維被迫退位。其子穆罕默德禮薩巴勒維（Mohammad Reza Pahlavi）即位，伊朗進入第二任巴勒維時期。

一九四二年，英蘇兩國與伊朗簽署同盟協議，伊朗被迫成爲了二戰時期反德國陣營的成員。同盟協議還寫道「尊重伊朗主權獨立與領土完整」，充滿了諷刺意涵。其中一款條文說，「在對德戰爭結束後六個月內，英蘇軍隊都要退出伊朗」。英蘇軍隊占領伊朗後，巴勒維政府陷入動盪，使伊朗西北地區的庫德族得以展開獨立運動。一九四二年八月，在伊朗西北的馬賀阿巴德成立了庫德族重生團（Kurd Resurrection Group, or Komola），歡迎所有庫德族人加入。伊朗西北部的亞塞拜然省自一九二〇年代就有左派勢力，此時蘇俄在該區的影響力也很大，因此庫德族重生團也獲得蘇俄支持。一九四四年八月，伊朗、伊拉克、土耳其三地的庫德族大集合，爲了大庫德斯坦（Greater Kurdistan）而努力，邊界地圖也繪製完成，庫德族區域從兩伊與土交界處一路向西，經過敘利亞的阿勒坡（Aleppo），再延伸到東地中海。

一九四五年八月，約莫二戰結束之際，庫德族重生團組成「伊朗庫德民主黨」（Kurdistan Democratic Party of Iran, KDPI）。但是，他們卻主張要「解放民族權利、成為自治省分處理自身事務、在伊朗國會取得席次」，讓人覺得似乎摒棄了過去庫德族獨立建國的目的。其實，庫德族重生團內部對於如何達成庫德族的願望有不同作法，有些人樂見蘇俄協助，有些人則認為蘇俄勢力進入會影響該區發展，甚至主張萬萬不可與這些無神論的共產主義者同流合汙，況且蘇俄似乎也沒有讓庫德族全盤獨立的明確政策。庫德族重生團領導人卡基穆罕默德（Qazi Mohammad）主張接受蘇俄協助，並要求自治。這可能是蘇俄下的指導棋，因為同時在亞塞拜然省會塔不里士（Tabriz）成立的亞塞拜然民主黨（Democratic Party of Azerbaijan）也主張脫離德黑蘭中央政府，並接受蘇俄保護。同年十一月，亞塞拜然人民共和國（Azerbaijan People's Republic）成立。一九四六年一月底，馬賀阿巴德庫德自治共和國成立。

對伊朗政府而言，無論馬賀阿巴德或者塔不里士，都是攸關國家存亡的衝擊。伊朗軍隊屢次要進入塔不里士，卻一再遭到駐守在德黑蘭不遠處的蘇俄軍隊阻斷。一九四六年一月底，伊朗向剛成立沒多久的聯合國控告蘇俄干涉伊朗內政，也就是「伊朗控蘇案」，這是聯合國安理會處理的第一件國際糾紛。美國與英國堅持蘇俄撤離，而蘇俄雖然在四月時同意撤軍，卻還是支持亞塞拜然自治。有些研究指稱，這時期的亞塞拜然問題便是冷戰的起源。

然而，戰後一切局勢都曖昧不明。蘇俄領導人史達林不願糾紛擴大，伊朗也同意讓步，與蘇俄協商伊朗北部的石油利權。當兩國達成共識後，蘇俄軍隊撤出伊朗，伊朗政府得以執行主權，便一鼓作氣進軍亞塞拜然與馬賀阿巴德。該年底兩個共和國都走入歷史。

伊朗庫德族得以短暫實現全體庫德族人的目標，主要是因爲二戰後伊朗被英國與蘇俄軍隊占領，正在擴大勢力的蘇俄成爲伊朗庫德族的外來支援。然而蘇俄的政策不明確，以致於伊朗庫德族只能成立自治政府。在冷戰研究中，有些學者認爲其實想擴張勢力的是美國，蘇俄多半處於被動狀態。但在庫德族議題上，美國此時在西亞還沒有影響力，英國的優勢也正好退去，因而無力處理。是以比起伊拉克、敘利亞、土耳其的庫德族，伊朗庫德族就在特殊的政治局勢下，來得有一點點突破重圍的可能性。然而，當蘇俄軍事影響力也退去之後，伊朗庫德族就沒有機會了。

由此可見，庫德族建立國家並非不可能，但西亞局勢在一戰後的變局過大，多方勢力層疊，絕非單純靠著理想實踐這樣的主觀因素就能成事，外在客觀因素的影響才是最重要的。隨著二戰後的糾紛結束，伊朗政府與庫德族的關係也進入新的階段。

不斷被犧牲的伊朗庫德族

一九四六年馬賀阿巴德共和國的成立，讓伊朗庫德族得以自治，比起其他國家的庫德族來得成功許多。但那時伊朗政府剛脫離二戰期間被占領的危機，又立即面對蘇俄的壓力，所以如何拯救伊朗民族、如何維護伊朗主權獨立與領土完整，都是優先於庫德族的問題。接下來，第二任伊朗國王穆罕默德禮薩巴勒維在混亂中逐步讓權力集中，庫德族要自治或獨立幾乎是不可能的事情了。

在馬賀阿巴德共和國結束後，不少庫德族人向外逃竄，仍在伊朗境內的庫德族人勢力越趨式微。然而，伊朗又陷入另一波外交危機。一九五一年，伊朗首相由反對英國在伊朗獨斷石油利益的國會議員穆沙迪克（Mohammad Mossadegh）擔任，他向來主張伊朗有「民族自決」的權利、反帝國主義，並提倡國家民主化。這對受到壓制的伊朗庫德民主黨而言，當然是一線希望。此外，穆沙迪克是政壇老將，參與過一九〇六年伊朗立憲運動（Iranian Constitutional Revolution of 1906），也擔任過司法、財政、外交部長及亞塞拜然省省長，後來擔任國會議員。年輕且毫無政治經驗的巴勒維國王完全無法與穆沙迪克相比。比起多次鎮壓庫德族的巴勒維，穆沙迪克更受庫德族喜愛。

穆沙迪克聲明要「石油國有化」，終結英國在伊朗龐大的石油利益。但其實伊朗並沒有足夠的能力發展自己的石油工業，以致於伊朗經濟發展陷入停滯。再加上有傳言蘇俄將與穆沙迪克政府簽署合作方案，導致正處於極端反共氛圍的美國政府動用了中情局（Central Intelligence Association, CIA）的力量，於一九五三年八月推翻了穆沙迪克政府。美國當然不是來協助英國，而是取代英國在伊朗的地位，承繼英國的石油利益。時任英國首相的艾登（Anthony Eden）雖樂見穆沙迪克被剷除，但也無奈英國勢力已不如以往，越加無力處理世界事務。

一九五八年七月伊拉克爆發革命，新政府持反帝國主義路線，原本同屬中部公約組織成員的兩伊因而反目成仇。伊拉克於一九二一年建國，脫離鄂圖曼，伊朗與鄂圖曼的邊界事務自此成了伊朗與伊拉克的事務。兩伊在一九三七年爲了區域合作，談成了邊界劃分協議，但一九五八年後的伊拉克新政府無意與伊朗再做同陣營的朋友，邊界協議就又得「打掉重練」。因此，伊朗政府遂協助伊拉克的庫德族民主黨領導人巴爾薩尼對抗伊拉克政府，做爲在邊界問題上向伊拉克施壓的棋子。

巴爾薩尼曾是馬賀阿巴德共和國的重要外援，但共和國瓦解之後，巴爾薩尼逃往蘇俄，隨後趁著伊拉克革命時回國。由於伊朗仍是中部公約組織成員，擁有不少西方資源，導致伊拉克不僅在庫德族問題受伊朗威脅，連在波斯灣都不如伊朗來得有優勢。矛盾的是，這樣的情勢並沒有爲伊朗庫德族帶來優勢，因爲巴勒維國王雖協助巴爾薩尼，卻鎮壓伊朗庫德族的活動。六〇年代伊朗庫德族民主黨總部轉往伊拉克境內運作，但仍有不少人在伊朗境內打游擊戰，畢竟看自己的政府與伊拉克的巴爾薩尼合作愉快，可是結果竟是一一遭伊朗軍隊擊潰。

巴勒維國王最讓人詬病的問題，就是政治權力太過於集中。但這是歷史因素使然，畢竟他父親僅在位十六年，政治根基都還不穩定的情況下，就在二戰期間被外來強權逼退。穆罕默德禮薩巴勒維雖接下王位，但又遇到強勢的穆沙迪克，是以在一九五三年穆沙迪克政府結束後，巴勒維必須加強政治管理，集中權力，避免往後國家發展局勢與自己的想法相悖。儘管伊朗庫德族在一九四六年短暫地成立自治共和國，看似有些成果，但隨後在巴勒維國王逐漸掌握權力下，反而連在伊朗境內發起活動的機會都沒有，伊朗庫德族民主黨幾乎銷聲匿跡。

一九六九年，伊朗庫德族學生組織新團體「伊朗庫德斯坦勞動革命社群」（Society of Revolutionary Toilers of Iranian Kurdistan），主張民族自決，走毛澤東的農村游擊戰路線。在伊朗境外的庫德族，例如巴黎的卡賽姆魯（Abd al-Rahman Ghassemlou），也高喊「爲了伊朗民主、爲了庫德斯坦自治」（Democracy for Iran, autonomy for Kurdistan）的口號。不過，這些伊朗境內外的活動，頂多只能刷一點伊朗庫德族的存在感，對整體狀況並沒有改善的作用。

一九七五年三月，伊朗國王與當時伊拉克執政黨復興黨代表胡笙簽署新的邊界協議，擬定兩國於阿拉伯河（Shatt al-Arab）的河道劃分。胡笙放棄了一些要求，但交換條件就是伊朗必須停止對巴爾薩尼的協助。達成這樣的協議，完全表露出伊朗國王利用巴爾薩尼的心態。儘管有些研究指出巴爾薩尼的驚訝，但這是有政治敏感度的人一定都心知肚明的事情；巴爾薩尼必然也知道，只是無法預測何時會發生而已。

伊朗在二戰後面臨對蘇俄、對英國、對伊拉克等嚴峻的外交危機，外在環境的影響頗大，此外巴勒維國王本身也有權力不穩的危機。在這樣的情況下，伊朗庫德族問題成爲「政治操弄」的棋子，庫德族的權益也被犧牲了。

一九七九年之後的伊朗庫德族

一九七八年伊朗內部動盪問題越趨嚴重，隔年巴勒維政府垮台。探問伊朗何以如此，最不負責的說法就是「政府腐敗、經濟蕭條、社會不公不義」；對實際經歷過革命事件的人來說，原因其實一言難盡。但無論如何，伊朗改朝換代了，新政府由宗教人士何梅尼主導。之所以推翻舊勢力，理想上都是爲了創造更美好的世界，但新的掌權者往往都認爲他們在創造完美世界，卻讓無權力者面臨更糟糕的情況。

在巴勒維強調伊朗民族主義來保護伊朗的情況下，庫德族的獨立運動勢必會造成伊朗分裂，所以巴勒維必須要壓制庫德族。因此，一九七九年的改朝換代，對庫德族來說當然是改變的契機。四月，伊朗庫德族民主黨向何梅尼政府提出自治方案，重點是：「由庫德族人決定庫德斯坦的範圍；庫德斯坦會配合中央政府的國防、外交、經濟計畫；庫德族自組議會；庫德族語在庫德斯坦應列入學校課程；庫德斯坦的少數族群享有地位、語言、傳統平等的權益；保障言論與出版、貿易、集會自由，庫德族也有行動與職業自由。」然而，何梅尼認爲這並不是此時建立伊斯蘭政府該做的事情，遂否決了庫德族的自治方案，還認爲他們要搞獨立。

庫德族的方案本身沒有問題，問題在於當下的情勢。巴勒維政府垮台後，何梅尼鮮明的什葉派伊斯蘭路線並沒有空間容許其他方面的發展。許多研究認爲一九七九年革命除了新舊政府的交替外，也是世俗化與伊斯蘭、政教分離與政教合一的分水嶺。可是，巴勒維跟何梅尼一樣都是什葉派穆斯林，彼此之間並無二致。多數人只聚焦何梅尼的宗教身分，所以認定其掌握政權的出發點都是宗教、其執政是激進什葉派伊斯蘭的政治意涵。然而，何梅尼同樣在搞政治鬥爭與清算，他的伊斯蘭主義與民族主義的性質並無二致。

何梅尼拒絕庫德族的自治要求，也敵視頗有影響力的遜尼派教長胡賽尼（Sheykh Ezzedin Hosseini）。這並非什葉派與遜尼派有什麼深仇大恨，畢竟教派本就有差異，卻不必然會造成衝突。主要是因爲一九七九年何梅尼政權才剛開始建立，一切尚未穩固，卻有一群人想要自治、不完全受自己的管制，對何梅尼這個菜鳥政權是一大衝擊。若庫德族要自治（甚至獨立），勢必會造成什葉派伊朗的分裂，因此當然要壓制庫德族，更要進一步壓制包括遜尼派在內、所有「不聽話」的力量。庫德族並非唯一的受害者，任何跟何梅尼有不同意見的人，也被一一剷除掉。

此外，新政府也完全推翻舊政府的決策。一九七五年，伊朗與伊拉克簽訂邊界協議，導致伊拉克庫德族不滿伊朗政府。一九七九年二月伊朗巴勒維國王下台，七月薩達姆擔任伊拉克總統，簽署邊界協議的兩人一下一上，讓薩達姆感覺邊界問題將再次浮現，兩伊關係漸趨緊張。在這樣的局勢下，伊拉克庫德族若持反伊朗的立場，就受到伊拉克政府歡迎。反之，壓制伊朗庫德族的何梅尼也不再敵對伊拉克庫德族，至少被巴勒維「玩弄」過的巴爾薩尼，就受到何梅尼政府的支持。有些伊朗庫德族人支持巴爾薩尼，有些則是什葉派穆斯林，他們都成爲伊朗政府壓制遜尼派庫德族的武器。庫德族本來就是兩伊關係間受操控的棋子，在一九七九年之後仍是一樣的情況。

一九八〇年九月兩伊戰爭爆發，雖然是兩國政府間的衝突，但苦的都是小老百姓。伊朗受到革命後以什葉派爲主的意識形態影響，伊拉克則受到保護阿拉伯的意識形態影響，這場戰爭呈現「阿拉伯 vs 伊朗」與「遜尼派 vs 什葉派」的面貌。儘管引起戰爭的本質是兩國邊界及政治對立問題，但在外界眼中看來，就是族群及宗教問題了。夾在這場戰爭中的伊拉克及伊朗庫德族，即使仍抱持獨立的願望，也都得爲了生存而選邊站；其實，就連伊朗與伊拉克政府，也都是在爭取生存權益。這些因素皆牽連著庫德族問題的發展。

一九八八年戰爭結束，一九八九年何梅尼去世。伊朗雖然進入了新的階段，一九八九年後的兩任伊朗總統拉夫桑賈尼（Akbar Hashemi Rafsanjani）與哈塔米（Mohammad Khatami）都推行所謂的改革，例如開始與外界改善關係，或者稍稍鬆綁內部政治氣氛，但新任精神領導人哈梅內意依舊遵循何梅尼路線。只要精神領導人的立場沒有調整，伊朗總統的任何言論也不會有影響力。在這樣的情況下，伊朗庫德族的生活、經濟、政治狀況或許因政治新氣象而有所提升，但仍不是徹底的改變。在巴勒維時期團結伊朗的情緒下，庫德族不可能有自治或獨立的機會；而自何梅尼以來強調伊斯蘭主義來保護伊朗，庫德族一樣也不可能自治或獨立。無論如何，中央政府都不會允許少數族群有某種程度的脫離與對立。

然而，相較於其他國家的庫德族，伊朗庫德族問題似乎少見於國際新聞之中。相較於敍利亞、伊拉克、土耳其都出現劇烈的動盪與戰爭，即使伊朗的整體發展仍難符合所有庫德族人的要求，但還是比較可能有正向的發展。

第五章　幸運的猶太復國主義者

一次大戰期間，英國的決策創造了西亞新局勢。英法的《賽克斯—皮科協議》瓜分了兩河流域與東地中海地區，《貝爾福宣言》則讓歐洲的猶太復國主義者移民到巴勒斯坦。固然在當下沒人知道往後會如何，但戰後英國不僅做爲戰勝國，更是西亞的唯一強權，也就藉由上述兩項決定左右了西亞的命運。其中庫德族與猶太人的命運，是最極端的兩個例子。

庫德族要求自主與獨立，是十九世紀末以來鄂圖曼的政治現象之一。當時英國與俄國在西亞是競爭對手，英國認同庫德族的運動，以防止庫德族與俄國接觸。同一時期，歐洲的猶太復國主義者也找尋外界協助，希望實現在巴勒斯坦建國的願望。在鄂圖曼的東側（庫德）與西南側（猶太），於二十世紀開始出現新的變數。上述一戰時期的決定，在戰後鄂圖曼瓦解之際，改變了庫德與猶太兩族群的命運，兩者也走上光譜兩端：庫德族被迫散居西亞四國，猶太人則順利建國。

一戰結束後，庫德族有自己的方向與目標。無論是戰後的巴黎和會，或是搭上美國總統威爾遜正在推動的「民族自決」順風車，怎麼看庫德族的發展應該都沒有問題。可是，這地區本就不屬美國管轄，英法的瓜分才是重點，另外還有安納托利亞的凱末爾勢力。一九二三年的《洛桑條約》簽訂後，凱末爾在安納托利亞建立了土耳其共和國。英法兩國在土耳其南方的英法控制區，也就是伊拉克與敘利亞，先後與土耳其談妥了邊界。庫德族就在這些大國勢力競爭之下，被迫分散居於伊朗、伊拉克、敘利亞、土耳其等四個國家，失去實現願望的機會。

庫德族並未如猶太人一樣有聯合國的支持，讓他們在特定區域自治或獨立。而庫德族分處的四個國家又各自面臨生存問題，例如伊拉克與敘利亞都在英法的壓力下發起「泛阿拉伯主義」的抵抗，其中還包括了反猶太復國主義的意涵。土耳其的「凱末爾主義」則是當時支撐這個新興國家生存下去的精神標竿。伊朗也一樣，一九二六年改朝換代後，巴勒維政府的伊朗民族主義方興未艾。在「泛阿拉伯主義」、「凱末爾主義」、伊朗民族主義的籠罩下，庫德族的民族運動成了破壞各國整合的亂源。

反觀猶太復國主義者，一九一七年取得英國政府的協助，開始得以定期、定量地移入巴勒斯坦。單就這一部分，就已經比庫德族來得幸運許多。而猶太復國主義者與猶太移民擠壓到原本阿拉伯人的生存權益，導致阿拉伯人的反抗。但其實阿拉伯地區本來就有許多猶太人，並非古代以色列滅亡後就全數離散，不少猶太人都已阿拉伯化。歐洲猶太復國主義者的建國心願，並不見得是阿拉伯猶太人所想要的。英國在三〇年代時已經無法解決阿拉伯人與猶太人之間的衝突，但英國沒有強制停止猶太人移入，也沒有提高阿拉伯人的權益。二戰後聯合國對巴勒斯坦問題的決議，竟是將一半以上的區域給猶太人居住，剩下的給阿拉伯人。猶太復國主義者總認爲他們情況危急，甚至被欺壓，但實則不然，整體情況還是對他們有利。一九四八年五月十四日，以色列建國。

以色列有聯合國的授權，等於拿了一張免死金牌。鄰近阿拉伯國家捍衛阿拉伯的「自保行動」，都成了「恐怖行動」。多數對猶太復國歷史的論述，都會強調猶太人悲慘的過去，卻又堅定自身傳統，最悽慘的就是遭到德國希特勒的屠殺，然後堅毅不拔地走上復國之路，最終實現願望。但是，庫德族難道就沒有猶太復國主義者來得堅定嗎？以及，所有猶太復國主義者都團結一致嗎？眞正關鍵的因素，是客觀情勢對誰有利。現在的以色列屬於勝利的一方，背後還有美國支持，歷史自然由他們來解釋。但庫德族並沒有這樣的福利，過去沒有強權支持，這時代也不會有。所謂的國際關注，只是如今日在臉書（Facebook）上組織活動，雖有萬人按讚卻只有一人到場；或者如Instagram的即時動態，只有一天時效。

此外，我們也應該檢討所謂現代國家的概念。從阿拉伯人、庫德族、猶太復國主義者要建立「國家」這件事來看，當中有許多問題存在。現代的建國概念，是以歐洲的「民族國家」為標準，而現代的阿拉伯人、庫德族、猶太復國主義者，都如「想像的共同體」概念一樣，刻意要強調他們的所有概念與行動是本來就有的、本來就該做的，如同學者霍布斯邦所說的「創造傳統」。既然一切都出自於「想像」與「創造」，也就沒有人擁有合法性與正當性。

在這樣的結論下，猶太人背後有國際間的實質支持，發展自然順遂；阿拉伯人因人數眾多，所以無論背後有沒有人支持，也還可以自行發展。但同樣沒有外力協助、又分散四國的庫德族人，命運就顯得悲慘許多了。

第三篇

一九七九年伊朗革命，
這四十年來……

一九七九年的伊朗革命，由看似很「西化」的巴勒維時期，轉變成極度「伊斯蘭化」的何梅尼時期，讓多數人覺得這個國家不願意追求進步，大開現代化倒車，支持「中世紀的神權政治」。而且在一年之後，伊朗由美國的朋友變成敵人，還想向外宣傳反美意圖，導致主流輿論批判這個國家破壞世界和平，造成國際不安。

需要思考的是，我們對於一九七九年伊朗革命就只有上述的看法嗎？觀察這場讓伊朗歷史與其對外關係的重大事件，只能用負面的角度？是否我們已被某些主流觀念遮蔽了視角呢？

第一章　巴勒維、何梅尼、革命

巴勒維時期的伊朗

一九七九年伊朗的巴勒維政府覆滅，隨後由革命人士巴札爾干（Mehdi Bazargan）成立臨時政府，沒多久後宗教人士何梅尼全盤接收權力。何梅尼的反巴勒維立場，使得這場革命宛如何梅尼與巴勒維之間的對決。許多書籍封面都會特別呈現兩人對立的氣氛，何梅尼批判巴勒維讓伊朗成為美國的走狗，也是許多研究引用的重要史料，甚至以「宗教」對抗「世俗」的角度來解釋一九七九年這場革命。不過，這只說明了宗教立場，而忽略了整個二十世紀巴勒維政府在伊朗發展歷程中實際關注的層面。

穆罕默德禮薩巴勒維於一九四一年到一九七九年執政，是為第二任巴勒維。其父為一戰結束後，有如土耳其的凱末爾般風雲一時的禮薩巴勒維。他在一九二六年建立巴勒維政府後致力改變對外關係，像是一九三四年出訪凱末爾，一九三七年又與土耳其、伊拉克、阿富汗簽署《薩阿德阿巴德條約》組成西亞聯盟，表現出不願再受外來強權壓迫的企圖心。

直到一九四一年，二戰時期英蘇對抗德國，要求禮薩巴勒維驅逐伊朗境內的德國專家與顧問。在伊朗不願受英蘇宰制之下，一九四一年英蘇進軍伊朗、占領德黑蘭，禮薩巴勒維被迫退位，由其子接任王位。二戰後美國逐漸擁有世界影響力，接替了原先日不落國英國的地位，也竭力阻擋蘇俄在歐洲、西亞、中亞、東亞的擴張。一九五五年英國主導成立的中部公約組織，由土耳其、伊拉克、伊朗、巴基斯坦組成，便有圍堵共產勢力的意涵。一九六〇年代巴勒維所做的改革，也是在美國資金挹注之下進行。當時伊朗是所謂自由世界的一分子。

從這樣的歷史脈絡來看，巴勒維執政時期的伊朗，其實是受制於強權壓力、做爲西方國家在西亞抵抗蘇俄勢力的國家。儘管巴勒維的伊朗有美國援助，但應當是從中汲取利益以求國家發展，必然沒有要當美國走狗的用意。換句話說，美國的資助固然是伊朗穩定發展的基礎，可是身爲一國之主的巴勒維肯定知道這樣的關係看似友好，卻也是難以承受的壓力。未來若這層關係有所變動，伊朗絕對是受害者。何梅尼或其他反美人士對巴勒維的批判，只能說他們沒有政治責任，也不理解伊朗所面臨的國際局勢；要是擾亂了政局，需要收拾爛攤子的還是巴勒維。假設一九四一年是由何梅尼執掌政權，在強權壓力的氣氛之下，一樣也會與美國爲伍。一九七九年後何梅尼能推翻以往的對外關係，絕對是拜兩任巴勒維累積的能量所賜。

然而主流研究並不在意這一歷史層面。對於巴勒維的施政除了批判「專制獨裁」、「貪污腐敗」之外，就是強調他打壓宗教勢力、破壞伊斯蘭傳統，導致伊斯蘭衰微；而最後伊斯蘭凝聚群眾的力量，推翻了這個不尊重宗教的「世俗」政府。可是，這只是以宗教角度、甚至是何梅尼角度所解釋的歷史。巴勒維在一九六〇、七〇年代的改革其實未曾忽視宗教，反而是在各地設置宗教團隊，以國家力量推廣宗教教育。巴勒維本身也是穆斯林，伊朗並未因改革而變成別類文化的國家。各地宗教團隊的努力必有成果，只是不為何梅尼政府所認同，研究學者也沒有以正面角度關注過。有些學者援引巴勒維在一九八一年出版的《回應歷史》(*Answer to History*) 裡對宗教界的批判，象徵他與宗教界的對立關係，但不代表那就是他自始至終的想法。這很有可能是他經歷一九七九年革命後，才寫下的批判言語。

有學者認為巴勒維試圖掌控宗教解釋權，打造「巴勒維化的伊斯蘭」。可是，即使如此又何妨？何梅尼在一九七九年建立政府後，不也是以自身的伊斯蘭觀念做為施政基礎？不也是「何梅尼化的伊斯蘭」？何梅尼以個人的伊斯蘭理論獨斷政府的發展路線，宗教界與相關學者對他也有嚴厲批判。此外，一九七九年革命後建立了宗教政府，使得多數學者在回溯革命前的巴勒維時代，就都強調其過度世俗化、宗教衰微、傳統沒落，這樣的說法缺乏對其他層面的觀察。

人們總是謾罵自己不喜歡的政府「專制獨裁」、「腐敗貪污」、「貧富不均」、「社會動盪」，但除此之外似乎也無法談論其他面向，以致於再多的討論也沒有新意。巴勒維遭到推翻，讓他的改革成了急迫躁進與漠視傳統，就是一例。這常是人們看待事情的方式：只關注表象及政治宣傳，對於遭到推翻的政權，總一味以負面角度予以批判，而未考慮到一國政府翻覆過程的複雜性，是難以由單一因素來解釋的。往後若有更多一手資料公開，有關革命前巴勒維時期的伊朗才有可能有另一番的歷史解釋。

伊朗的復興黨

在敘利亞與伊拉克復興黨之外，還有一個是一九七五年伊朗巴勒維國王成立的復興黨(Hezb-e Rastakhiz-e Mellat-e Iran or Resurgence Party)。當然這個復興黨並不是敘伊那種要統一阿拉伯的政黨，而是爲了巴勒維追尋伊朗的「偉大文明」(Great Civilization or Tamadan-e Bozorg)。但伊朗復興黨在一九七八年解散，極度短命。看來「復興」兩字還是少用，免得下場悽慘。

在二戰時期被英蘇強占的危機中，年僅二十二歲的巴勒維於一九四一年九月登基，擔下職掌國家的重責大任。但許多政壇老將的權力當然凌駕於這個年輕人身上，例如一九五一年的首相穆沙迪克。當時穆沙迪克推動石油國有化政策，是爲了讓伊朗脫離英國掌握，但這破壞了英伊關係，也不是巴勒維所想要的結果。一九五三年美國中情局弄垮穆沙迪克，雖然消除了巴勒維的心結，但巴勒維可能也知道往後不會一路順遂。

此後，美蘇冷戰的國際局勢帶給巴勒維許多壓力。一九五五年伊朗加入中部公約組織，遭到蘇俄批判其落入西方帝國主義的陷阱，伊朗也只能回覆這是區域合作，不是要對抗共產勢力。一九五八年，原本同爲中部公約組織成員的伊拉克爆發革命，新建立的政府抱持反西方帝國主義的立場，隔年退出中部公約組織，接受蘇俄援助，頓時讓伊朗北側與西側都面臨共產勢力的逼壓。這讓美國更加強了對伊朗的協助，一九六三年巴勒維提出的改革政策，就有美國的資金，稱爲「人民與國王的白色革命」(Engelab-e Sefid Shah va Mardom)，卽不流血的革命，包括了土地改革、選舉法改革等等。然而，這卻受到地方上既得利益者的抵抗。

在上述的動盪時期，伊朗存有不同政黨的勢力，主要都是高級知識分子，較無民衆支持的基礎，唯有充滿共產主義色彩的「群衆黨」(Hezb-e Tudeh or Mass Party) 比較貼近大眾。一九五一年穆沙迪克時期成立的「國家陣線」（National Front）則開啟了中央與地方社會合作的風氣，例如商人階級，也因其強力批判過去伊朗與英國政治人物過於緊密，快速拓展了民眾對政治的認識及參與。但穆沙迪克垮台後，巴勒維力圖建立他的權威性，讓伊朗政局由政治高層掌握，動員社會的政黨存在意涵不大。

直到一九七五年，巴勒維宣布廢止一切政黨，並以復興黨領導國家。巴勒維強調，「復興黨之成立，爲的是擺脫近三十年來外國勢力的壓迫。」很顯然地，就是指二戰以來伊朗面臨的外來壓力：蘇俄的威脅是壓力，美國的友好也一樣是壓力。此外，伊朗政治已太過於老化，很多是舊時代的菁英，巴勒維政府試圖改變這樣的情況，遂主張既有的國會議員有一半以上不得參選，同時開放律師、醫師等專業人士得以成爲候選人，而且要求他們必須在選區有一定名望。對伊朗政府來說，這些人士可以代表地方上的意見。如此注重地方聲音的政黨，很符合一九六三年以來的「國王與人民的白色革命」原則。

看過巴勒維自一九四一年以來的遭遇，其實不難理解他要主導一切、邁向一黨政治的意圖。這並不是什麼邪惡舉動，而是爲了穩定國家。習慣了西方政治觀點的人們總對一黨政治充滿敵意，但政治本來就可以有各國自身的特色，沒有任何標準認定一黨執政國家就會毀壞，兩黨或多黨國家就比較幸福美滿。在經歷過險峻的政治局勢後，復興黨若爲巴勒維國王想要穩定秩序的方式，那又何嘗不可？一九七七年巴勒維宣布「自由化政策」（Liberalisation Policy），釋放政治犯、開放言論自由，也可見巴勒維政策執行是按部就班的，無論是否要走西方制度，都可看到一切是有程序而非冒進的，也會參照過去的經驗做調整。許多研究認爲「自由化政策」是美國總統卡特推動「人權外交」（Human Rights Diplomacy）的結果，但沒有確切的證據。不要把美國看得有多高尚。

然而，巴勒維卻在這樣重視地方民衆聲音的情況下，於一九七九年丟掉政權。許多研究批判七〇年代後期的伊朗經濟成長過快，導致貧富差距太大、人民生活困苦，最終以革命收場。但這只是歷史的一面，畢竟每個國家都有貧富差距問題，且無論怎樣都會有人生活困苦，並不能因爲最終政府垮台，就完全以負面角度來看先前的事情。其實，這應是巴勒維政府在積極變革的過程中，面臨了更需要轉型、更多人民聲音的問題，導致巴勒維在一九七八年十月得解散復興黨，更於一九七九年一月離開伊朗。這些對整個局勢來說並不見得是壞事，而是後來掌政的何梅尼讓一切「走鐘」。復興黨與巴勒維並不邪惡，純粹是看後面的人用什麼角度解釋歷史。

革命與何梅尼

一九七九年伊朗革命後，最受國際注目的人物是宗教人士何梅尼。何梅尼原本居住在近伊朗中部小鎮庫姆（Qum），六〇年代初期因反抗巴勒維政府的改革運動遭拘禁，後因再次參與反抗運動被驅逐出境。在一般的認知裡，何梅尼在一九七九年革命後掌握政權，所以他就是革命領袖，且「向來」就受人民愛戴。於是，何梅尼所說的話無論在什麼情況、什麼時代，都爲民衆瘋狂支持；一些他的反政府言論，例如批判「巴勒維的親美立場，讓伊朗人連美國狗都不如」，都獲得伊朗人認同；他在一九四一年出版的《揭開祕密》（*Secret Revealed*）及一九七一年出版的《伊斯蘭政府》（*Islamic Government*）中批判美國及巴勒維，深受民衆支持，也成爲一九七九年的革命基礎。若由此觀之，一九七九年伊朗革命就是何梅尼畢生努力的成果。

但是，觀看一場事件若以單一角度、單一人物爲切入點，就很難看到事件的其他面向。何梅尼在六〇年代初期被巴勒維政府逮捕時，是較資深的宗教人士沙里亞特馬達里（Ayatollah Shariatmadari）爲他說情才獲得釋放，可見在六〇年代，他不見得是多重要的宗教人士，資深宗教人士也不全都反政府。而且，他的反美、反巴勒維言論究竟有多少人知道？並不是把他的特定言論圈選、羅列出來，就代表那些言論在當時有影響力。即使何梅尼在書中多次透露他對美國的不滿，也不能代表全伊朗人的意見。此外，他的作品有多少人閱讀過？也是可以質疑的。六〇年代後期的何梅尼不在伊朗，他的著作如何在伊朗廣爲流傳？開玩笑地說，如果可以拿出一份當時的暢銷書排行榜標示何梅尼的書爲年度前十名，或許還能勉強證明他確實擁有影響力。

當反政府運動開始擴大時，有很多革命人士付出心力。在這種氣氛下，不在伊朗境內的何梅尼，氣勢也連帶水漲船高。一九七七年年底他的長子在德黑蘭被暗殺，兇手身分未明，但何梅尼支持者宣稱是巴勒維政府所爲。一九七八年年初，有民眾聚集的活動中高喊「讓何梅尼回國」，接下來的幾個月也有類似的聲援活動。八月，在波斯灣靠近伊拉克的阿巴丹（Abadan）有電影院發生大火，傳有數百人死亡，反政府人士也宣稱這是巴勒維所爲，何梅尼則見縫插針，批判往後會有更多類似的事件。十月，何梅尼造訪法國巴黎，當地的反巴勒維人士讓何梅尼接受媒體訪問，頓時讓他成了新聞焦點人物。

受媒體關注當然可以視爲何梅尼在反政府時期的重要性，但不能因此將他視爲是反政府的領導者。何梅尼並未親身參與革命，實際在德黑蘭運作反政府活動的大有人在，例如一再批判政府罔顧人權的巴札爾干，他是自五〇年代就活躍於伊朗政壇的人物，政治經驗早於何梅尼，努力也都多過於何梅尼，何梅尼比較像是在隔空喊話。然而，何梅尼卻因爲在媒體曝光，就這樣成了國際報導中的「革命領袖」。

巴勒維國王於一九七九年一月離開伊朗，何梅尼於二月回到德黑蘭，回國後隨即發揮他的政治手段，在一九七九年之後取得優勢。當時雖成立臨時政府，由巴札爾干擔任首相，但何梅尼也組織了「革命議會」（Revolutionary Council），如太上國會一般監督臨時政府。何梅尼甚至介入了革命後的制憲過程。一九七九年六月，巴札爾干政府訂立了一套憲法，但隨即遭何梅尼陣營駁斥，認爲應該將何梅尼的宗教理念做爲憲法的主要架構。原先並無異議的何梅尼，也在此時突然轉向，反駁了臨時政府的憲法。爲什麼何梅尼會改變他的態度，現在沒有明確資料可以瞭解他的想法。何梅尼在《伊斯蘭政府》裡提到「宗教學者的政治管理」（Velayat-e Faqih or Governance of Jurist），由一個崇高的宗教學者掌管政治事務。這番話遂成爲一九七九年下半年伊朗憲法制訂的重心。

何梅尼的做法引發其他宗教人士的批判，特別是前面提到的沙理亞特馬達里，他不認爲應該由單一宗教學者掌握政權。畢竟伊朗史上從未有過任何宗教人士掌政的先例，此時突然要以特定宗教人士的觀念做爲憲法骨架，會引發衝突也就不令人意外。這也可以看出，主流觀點宣稱何梅尼思想是所謂的伊斯蘭原教旨主義（Islamic Fundamentalism），另稱爲基本教義，其實完全不是那麼一回事。誰才是眞正的基本教義，其實沒有特定標準，並非宗教人士都持一致立場。何梅尼所表現出的想法與作法，應用亞伯拉罕米恩（Ervand

Abrahamian）的書名《何梅尼主義》（*Khomeinism*）來形容較爲貼切。

是以，我們現今所理解的一九七九年伊朗革命，是一場以何梅尼思想爲主的革命，一場有著特定立場與史觀的革命。然而，這場革命其實有著許多面向，即使之後何梅尼主導伊朗的政局發展，探討革命也不應只圍繞著何梅尼一人。

伊朗特色：專家議會

二〇一六年三月，伊朗舉行了第五屆專家議會（Assembly of Experts）選舉，以及第十屆國會議員選舉。專家議會任期八年，國會議員則是四年。諸多輿論猜測，專家議會的選舉結果，可能讓伊朗的內政與外交關係產生新的面貌。

專家議會與伊朗精神領導人的關係，形塑了伊朗的政治局勢。一九七九年伊朗革命後，宗教人士掌握政權，開創了不同以往的政治。精神領袖何梅尼具有崇高的地位，連憲法都是以何梅尼的宗教論述爲基本架構。何梅尼政府以自我斷定的伊斯蘭標準，剷除了他們視爲毒瘤的前朝人事制度，不合何梅尼陣營路線的政治人物也遭到批判與懲處。

專家議會成立於一九七九年，每年有兩次會議，得以遴選與罷免精神領袖，理論上其成員的政治立場足以影響新任領袖的人選。不過，伊朗的精神領袖在何梅尼於一九八九年去世之後只換過一次，由哈梅內意（Ayatollah Khamene'i）擔任至今，專家議會還沒有汰換過仍健在的精神領袖。如今哈梅內意年歲已高，幾年來已有不少傳言他將卸任。一旦精神領袖換人，無論是任何原因，必然會有新的局面出現。

主流輿論總習慣注意伊朗的總統選舉，然而精神領袖才是決定伊朗政策路線的角色。因此，儘管現在的總統羅哈尼是媒體喜愛的人物，但伊朗的內政與外交路線仍會因哈梅內意在位，而不會有太大的改變。如果下一任精神領袖由不同政治立場的宗教人士擔任，才會讓情勢有所不同。然而哈梅內意是否願意卸下職位，或專家議會是否決定改選精神領袖，都是未知數，以致於伊朗未來的走向不太可能在此時就能看清楚。

當輿論都在期待伊朗會出現改變時，我們該問的是，爲什麼伊朗要有所改變？或者，伊朗到底要變成什麼樣子，才能符合主流輿論的期待？國會選舉結果若是由所謂的反美與強硬派出線，肯定會遭受外界輿論批判；若是所謂的親美與溫和派出線，那輿論肯定會說伊朗的春天到了。看來，反美與強硬就等於封閉與保守，親美與溫和就等於開放與自由。主流輿論已經設定了一個立場來看伊朗選舉，也早就有一套標準來評斷選舉結果。

另外值得注意的是，衆人最關注的伊朗與美國關係，並不會因爲這兩國某時某次的選舉就改變。例如一九九七年當選總統的哈塔米（Ali Khatami），外界認定他友善與溫和的形象有機會改善伊美關係，當時美國總統柯林頓（Bill Clinton）也願意在非政治方面與伊朗對話。但二〇〇〇年上任的小布希遇上九一一事件，就在兩年後逕自將伊朗列入「邪惡軸心」，也讓先前雙方的努力成爲泡影。外在環境的變化，才是改變伊美關係的關鍵因素。

一九八九，伊朗是否真的一無所有？

一九八九年六月四日，北京天安門廣場舉世關注。約莫那個時候，在世界另一端的伊朗也發生了大事。自一九七九年以來掌權的宗教人士何梅尼去世，許多人哭倒在他的棺木邊。整個一九八〇年代，何梅尼的伊朗打破了國際秩序，單挑美國、蘇俄及伊拉克。無論是否有特殊的領導魅力，革命之後他確實成爲西方陣營頭痛的對手。何梅尼去世，很多伊朗人肯定有失去一切的傷感。

儘管一九七九年革命後何梅尼掌握政權，卻不代表這場革命帶有宗教性質，也不代表他是衆望所歸的領導人。那時，革命人士巴札爾干的臨時政府才是政治主體，卻逐漸受到何梅尼陣營的壓力。何梅尼主張「宗教學者的政治管理」，也就是由單一宗教人士掌管政治，做為憲法制定的核心架構。但對許多宗教人士來說，這完全是創新論點，過去的政治沒有這種形式，宗教界也沒有這樣的解釋。最後何梅尼勝出，反對人士遭到壓制，很多人認爲這不是他們想要的革命結果。

一九七九年十一月四日，伊朗學生闖進德黑蘭的美國大使館，五十多名美國外交人員遭到綁架。雖然這不是何梅尼主使，但正好符合了他反美的立場，而且何梅尼也正打壓著對美國友好的巴札爾干政府。美國人質事件發生後，巴札爾干辭去首相。十二月蘇俄入侵阿富汗，成爲伊朗東部邊界的威脅。基於反美浪潮還有來自蘇俄的壓力，隔年何梅尼發表言論強調「不要西方、不要東方」（Neither West nor East），也就是不要資本主義，也不要共產主義——伊斯蘭是伊朗唯一的道路。何梅尼的言論，代表他拒絕臣服冷戰時期的兩大強權。

一九八〇年九月，伊拉克進攻伊朗，兩伊戰爭就此展開。英國的伊朗裔學者阿迪布摩格達姆（Arshin Adib-Moghaddam）認爲，兩伊戰爭期間「國際社會都支持伊拉克的薩達姆，而他也自詡爲伊斯蘭遜尼派阿拉伯人的代表，對抗著萬惡的什葉派伊朗人。」最後，兩個不強大的國家，竟打了八年的戰爭。伊朗並未取得勝利，何梅尼在國內的政治權威因而出現動搖，原就疾病纏身的他，在抑鬱之中走向生命盡頭。對廣大的支持者來說，無論是國內政局或對外關係，這近十年的巨大變動都還沒有得到解答就失去了領袖。固然伊斯蘭還是主要路線，但下一步該怎麼走，對美蘇的關係要如何發展，新領袖與新政府肯定戰戰兢兢。

所幸，何梅尼去世後至今三十年，伊朗力求與各國對話合作，迄今已有明顯成果，何梅尼的去世似乎成了改變的契機。只不過，一九八九年的伊朗人還不知道後來會有這樣的發展。那個時代不只伊朗面對新舊秩序交接，北京天安門前的中國人也是一樣，沒多久還有德國柏林圍牆倒塌，蘇俄共產主義搖搖欲墜。行筆至此，突然想起八〇年代後期的兩首華語歌：崔健的〈一無所有〉四處傳唱，而王傑的〈是否我眞的一無所有〉也正紅，滿配合時代氣氛。那令人茫然的一九八九，對很多人來說，或許都曾覺得一無所有。

歷來研究者探討一九七九年伊朗革命時，觀察角度都落在「何梅尼」及「伊斯蘭」等兩大因素上面。很多人好奇，宗教人士爲何能在革命中成爲重要人物，以及宗教爲何能夠驅使革命成功。因此，何梅尼過去反對政府的言論及行動，都被研究者一一擷取，成爲奠定他一九七九年革命的基礎。舉例來說，許多研究提及何梅尼成長的時代正值伊朗受西方國家壓制，他的反西方思想便是由此而來。一九六三年何梅尼曾發起反政府行動，隨後遭驅逐出境，也讓何梅尼得以被視爲七九年革命的領導人，畢竟他已有反政府先例。至於他寫的書，他的演講錄音帶，研究者也能從中找出他反政府、反西方的立場，認爲這就是他凝聚群衆力量的來源。在這樣的論述下，一九七九年革命宛如是何梅尼主導的革命。

此外，多數研究也提到，伊朗的伊斯蘭信仰在六〇年代政府西化政策下衰微，但西化造成貧富差距拉大、政治動盪不安、傳統文化喪失，導致人民群起反抗，宗教成了人心寄託的對象，伊斯蘭傳統的復興與重建成了革命的訴求。此外，研究者也提到，伊朗穆斯林激烈的反政府行動，跟伊朗什葉派的深層根基有關。部分伊朗的什葉派宗教人士傾向介入世俗政治，而何梅尼就是這一派的人。從什葉派的過去來看，歷任教主伊瑪目（Imam）都有對抗遜尼派當權者的事蹟，而伊朗自十六世紀開始以什葉派為政治基礎，傳承了抗爭因子，也就讓伊朗穆斯林能認同宗教抗爭，甚至讓宗教凌駕世俗政治，並認為這是伊斯蘭世界的理想狀態。是以何梅尼政府成立後，這場革命事件就成了「伊斯蘭革命」（Islamic Revolution），新國名也成了「伊朗伊斯蘭共和國」（Islamic Republic of Iran）。

然而，這場革命並非只有何梅尼一人值得一談。就算革命的結果是由何梅尼掌握政權，但其實整起革命事件何梅尼沒有親身參與，反而是許多國內的政治組織或政黨在主導反政府運動，像巴札爾干、衫嘉比（Karim Sanjabi）、巴賀提亞爾（Shapour Bakhtiyar）等人都曾與伊朗國王對談過，是伊朗相當重要的政治人物。對於很多經歷過伊朗革命的伊朗人來說，人們支持的人物不見得是何梅尼，何梅尼突然成為革命要角是令人意外的。更有人認為，就算何梅尼擁有不少支持者，也不等於他應該在舊政府垮台後執掌政權，他該做的是回到他的家鄉繼續宗教事業。

伊斯蘭因素也一樣值得我們反思。宗教力量在遭到打壓後再度興起、凝聚人心，說明人們無法在西化過程中得到滿意的生活，遂轉而追求宗教的理想世界。以文化研究的角度來看或許合理，但從實際革命過程中可看到，伊朗反政府人士的訴求並不在於宗教。民眾群聚清真寺抗議，也只是反映穆斯林的習慣，不見得就是為了伊斯蘭。此外，舊政府的西化政策是否讓伊斯蘭衰微，其實並無標準可衡量，畢竟巴勒維國王本身也是穆斯林，還大力推動宗教教育，無論如何西化，伊朗都還是伊斯蘭國家。至於談到什葉派對所謂世俗政治的立場，這也僅是宗教角度，不是革命分子的立場，也不是所有穆斯林的想法。革命事件的本質並不是伊斯蘭，革命的目的也不是要建立伊斯蘭政府。

即使歷史研究很難有明確定論，但跳脫被「伊斯蘭」與「何梅尼」遮蔽的觀點，我們才比較可能對一九七九年伊朗革命有更多層面的理解。

第二章　伊朗與伊拉克的戰爭

不是只有戰爭的兩伊關係

談到伊拉克與伊朗，一九八〇年代打得火熱的兩伊戰爭，大概是最受注目的焦點。但近年來兩國相互扶持，例如都是什葉派政府，也共同對抗伊斯蘭國。西亞原本沒有伊拉克這個國家，而是一戰後英國合併鄂圖曼的三個省分摩蘇爾、巴格達、巴斯拉（Basra）才出現。兩伊關係其實不到一百年。一切得從近代鄂圖曼與伊朗的邊界關係，以及英國在西亞地區的政策談起。

鄂圖曼於十四世紀在巴爾幹地區開始擴張勢力，到了十六世紀初才有能力進入西亞。同一時期伊朗的薩法維王朝建立，雙方多次短兵相接，到一六三九年才勉強劃分出彼此的勢力範圍。一七二二年薩法維王朝瓦解，直至一七九七年卡加王朝建立才讓伊朗局勢穩定下來。在卡加建立前，伊朗地區持續了近半世紀的混亂局面，以致於卡加要「收復失土」時，始終拿不出有利的文件來交涉，在整個十九世紀的邊界糾紛中屈居弱勢。舉例來說，兩國在波斯灣交界的阿拉伯河航道劃分認定不同；鄰近波斯灣頂端地區的酋長儘管效忠伊朗國王，但鄂圖曼認為那個區域不屬於伊朗；有些劃歸為伊朗的邊界居民，卻認為自己屬於鄂圖曼，反之亦然。

另一方面，近代英國勢力遍及全球之際，非常重視鄂圖曼與伊朗南部區域的貿易，亦即波斯灣、紅海、東地中海一帶。對英國來說，確保本區的穩定，就等於其亞洲的商貿「基地」印度安全無虞。然而，北方的俄國自十八世紀以來對南方蠢蠢欲動，例如爭奪高加索地區、擾亂伊朗薩法維與鄂圖曼北方的穩定，也在黑海地區多次對鄂圖曼發動戰爭。當俄國與伊鄂有所衝突時，英國都「好心地」要維護這兩個伊斯蘭國家的主權獨立與領土完整，畢竟一旦伊朗或鄂圖曼崩潰了，英國在西亞的海上霸權就會受到俄國的挑戰。

在這樣的局勢影響下，十九世紀伊朗與鄂圖曼的邊界問題，都有英俄積極介入，導致單純的伊鄂問題，成為英俄伊鄂四國的國際糾紛。英俄曾合作派遣邊界調查團，在一八五〇年及一八六九年公布過調查結果，但伊鄂兩國並不接受。而二十世紀初期伊鄂兩國政治上的動盪，也都影響了各自對邊界的認定。

此外，英國在一九〇八年於伊朗西南方挖到石油，顯示該區連結鄂圖曼東南方一帶都有豐富的石油礦產，讓英國更鐵了心要控制這個區域。一九二一年伊拉克建國，過去鄂圖曼與伊朗的邊界問題，在此時就轉換成伊拉克與伊朗的問題了。一九三四年到三七年，兩伊針對阿拉伯河糾紛簽署新的邊界條約。一九三七年七月在德黑蘭簽署新條約之際，也與土耳其、阿富汗簽訂了《薩阿德阿巴德條約》，宣示相互協助，尊重彼此的邊界安全與穩定，進一步擺脫強權束縛。

總而言之，伊朗與伊拉克的關係大致始於一九三〇年代，也解決了許多過去沒有解決的問題。然而，國際間有許多問題就像打地鼠遊戲機，一直會有地鼠從洞中冒出，差別就在於國際問題沒有時間限制，也沒有絕對的贏家。兩伊或許解決了鄂圖曼時期的問題，但二十世紀的問題才正要開始。

兩伊的革命之路

二十世紀的伊拉克與伊朗共同面對了許多外來壓力，也都因爲這些壓力而引發革命事件。兩伊在三〇年代結盟，卻不代表他們有機會決定自身的命運。英國的壓迫仍如影隨形，而二戰後美國勢力滲透西亞，兩伊都被迫與美國站在反共陣線。隨後，伊拉克與伊朗分別爆發革命，新政府雙雙走上抵抗西方的道路。但在西方勢力仍較爲強盛的情況下，抵抗西方就是破壞世界和平的罪魁禍首，怎麼做都是「政治不正確」。

進入三〇年代的西亞。伊拉克雖然於一九三二年脫離英國控制，也加入國際聯盟，但英國仍擁有軍事影響力。同時，伊朗繼一九〇一年對英國簽署的石油利權後，於一九三三年與英國簽署新的石油協議，除了伊朗可收取較多利潤外，也限縮了英國開採石油的面積，但英國仍享有六十年的開採期。看似英國仍舊把持權勢，但兩伊並非軟弱無力，而是此時在西亞僅有英國這個強權可以交涉，若完全排除英國，反而失去對外發展的機會。

在一九三九年二戰爆發之前，義大利墨索里尼（Benito Mussolini）與德國希特勒已對歐洲局勢造成莫大的影響。戰爭爆發後，法國於一九四〇年六月亡於德國，一戰以來國際聯盟委任託管給法國的敘利亞與黎巴嫩也就落入德國的控制，德國還呼籲受英法宰制的阿拉伯世界一同對抗西方國家。一九八九年美國電影《聖戰奇兵》（Indiana Jones and the Last Crusade）的劇情設定在二戰期間，主角與德軍在哈塔伊（Hatay，今日土耳其與敘利亞交界）爭奪聖杯（Holy Grail），便反映出這段德國勢力深入西亞的歷史背景。此時伊拉克欲與德國靠攏，英國當然不樂見，一九四一年五月出兵占領伊拉克，便是要切斷當地與德國的聯繫。

同一時間，伊朗也有著類似命運。一九四一年，英俄都曾要求過巴勒維國王驅離伊朗境內的德國顧問，但巴勒維以伊朗是中立國爲由拒絕接受。對英蘇而言，伊朗的態度有破壞英蘇利益的可能性，遂於一九四一年八月出兵占領伊朗。這段時間舉行的德黑蘭會議（Tehran Conference），便是西方強權像小狗撒尿般在伊朗占地盤時留下的痕跡。戰爭結束後，駐紮在伊朗亞塞拜然的蘇俄軍隊不願撤軍，甚至支持當地人建立社會主義共和國，欲脫離德黑蘭政府管轄，致使伊朗政府將這起糾紛告上聯合國。這讓伊朗沒有與蘇俄靠攏的可能性。

二戰結束後，美蘇冷戰立卽上演，兩伊自然歸屬於英美陣營。五〇年代之際，美國瀰漫在艾森豪總統時期強烈的反共心態，遂加強對共產勢力的圍堵。一九五五年成立的中部公約組織，伊朗與伊拉克都是成員之一，總部就設在伊拉克首都巴格達。然而，伊拉克的反英情緒未曾停止，掌權的哈希姆家族也被視爲是英國的走狗，而此時敍利亞與埃及結合爲反西方帝國主義的聯盟，再加上一九五六年的蘇伊士運河戰爭讓埃及總統納賽爾聲名大噪，伊拉克的軍方、反英、支持納賽爾勢力受到鼓舞，便於一九五八年推翻哈希姆王室，建立伊拉克共和國（Republic of Iraq），隔年退出中部公約組織。往後蘇俄的勢力進入伊拉克，讓伊朗感到緊張，兩伊對阿拉伯河航道劃分的糾紛又再度浮現。

此時的伊朗仍是中部公約組織的成員國，在六〇、七〇年代更加是美國的西亞盟友，尤其是石油利益合作。美國在西亞的「雙柱政策」（Twin Pillars Policy）就是以伊朗與沙烏地這兩個產油國爲主角。美國總統卡特在一九七七年還稱伊朗爲西亞的「穩定之島」（Island of Stability），畢竟相較於六〇年代以降阿拉伯國家與以色列的戰爭，還有一九七三年起沙烏地用「石油武器」對付美國與西方世界，伊朗在美國眼裡是和善且穩定的西亞國家。問題在於，伊朗的發展也深受西方的影響，無論是敵對或友好，都會形成一定程度的壓力，也會累積不滿情緒。像是美國的經濟資助固然有助於伊朗的發展，會有不少支持美國的伊朗人，但也有反對勢力批判巴勒維國王的友美立場。一九七九年伊朗爆發革命，雖然事件的本質並非是反美而起，但這股情緒卻在宗教人士何梅尼掌握政權後突顯出來。

我們可以從兩伊的革命思考幾件事情。首先，遭到推翻的伊拉克哈希姆王室及伊朗巴勒維王室，難道都是完全不懂爭取權益的西方走狗？難道都是不懂國內國外局勢的蠢蛋？他們「親西方」、「親美」的立場，其實是時局所然，任何人處於那個情境，也會做出一樣的事。

此外，一九五八年伊拉克革命與一九七九年伊朗革命，都不受同時代以美國爲首的主流國際社會所肯定。若觀察兩伊的歷史發展，他們既受過西方壓迫，也曾淪爲列強的占領地；那個自一戰以來的威爾遜「民族自決」理想，對西亞或其他受西方壓迫的國家來說，更是最可惡至極的一種詐騙話術。這是一種長時間累積下來的反抗力量。仔細考量這點就能理解，爲何兩伊的革命在不同時間點爆發，但結果卻如此相似，如此地「政治不正確」。

三位一體的兩伊與美國

八〇年代，伊朗與伊拉克爆發了長達八年的戰爭。這場戰爭集結了不同因素，像是鄂圖曼與伊朗的邊界問題，還包括二十世紀美國這名西亞「新警察」的企圖，例如對伊朗的關係變化、對波斯灣石油利益的關切，最後這些更構成了二〇〇三年美國攻打伊拉克的原因。兩伊與美國三位一體，難以切割。

鄂圖曼與伊朗的邊界問題自十六世紀就存在了。十九世紀伊朗的卡加王朝曾與鄂圖曼達成協議，但後續英俄兩國介入後畫出的邊界，伊鄂從來沒有承認過。鄂圖曼瓦解後，邊界問題成爲伊拉克這個新興國家與伊朗的問題。雖然兩伊多次交涉，但結果總因某一方改朝換代而出現變局。一九七五年兩伊簽署《阿爾及爾條約》(Algeria Agreement of 1975)，要再次處理邊界糾葛，簽署這份條約者是伊拉克政府代表薩達姆與伊朗國王巴勒維。然而不久後，一九七九年二月伊朗發生革命，巴勒維國王退出歷史舞台，薩達姆在同年七月擔任伊拉克總統。這場伊朗革命讓兩伊邊界問題再添變數，最終導致一九八〇年九月的兩伊戰爭。

有些學者解釋，兩伊戰爭是阿拉伯人（伊拉克）對抗伊朗人（伊朗）、遜尼派（伊拉克）

對抗什葉派（伊朗），但並非如此。發生於八〇年代的兩伊戰爭，背後反映出的是自鄂圖曼時期就未能解決的邊界問題，人種及宗教的衝突只是事件的外貌而已。

另外，美國在二戰後開始介入西亞，包括兩伊戰爭及其後續發展，美國都扮演了最重要的角色。以一九七九年伊朗革命來說，固然這不是一場反美革命，但最終由反美的何梅尼掌權是不爭的事實，且在同年十一月還爆發德黑蘭的美國人質事件，美伊關係急速惡化。何梅尼政府讓美國錯愕，連人質都不知道該如何救回來，甚至讓卡特總統在一九八〇年競選連任失敗。一九八〇年兩伊開戰，美國自然是支持伊拉克那一方。即使一九八九年何梅尼去世，隨後的精神領導人哈梅內意也沒做什麼事，甚至幾任伊朗總統都想告訴世人「我們是好人」，至今也改變不了主流輿論強加給他們的妖魔化形象。

不過，在兩伊戰爭之中，美國也玩弄兩面手法，拉攏可能的合作勢力。舉例來說，當時美國同時在處理中美洲動盪，深怕部分國家例如尼加拉瓜（Nicaragua）左傾，因此意圖金援尼加拉瓜的游擊隊（Contras）顛覆政府。雷根政府想到的是賣武器給伊朗，以降低伊朗對美的敵意，讓伊朗協助解決黎巴嫩美國人質的問題，還能把伊朗購買武器的錢轉給尼加拉瓜游擊隊。剛好伊朗內部也有些人不願與美國交惡，遂有私下跟美方購買武器的計畫。隔年這件橫跨美洲與西亞的醜事曝光，稱爲「伊朗門事件」（Iran-Contra Affair），Contra爲西班牙文，指那些「反革命」（counter-revolution）的游擊隊。這讓雷根政府臉色無光，伊朗何梅尼政府也懲處相關交涉人士。美國影星湯姆克魯斯（Tom Cruise）二〇一八年上映的電影《美國製造》（American Made），就是改編自這個歷史背景。

美國與伊拉克雖然在兩伊戰爭中成爲親密戰友，但兩伊戰爭結束後，情況立即改變，這跟伊拉克與科威特的複雜關係至爲相關。十九世紀英國與科威特酋長關係密切，英國也認定科威特獨立於鄂圖曼之外，但一戰後建立的伊拉克一再強調科威特爲其領土的一部分。此後伊拉克不斷有收復失土的企圖，在科威特於一九六一年獨立、七〇年代英國正式退出波斯灣之後，更增強了伊拉克取回科威特的決心。兩伊戰爭之際，阿拉伯國家借款給伊拉克，科威特是其中一國。戰後在伊拉克難以償還債務的窘困情況下，再搭配「收復失土」的企圖，科威特就順理成章成了伊拉克的攻擊對象，一九九〇年八月開啟新一波的波斯灣戰爭。此時美國由老布希擔任總統，而布希家族擁有龐大的石油企業，薩達姆讓波斯灣動盪，就是擋了老布希的財路。因此，伊拉克在此次戰爭反成了美國的敵人，此後薩達姆也就成了衆矢之的，主流輿論說他屠殺庫德族、鎮壓什葉派……總之，站在美國的對立面就是死無葬身之地。

老布希只做了一任總統，而蘇俄在一九九一年解體，美國成了全球唯一的霸權，這讓一九九三年擔任總統的柯林頓，就算再怎麼被彈劾、再怎麼跟助理做些檯面下不可告人的事情，形象也不會太受影響。兩伊就這樣在國際社會中維持邪惡的形象。若維持也就算了，偏偏在二〇〇一年，老布希的兒子小布希就任總統後，局勢又大爲改變。二〇〇三年，小布希強調伊拉克有大規模毀滅性武器，要以民主解放伊拉克人民，便突然進攻伊拉克，並於二〇〇六年處死薩達姆。小布希這麼一打，或許解決了布希家族與薩達姆之間的石油問題，但輿論指出，二〇一四年以來弄得西亞甚至歐洲天翻地覆的伊斯蘭國，就是二〇〇三年美伊戰爭時打出來的。

此後，伊拉克的什葉派勢力逐漸在政治中抬頭，其中不少人在八〇年代曾經受過伊朗何梅尼政府的協助對抗薩達姆政府。乍看之下，教派相同是伊朗政府支持這些伊拉克什葉派勢力的因素，然而政治立場，例如反薩達姆、反美國，才最爲重要。再者，也不是所有伊拉克的什葉派勢力都想與伊朗合作，在二〇一八年大選中勝出的，就是頗敵對伊朗的什葉派人士摩格塔達薩德爾（Moqtada al-Sadr）。往後伊朗、伊拉克、美國的關係會如三位一體般相互牽連嗎？這或許需要等待下個世代的答案了。

第三章　何梅尼的伊朗vs美國

美國恐怖主義壓力下的伊朗

現在的伊朗總讓人覺得是個恐怖主義國家。人民沒有自由，生活困苦，政府只顧著在國外搞恐怖活動，例如支援黎巴嫩的眞主黨、發展核子計畫、敵對美國與沙烏地阿拉伯。二〇〇二年之後，伊朗及北韓、伊拉克更被美國列入「邪惡軸心」，因爲這三個國家都支持所謂的恐怖主義。

其實伊朗一點也不恐怖。我們可以看到許多遊客在伊朗的旅遊紀錄，幾乎很少人會討厭這個國家。儘管長時間生活在當地後，會逐漸知道這個國家有很多問題，但那只是個人習慣不同，或不了解當地社會運作的潛規則所致。那不是伊斯蘭文化圈的問題，也不是伊朗的問題，而是任何人對異地都會有的水土不服，就算在生活品質較好的國家也一樣。指責伊朗或其他國家是流氓國家、恐怖國家，都只是持主流國際社會那一面的立場而已。

在一九七九年革命前，伊朗跟所謂的恐怖主義八竿子打不著邊。一些西亞研究顯示，五〇年代後有很長一段時間，伊朗都是西方陣營的成員，美國在西亞推動的「雙柱政策」就是以沙烏地與伊朗爲主。但一九七九年革命後出現的反美浪潮破壞了美伊關係，讓伊朗瞬間成爲國際社會批判的對象，甚至誇大抨擊伊朗的種種作爲。

例如，現在的主流國際社會不認同伊朗進行核子計畫，但一九七九年的伊朗其實是可以發展核子武器的。二〇一一年半島電視台（Al-Jazeera）的節目「帝國」（Empire）主持人畢夏拉（Marwan Bishara）提到伊朗發展核子武器一事。他表示從八〇年代以來，就有很多報導一再指出伊朗將在幾年、甚至幾個月內就能擁有某種程度的核能科技，講得繪聲繪影，好像伊朗會破壞世界和平。爲何是八〇年代？那就是伊朗開始成爲反美國家的時間點；只要是反美，任何國家都會是破壞世界和平的恐怖主義國家。但時至今日，無論伊朗的核子計畫進行到什麼樣的程度，我們都沒有看過伊朗實行任何政策破壞世界和平。

又如現在，伊朗與沙烏地的關係不和，看似呈現什葉派與遜尼派對立的局勢，但其實一九七九年之前兩國並無衝突。沙烏地於一九三二年建國，也沒有與伊朗交惡。沙伊兩國都因爲石油而與美國建立密切關係，但沙烏地沒有像伊朗那般出現一九七九年的政局轉折，仍與美國維持友好關係。伊沙關係交惡不是教派不同所導致，而是兩國對美國立場不同所導致。

一九七九年伊朗革命後，精神領導人何梅尼有「輸出革命」（Export of Revolution）的規畫。伊朗要輸出革命、宣揚對抗西方霸權的理念。但這有何不可？這幾十年來美國不也是在做「輸出民主」的事嗎？美國在西亞、在世界各地的介入、侵略行動，不也是打著「維持世界和平」、「建立民主自由社會」的口號？一樣的事情，爲何美國可以，伊朗卻不行？站在美國或主流社會的對立面，沒有什麼不好；久而久之人們會知道，誰才是造成世界混亂的源頭。

此外，現在人們也關注伊朗與以色列的惡劣關係，但一九七九年革命前沒有這種情況，畢竟當時伊朗與以色列都屬美國陣營。直到一九七九年伊朗反美，何梅尼政府也就反以色列，站在巴勒斯坦人那一方。何梅尼掌政之際，巴解領導人阿拉法特還到伊朗恭賀；而國際不承認巴勒斯坦是個國家時，伊朗已經設有巴勒斯坦的使館了。於是，雖然主流國際社會批判伊朗支持巴勒斯坦恐怖行動，但那僅僅是美國觀點。抱持主流立場看世界，絕對會是人們理解伊朗的最大阻礙。換位思考，美國對於伊朗的批判與制裁，才是最恐怖的恐怖主義。

二〇一五年伊朗核談判

二〇一五年，美國與伊朗進行核協議的交涉，以色列總理納坦雅胡嚴厲批判，諸多報導都論及美以關係降至冰點。納坦亞胡不滿協議將可能讓伊朗保有製造核子武器的能力，等於是對以色列在西亞地區生存的警訊。三月九日，一封美國國會議員對伊朗核談判的公開信表示，威脅伊朗核談判的結果在國會不會通過，就算通過後還是會撤銷。

很多人不願看到伊朗有發展核武的能力，可是問題在於，伊朗發展核武有何不可？爲什麼有些國家可以有，伊朗卻不可以？國際規範、公約及組織或許有其存在的用意，但在某些情況中，確實也有干預他國發展之虞。對於以色列的批判，伊朗總統羅哈尼表示以色列從未簽署「不擴散核武器公約」(Non-Proliferation Pact)，意指以色列自己不斷拓展武力，卻不願他人有相同的發展。伊朗外交部長薩理夫 (Mohammad Javad Zarif) 也主張，伊朗發展核武並不是爲了製造紛亂，而是爲了國家科技發展，並建立國家尊嚴。反對伊朗的人聽來當然刺耳，畢竟在既有觀念裡，伊朗就是破壞世界和諧、支援恐怖行動的國家。如同美國國會議員的公開信一樣，字裡行間對伊朗表現出極度的敵意。

其實，無論有沒有納坦雅胡及美國國會的抗議，伊朗核談判要達成共識，本來就有難度。畢竟，伊朗的立場是要藉由核談判來取得更多利益，並希望美國取消對伊朗的制裁。然而，世界強權當然還是不希望伊朗能夠發展核子武器，核能頂多是民生用電，而美國僅表示制裁會「逐漸」撤銷，而非伊朗期望的立卽撤銷。此外，以色列的安全就是美國的安全。卽使諸多輿論認爲納坦雅胡將使美以關係惡化，但美國還是需要以色列在西亞地區占有優勢，不會因爲納坦雅胡一人之言，而破壞了整體關係。伊美立場差異甚大，核談判又是西方國家的遊戲，伊朗想取得好處著實不易。

不過，從納坦雅胡與美國國會的態度可看出，伊朗確實已經對美國及以色列的權力優勢帶來威脅了。若將伊朗跟西亞地區的其他國家相較，自二〇一一年以降，北非有革命、敍利亞有內戰、土耳其有塔克西廣場（Taksim Square）事件、以色列不定時轟炸加薩、伊斯蘭國勢力擴散、沙烏地阿拉伯國王駕崩；反觀伊朗，儘管有通貨膨脹及貨幣貶值的情形，但內政與外交都沒有太大動盪。更何況，伊朗的經濟問題主要是來自於美國的制裁與封鎖。然而，無論美國在西亞地區的影響力是否減少，當前還是不太可能放棄插手西亞事務；但若要拉攏局勢穩定的伊朗，短期內也不太可能。

之前伊朗的輿論已指出一些擔憂。若談判失敗，一是羅哈尼改善經濟的可能性降低，會打擊他的聲望；二是協議將繼續延宕，伊朗脫離制裁的機會更加渺茫；三是美國內部反伊朗核子發展的勢力，也可能造成談判失敗。這些擔憂，至少第三項已經發生了。還沒談判前就有如此多的紛擾，美伊要達成共識確實困難重重。伊朗外交部長批判美國不可信，伊朗精神領袖哈梅內意也批判美國的狡詐與欺瞞。而美國確實不盡然可信。美國前總統歐巴馬（Barack Obama）表面上釋出的善意，必然不是對伊朗友好，而是要以國際規範來限縮伊朗的發展，用「合法」的方式來進行「強硬」的政策。如此裡外不一，更顯得歐巴馬極端可惡。

核談判有解？

二〇一五年四月二日，伊朗的核談判有了結果。《洛桑協議》（Lausanne Agreement）成形，限制伊朗於十年內將鈾濃縮的活動減少超過三分之二，而伊朗將以和平方式發展核子計畫，不會進入發展武器的層級，對於伊朗的經濟制裁也將撤除。外界看好這項協議，義大利、挪威、澳洲、沙烏地阿拉伯、土耳其、黎巴嫩眞主黨都持樂觀態度。伊朗的媒體報導道，國外公司已然看好伊朗市場將帶來的龐大利潤。從這樣的結果來看，伊朗似乎在核談判之中取得了重大成果，甚至可能是美伊關係改善的開始。

美國內部對此議題有不同的聲音。總統歐巴馬與國務卿凱瑞（John Kerry）對伊朗釋出善意，但部分美國國會議員卻不斷抨擊核子協議。歐巴馬的民主黨認爲，解決伊朗核問題有助於他們贏得二〇一六年總統選舉，是故全力支持；在野的共和黨則認爲，談判失利將有助於他們贏得大選，因此傾全力反對伊朗核談判。當然，兩黨的不同聲音，也可能代表美國試圖恩威並施，讓伊朗難以應付。但伊朗不至於受美國政壇的影響，他們不斷表現出願意配合國際規則；假設協議破局，就是美國政治問題所造成的，責任不會在伊朗身上。

至於伊朗，從總統、外交部長到國會都一致強調：「達成一項好的協議是主要目標，不急於在截止日之前草率結束談判。」這表示伊朗知道，談判不可能如表定時間達成明確的結果；但堅持自身立場，例如撤銷經濟制裁，是相當必要的，不會因特定期限而任意放棄應有的權益。此外，國際原子能總署（International Atomic Energy Agency, IAEA）要求要進入軍事基地進行檢查及訪問伊朗核子專家，伊朗也駁回此項要求，認爲這完全不必要，外界應當信任伊朗。爲了國家生存，就是要不計一切爭取權益、抗拒外力箝制，任何國家都會這樣做。

談判雙方都有堅持，互不讓步。歐巴馬與凱瑞看似對伊朗友好，卻是有其政治算計，不可能將好處完全讓予伊朗，更不可能立即撤銷制裁。而伊朗雖強調會配合國際規則，可是條件是要達到他們的基本目標。如此一來，到底誰要讓步？就成了無解的問題。

伊朗外交部長表示，「若按照國際法，美國應該要撤銷對伊朗的制裁」。伊朗總統也說，「要撤銷制裁，不是暫停制裁」。立刻撤銷制裁絕非易事，但最後若沒有撤銷制裁，就會是美國失信。伊朗丟給了美國一項難題。不過，在相關報導與評論中，還是看得出這次核談判裡西方國家如何展現霸權。再怎麼做，談判仍然是西方的遊戲架構。例如，伊朗得一再強調自己的核子計畫是基於和平目的發展、不會藉著核子計畫成爲西亞地區的霸權，才能換得美國稍微友好的態度。歐巴馬說伊朗若違反協議，制裁就會繼續，這可看出美國總認爲他國會違反承諾，而自己無論怎麼做都是正確、正義的一方。美國目前並不願意鬆口撤銷制裁，是否有違反協議之虞？而且，以色列對《洛桑協議》持反對意見，也必然會是美國決策的考量之一。伊朗知道這個遊戲規則，所以也聲明若美國繼續制裁，伊朗就會進行原有的核子計畫。

另外還可反思一點：爲何這樣的談判，會是美伊關係改善的契機？主流輿論沒有提出任何解釋。甚至，爲何美伊之間需要友好關係？也沒有人說明。當然，伊朗需要美國撤銷制裁、改善雙方關係，那樣有助於突破伊朗的對外關係；然而美伊關係始終不佳，向來就不完全能阻擋伊朗的對外發展。且美伊關係若改善，僅是錦上添花，並不會是伊朗在核談判所要達到的目的。因此，對於談判結果，其實各界都不必有太多期待，所有一切不可能藉著一紙協議就全然改變。就算談判各方都取得應有利益，還是得看國際政治環境的走向如何。客觀的外在因素，會比進行協議中的主觀個體來得更有影響力。

美國退出核協議，伊朗秀才遇到兵

二〇一八年五月，美國總統川普宣布退出自二〇一五年以來對伊朗的核協議。許多擔憂伊朗會強硬對抗美國、掌握西亞大局的言論接連出籠，認爲這將「點燃西亞戰火」。然而，美國都可以隨處轟炸別人的國家了，伊朗若眞握有優勢、有所回應，有何不可？即使伊朗反擊，也不過是國際社會上隨時都在發生的事情而已。

二〇一五年美國與伊朗進行核談判時，有美國國會議員嚴厲反對，強調「總統會換人做，國會議員會重選，往後仍有機會否決對伊朗的談判與協議。」但其實，所有的文件簽署都沒有任何有效性，一旦某一方不認同，幾乎可以說否決就否決。前任總統歐巴馬認爲川普此舉傷害了美國的信譽，這也過於矯情。歐巴馬執政時沒有比較高尚，宣稱要自阿富汗與伊拉克撤軍，但軍事行動卻沒有少過；現在來抨擊川普，只是反映出兩個前後任總統政治利益不同。卸任者沒有政治責任，嘴砲的空間當然比較大，也可以故意不談自己曾有過一樣的情況。

以往許多評論認爲二〇一五年的伊朗核協議是「德黑蘭的春天」，這便是缺少對歷史的理解，也是對國際局勢不負責任的評論。一九七九年之後的伊朗與美國，就如同兩條平行線一樣，不可能交集。就算伊朗有幾任總統想改變局勢，向美國與國際社會表示「我們不是壞人」，但有誰會接受?更何況，伊朗主要決定國家發展路線的是精神領導人；在現任的哈梅內意還沒改變方向、或還沒換新的領導人之前，總統都沒有太大的用處。至於美國方面，總統與國會有任期，改朝換代後也很有可能改變前任的決定。國與國之間已然惡化的關係，幾乎不可能藉由某個文件、協議就能夠改變什麼，頂多只是簽署的當下大家皮笑肉不笑握手拍個照，下個階段會變成什麼樣子，就沒人知道了。

長久以來哈梅內意都批判美國是不可靠的傢伙，從現在的情況來看，他的說法完全正確，川普自己證實了伊朗精神領導人的言論。這也代表總統羅哈尼向美國示好的外交方針並不務實，大概不會是往後伊朗外交的主軸。更何況一九九七年就任伊朗總統的哈塔米曾強調「文明對話」(Dialogue among Civilizations)，但二〇〇二年還是被美國小布希總統列爲邪惡軸心。哈梅內意對於向美國靠攏的政策從未抱持好感，現在看來他眞是個智者。

從歷史發展脈絡來看，伊朗（連同許多國家）與美國之間的關係，就是秀才遇到兵、有理說不清的意涵。即使伊朗掌握區域地位又如何？一副伊朗掌握大局的話世界就要崩塌的樣子，但什麼都還沒發生，又怎能斷定伊朗會造成負面問題？若伊朗做了什麼「激烈」的回應，也是因爲美國言而無信的結果。

誰務實？誰強硬？

近期美國與伊朗的言語角力不斷，一切都源自美國總統川普一再嚷著停止二〇一五年的核協議、繼續制裁伊朗，導致伊朗總統羅哈尼也反擊，聲稱美國對伊朗的制裁才是讓西亞陷入不穩定狀態的主因。然而川普又繼續向伊朗喊話，「call 我啊！我們來公開對談！」一來一往之下，美伊的緊張關係就如長壽的連續劇一樣，又推出新一季的劇情。

許多報導與評論都會指出美國與伊朗是長久以來的對手，但兩國關係的惡化始自一九七九年伊朗革命，至今四十年左右，還不夠稱作是「長久以來」的對手。有些伊朗人說他們並不討厭美國人，反而痛恨「更長久之前」在伊朗作威作福的英國人。美伊關係的惡化其實是個「意外」。然而，革命的目標原是推翻巴勒維政府，反美只是其中一條路線。但巴勒維離開伊朗後，宗教人士何梅尼掌握權勢，以國家精神領袖自居，並以反美立場來主導政局發展，才導致社會大眾「有樣學樣」。一九七九年十一月四日，不少學生與民眾聲稱他們追隨何梅尼路線，包圍了美國駐伊朗的大使館，在突破之後綁架了館內五十多名外交人員。這樣一來，當然也讓美伊關係瞬間破裂。

於是從八〇年代開始，主流輿論持續批判伊朗、宣傳伊朗的恐怖形象，宣稱幾個月或幾年內伊朗就會擁有核子武器。諸多有關伊朗革命的著作則開始形容巴勒維政府多麼腐敗、無能、觸怒宗教人士，才招致無可抵擋的宗教反撲力量。衆人也開始想破腦袋，去探討爲何宗教力量可以推倒政府，又爲何這些殺紅了眼的穆斯林如此痛恨自由民主的美國。對主流輿論而言，反美的何梅尼政府被歸類爲存有邪惡企圖的激進強硬勢力；而在這樣的政府與國家中，若有人稍微願意跟西方與美國接觸交涉，則會被歸類爲務實改革的溫和派人士。

不同人掌握政權，該國家就可能走上不同路線。何梅尼不見得全然反西方，而是因爲他反對過巴勒維政府的政策，後來遭到羈押、驅逐出境，而巴勒維與美國關係不錯，何梅尼便把反巴勒維與反美國甚至反西方劃上等號。因此，這一切不是伊斯蘭的問題：人們不能把何梅尼這類特定人物的想法與行爲，視爲伊斯蘭具有仇視西方、與西方格格不入的本質。況且，受到主流國際輿論批判的影響，八〇年代何梅尼政府曾表示會保持對阿拉伯國家的友好關係、或者與歐洲國家接觸，這番言論卻沒有受到重視。

有些學者認爲，一九七九年之後的伊朗擺盪在「理想主義」與「現實主義」之間，何梅尼路線爲「理想主義」代表，表態與外界對話則爲「現實主義」代表。一九八九年六月三日何梅尼去世後，精神領袖由哈梅內意繼任，並維持何梅尼路線；同時新任的伊朗總統拉夫桑賈尼表態要與外界對話，國際間也給予他溫和與改革的形象。然而，哈梅內意的「理想主義」遠遠強過於拉夫桑賈尼的「現實主義」，伊朗強硬派仍勝過務實派。而一九九七年就任總統的哈塔米，他主張「文明對話」，也被外界認爲是溫和改革派，但似乎沒有改變外界對伊朗的觀感。畢竟國際與西亞局勢已有很大的變動，九〇年代以來美國少掉了蘇俄的競爭，成爲世界唯一霸權，加上二〇〇一年的九一一事件，更讓美國逕自將所有不喜歡的西亞對手（其實也只有伊朗跟伊拉克）全丟進「邪惡軸心」的名單裡。

這樣的現象，也更加證明伊朗的「現實主義」很難說服「理想主義」去信任外面的世界。若二〇〇五年接任哈塔米之位的總統阿賀馬迪內賈德的言論令人覺得很嗆、很不切實際，那也是一種「理想主義」的展現，帶有「反正外在環境都不客氣了，我伊朗又何必客氣」的意涵。但後來阿賀馬迪內賈德跟哈梅內意的關係不睦，也代表對精神領袖來說，要實踐「理想主義」也該有一定準則，不能將敵對美國或外在世界的概念無限上綱。

不過，換個角度思考，爲什麼要跟外界對談的就是「現實主義」、堅持何梅尼路線的就是「理想主義」？又爲什麼拉夫桑賈尼與哈塔米就是「溫和與務實」、何梅尼與哈梅內意是「激進與強硬」？這些區別不過是國際間的喜好問題。況且，這些伊朗政治人物都有一樣的目標，就是讓伊朗富強、抵抗美國帝國主義，一九七九年以來至今伊朗的反美立場，並沒有什麼不對。每個國家都有權利決定走什麼路線，爲何一定要與美國友好？跟美國嗆聲，不代表就會危害世界和平。既然如此，又爲何要有「激進強硬」與「溫和務實」的分別呢？

反過來看，以伊朗的情況而言，自一九七九年以降的國家主流路線就是反美。即使多數人不見得反，但這路線才是國家的「現實主義」，一直想對外界友好的才是「理想主義」。想藉由與外界接觸而拿到好處，就如同「請鬼開藥單」一般過於理想而不切實際。

第四章　伊朗與以色列的恩怨情仇

那一段未曾謀面的日子

伊朗與以色列之間惡劣的關係眾所皆知，例如從上個世紀八〇年代起伊朗支持黎巴嫩眞主黨來對抗以色列，或是二〇〇七年伊朗總統阿賀馬迪內賈德要將以色列「從地圖上抹去」（wipe it off the map），彼此火藥味十足。然而，一九四八年才有以色列，而在這之前的猶太復國運動主要是與阿拉伯人衝突，並沒有伊朗的戲分。兩者未曾謀面，何以走上對立之路？這得從一百多年前開始說起。

十九世紀以來，伊朗長期處於英國與俄國的壓力之下。兩強面對伊朗事務保有默契，要先行取得共識符合雙方利益，才能作決定。到了一九〇七年，英俄兩強權藉由《一九〇七年英俄協定》劃分彼此在伊朗的勢力範圍。但一九一七年十一月蘇維埃爆發革命，之後建立的列寧政府宣布退出一次大戰，並聲明放棄舊俄在伊朗的特權，例如治外法權（extraterritoriality），代表蘇俄勢力退出伊朗。一方既退出，《一九〇七年英俄協定》自然失效，英國也就成爲在伊朗甚至西亞地區的霸權，不必再像過去一樣得看俄國臉色。

約莫同一時期，猶太復國運動逐漸發展。一八九六年，奧匈帝國的猶太人賀茨爾出版《猶太國》一書，主張選擇世界上的某一地點建立猶太人的國家，而巴勒斯坦就是其中一個選項，這番說法逐漸獲得一些歐洲猶太人認同。之後，在猶太復國運動領導者魏茨曼四處奔走之下，一九一七年十一月英國外交部長貝爾福公布《貝爾福宣言》，表態願意支持猶太復國主義者移民巴勒斯坦建立家園。無論貝爾福是否把猶太勢力做爲英國深入西亞的政治工具，還是眞的想協助這項復國運動，猶太復國主義者終究獲得龐大靠山，「合法地」進入了巴勒斯坦。

一戰時期英國在鄂圖曼的戰場有阿拉伯人協助，但戰後卻與法國瓜分西亞地區，漠視當地阿拉伯人的生存權益；反觀猶太復國主義者，卻受到英國傾力協助，一九二二年國際聯盟以「委任託管」方式讓英國「合法」地統治巴勒斯坦，當然猶太人移入當地也由英國負責。相較於英國與猶太人的合作關係，一九二一年蘇俄與伊朗簽署了友好條約，正式放棄以前在伊朗的特權，此外蘇俄也同時與阿富汗、安卡拉政府簽署友好條約，一時之間蘇俄成了西亞地區的好朋友。關係兩相消長之下，備受欺凌的阿拉伯人逐漸將猶太復國主義、英國及背後的帝國主義視爲敵人，蘇俄也成爲日後阿拉伯人對抗猶太人的潛在盟友。

至於伊朗，一九二六年巴勒維政府建立，也力求擺脫帝國主義的壓迫，尤其是英國。

三〇年代中期伊朗與納粹德國逐漸友好，聘用了不少德國的工程師及顧問。由於伊朗與德國同爲亞利安人（Aryan）血統，使得納粹德國與巴勒維伊朗之間更有著文化方面的連結。原先，其實伊朗境內有不少猶太人，雖然巴勒維國王不樂見猶太復國主義運動在伊朗運作，但對猶太人與伊朗人仍一視同仁。但當伊朗與德國的關係越走越近時，猶太人與伊朗人之間的關係就顯得緊張了，更出現不少反猶太的言論。然而一九三九年九月歐洲戰爭爆發，德軍勢如破竹，造成英國莫大的壓力，一九四一年德國也進攻蘇俄。吃緊的戰事催促英蘇走上同一陣營，卻也造成伊朗的厄運。

由於伊朗與德國關係緊密，英蘇爲了防範德伊結盟，遂要求巴勒維國王結束對德籍顧問與專家的合作，也要求他們離開伊朗。巴勒維在大戰爆發後宣布中立，不理會英蘇的要求，使得一九四一年八月底英蘇進軍伊朗，九月中旬首都德黑蘭遭占領，國王被迫離開伊朗，兒子穆罕默德禮薩巴勒維登基，伊朗進入第二任巴勒維時期。英蘇的強硬作法，新任的巴勒維國王無力抵抗，更讓猶太復國運動得以在其國內發展，尤其逃離納粹屠殺的猶太人便可進入伊朗，再轉入巴勒斯坦。伊朗並非對猶太人特別友好，而是在被英蘇綁架的反納粹情境下，才成了猶太復國運動的重要據點。

二戰後，美國成爲西亞地區的領導者，猶太人與伊朗人都尋求合作。對猶太人來說，原先掌事的英國在二戰前早已力不從心，難以處理巴勒斯坦阿拉伯人與猶太人的衝突，以致於不少猶太復國主義者轉往美國尋找新的機會。而美國的猶太人在政經方面已有勢力，對那時的美國總統羅斯福（Franklin D. Roosevelt）來說是無法忽視的群體。在美國主導下，一九四七年十一月聯合國公布第一八一號決議案，將巴勒斯坦劃分爲猶太人居住區與阿拉伯人居住區。一九四八年五月十四日，以色列正式建國。

至於伊朗，二戰結束後蘇俄支持的左派勢力在伊朗西北方的亞塞拜然省主張獨立，也讓伊朗選擇與美國求助。一九四六年一月聯合國成立，伊朗政府隨即在安全理事會上控告蘇俄，美國要求俄軍退出亞塞拜然。隔年總統杜魯門（Harry Truman）更發表「杜魯門主義」，用資金與武器支援同樣受蘇俄勢力逼迫的土耳其與希臘。至此，伊朗與以色列都成了美國陣營的一分子。

在二戰前，伊朗與猶太復國運動的共同之處，便是都受英國掌控，也都與德國有一段特殊關係，只是雙方處境完全相反。在二戰後，伊朗與甫建國的以色列在未曾謀面的情況下，就這樣進入了接下來與美國一同對抗蘇俄的日子。

那一段血、淚、汗的日子

伊朗與以色列在二戰後成爲美國陣營的盟友。當美國的對手是蘇俄時，伊以兩國理所當然也是圍堵共產勢力的一員。而除了冷戰的國際局勢，西亞地區還得加上阿以衝突的因子。阿拉伯國家對以色列發動軍事攻擊時有蘇俄協助，儘管以色列有美國協助，也未在戰爭中挫敗，但還是有許多血淚汗的歷史。至於伊朗，雖未爆發對外戰爭，但同時面對以色列及阿拉伯國家，也是小心翼翼尋求平衡。對以色列與伊朗來說，這都是一段不輕鬆的日子。

一九四一年英蘇占領伊朗後，曾協議在戰爭結束後六個月內從伊朗撤軍。但戰後蘇俄卻沒有撤離，致使伊朗在一九四六年初向聯合國提出控訴，兩者自然不可能合作。至於以色列，原先在一九四八年建國時，蘇俄曾有意拉攏。儘管一九一七年蘇維埃政府成立之際，列寧曾譴責猶太復國主義與帝國主義掛勾，但一九四八年英國狼狽地退出巴勒斯坦後，英國在西亞的地基缺了一角，看在蘇俄眼裡再開心也不過了，隔年更支持以色列進入聯合國。不過，以色列並沒有因此與蘇俄靠攏。日後圍堵局勢對蘇俄越發不利，導致蘇俄也難以支持以色列。

一九五〇年爆發的韓戰改變了世界局勢。資本主義與共產主義在朝鮮半島的軍事衝突激化，無論是哪一方有意先開戰，彼此間的猜忌與質疑已不可能消退。在美國本土，極端反共的麥卡錫主義（McCarthyism）也強化了五〇年代艾森豪總統時期國內風聲鶴唳的氛圍。一九五五年英國主導下成立中部公約組織，成員有土耳其、伊拉克、伊朗、巴基斯坦四國，做爲圍堵蘇俄勢力南下擴張的防線；此外，部分西亞國家如沙烏地也自三〇年代後期就與美國交好。至於以色列，更是與蘇俄保持距離。這樣的情況，讓蘇俄在西亞地區難以施展拳腳。

不過，並不是所有西亞國家都站在英美那一方。一九五五年印尼舉辦萬隆會議，集結了許多亞非國家，埃及就是其中一員，會議主要精神就是成立美蘇之外的第三勢力。然而，埃及的納賽爾致力於反英，也反對以色列的存在，使得納賽爾轉與蘇俄領導人赫魯雪夫（Nikita Khrushchev）建立軍事合作，與埃及關係緊密的敍利亞也跟進。儘管納賽爾批判美蘇冷戰分裂了阿拉伯世界，但爲了對抗西方勢力，免不了還是得選邊站，與英美的敵人蘇俄合作。在五〇年代的西亞世界，埃及與敍利亞是對蘇俄友好的一方。

伊朗這個西亞大國雖未宣告支持以色列，但身爲美國陣營的一分子，難免成爲埃及等國批判譴責的對象。伊朗無意與阿拉伯國家交惡，但美國大力給予伊朗經濟支援，也帶有伊朗應協助以色列的用意。因此，伊朗在一九五七年協助以色列鋪設油管，以色列也買了伊朗的石油。此外，蘇俄勢力也很可能藉著支持埃及與敍利亞，持續加強西亞的左派力量，是故伊以兩國合作成立情報單位，伊朗稱爲「國家安全與資訊局」（Sazman-e Etalaat va Aminiyat-e Kashvar, SAVAK，中譯爲「薩瓦克」），而以色列則稱爲「情報與特別行動機構」（HaMossad leModiin uleTafkidim Meyuhadim, MOSSAD，中譯爲「摩薩德」），監視著當地左派的一舉一動。

到了一九六七年，伊朗的對外態度有所改變。該年埃及與以色列交戰，以色列大獲全勝，這樣的結果反而使伊朗警戒，因爲這有可能讓阿拉伯國家對以色列的敵意也轉移到伊朗身上。於是伊朗希望美國管束以色列，尤其是對占領行動要有所節制，伊朗的發聲讓埃伊關係和緩。一九七一年巴勒維國王舉辦伊朗二千五百年慶典時，也沒有邀請以色列出席。時值英國決定放棄對波斯灣的控制，美國正陷入越戰泥淖之中，都無力控管伊朗的脫序行動。隨後，一九七三年在新任總統沙達特的領導下，埃及再度對以色列發動戰爭。這次伊朗轉而給予阿拉伯國家協助，甚至在非官方的名義下，讓蘇俄的軍事補給經伊朗進入埃及。但對以色列，伊朗仍舊保持兩國石油利益的來往。

從這裡可以看出，不管是尋求平衡還是兩面手法，對伊朗而言，以色列過於強大，或阿拉伯國家完全壓制以色列，都可能成爲往後伊朗的威脅。對任何一方過於友好，都對自己的發展造成困擾。

一九七七年年底，西亞局勢大扭轉。埃及總統沙達特主動出訪以色列，願意以和談方式來處理阿以問題，這讓當時美國總統卡特放了一百二十顆心：美國在西亞的小老弟以色列，暫時不會受到埃及的威脅。此時，埃及與蘇俄的關係也不似六〇年代緊密了。一九七八年十月，卡特邀請沙達特與以色列總理比京一同談了《大衛營協議》(Camp David)，隔年簽署和平條約。看樣子伊朗不再需要討好兩方，畢竟大家背後的「老闆」都是美國，過去跟以色列的合作關係也能有新的開始了。然而，所有人都想不到，同時間伊朗出現的反巴勒維政府勢力，竟在隔年催生出反對美國的新政府。西亞局勢也就此天翻地覆。

現今勢不兩立的日子

一九七九年伊朗變了，巴勒維國王離去，隨後政局逐漸由宗教人士何梅尼掌握。巴勒維政府的垮台原因衆說紛紜，主流說法是何梅尼領導什葉派穆斯林推翻貪污腐敗的巴勒維國王，整場革命相當地「伊斯蘭化」。何梅尼就這樣扮演革命的領導人，建立了伊朗伊斯蘭共和國，他反美、反以色列的立場，也就成了至今伊朗與以色列交惡的源頭。

以往伊朗與以色列的關係雖友好，時有些許糾紛，卻不至於怒目相視。人們一定會問：「一九七九年之後的伊朗與以色列究竟發生什麼事？」何梅尼的立場是最關鍵的因素。何梅尼在其演說與著作中將美國比喻爲「大撒旦」，以色列是「小撒旦」，他認爲美國與巴勒維都像埃及法老王一樣邪惡。而何梅尼批判以色列的言語，也應該來自《古蘭經》裡批判猶太人的經文。但仔細想想，美國與以色列先前並未有過敵對何梅尼的言論或行動，所以這不是什麼伊斯蘭的問題，純粹只是何梅尼個人情緒的問題。

原先一九七八年伊朗反巴勒維運動並未視反美、反以色列爲主軸，而是一九七九年何梅尼主導政局後才開始。一九七九年二月，巴解領袖阿拉法特前往伊朗與何梅尼會面，儘管當時何梅尼尚未掌握政權，但兩者同樣敵對以色列的立場，就足以做爲會面的理由了。一九七八年美國剛獲得埃及與以色列和談這份大禮，美國總統卡特笑得開懷，沒想到何梅尼引發的反美情緒，竟然在一九七九年十一月四日釀出了伊朗首都德黑蘭的美國使館遭包圍一事，還擴大爲四百四十四天的美國人質事件。一九八〇年卡特政府的伊朗救援行動失敗，該年底總統連任競選也失敗，便有輿論認爲這都是一九七九年人質事件害的。

除了與美國交惡，何梅尼路線是否眞的對以色列造成國安危機，這點值得商榷。例如，主流輿論都說伊朗支持黎巴嫩的眞主黨，這是八〇年代以色列爲剷除巴解而入侵黎巴嫩後，由黎巴嫩的什葉派穆斯林組成的反以色列團體。對主流輿論來說，眞主黨是恐怖組織，支持眞主黨的伊朗就是支持恐怖主義的國家。但若如此，一九五三年美國曾動用中情局力量在伊朗弄垮了首相穆沙迪克政府，豈不比恐怖行動還恐怖？中情局的能力恐怕還在恐怖組織之上。若立場反轉，假設一九五三年的行動是由敍利亞政府主導，弄垮了英國首相或法國總統，並換上符合敍利亞利益的政治人物，那敍利亞肯定讓美國打成蜂窩。反觀美國在伊朗的同等行徑，以及二〇〇三年無緣無故攻打伊拉克，卻沒有哪個國家會對美國首都華盛頓用兵。伊朗支援眞主黨並不需要譴責，那只是世界上某一國支持另一國某個反對勢力而已。美國與以色列肯定也在檯面下支持不少敵對國的反對勢力，只是新聞不講、沒人罵而已。

此外也有人認定，伊朗前總統阿賀馬迪內賈德說過要把以色列「從地圖上抹去」，是一種嚴重的挑釁行爲。但阿賀馬迪內賈德那次的發言，他的波斯文原文其實只是引用了何梅尼在八〇年代的話：een rezhim-e ishghalgar-e qods bayad az safheh-ye ruzgar mahv shavad，中文翻譯約是：「這個占領耶路撒冷的政權必然消失在歷史洪流之中。」整個句子沒有「地圖」也沒有「抹去」，更沒有「以色列」。可見英文譯者對阿賀馬迪內賈德的言語加了油也添了醋。再者，考量到過去以色列與阿拉伯國家的交戰經驗，一定也有不少阿拉伯人想把以色列「從地圖上抹去」，這種聲音絕對不亞於阿賀馬迪內賈德。這位伊朗前總統若眞的講了那句激烈的言論，可能很多阿拉伯人還覺得輪不到他這個伊朗人來說，他只是來刷存在感而已。

整體來看，伊朗與以色列在一九七九年之後的敵對關係，主要還是取決於伊朗反美國的態度。不只以色列，美國在西亞的盟友還有坐擁石油利益的沙烏地，連帶著伊朗也跟著敵對沙烏地。以色列與沙烏地是美國在西亞執行霸權的合夥人，伊朗對他們產生敵意，目的都是爲了打擊美國的優勢。

時至今日，伊朗與以色列處於勢不兩立的階段，但是，世界發展至此並不是終點，伊以兩國如果哪天又成爲好朋友的話，那又該怎麼定義伊以關係呢？不看歷史脈絡，會以爲事情就是那樣子，但看清了歷史脈絡，又會覺得一切都沒有什麼意涵了。

伊朗的聖地日

「聖地日」（Quds Day），是一九七九年伊朗伊斯蘭共和國宣布在齋戒月（Ramadan）最後一個星期五，支持巴勒斯坦人對抗以色列的一天。一九七九年是伊朗革命的一年，是伊朗現代史的重大分水嶺，也是伊朗與美國關係惡化的開始，更是伊朗敵對以色列、支持巴勒斯坦的年代。伊朗何以有這樣的轉變？巴勒斯坦問題原本的性質是什麼？這些事情是否往後還會有新的面貌？

Quds是阿拉伯語「聖地」的意思，也就是耶路撒冷。從上個世紀來看，巴勒斯坦問題源自於英國政府協助猶太人移入，造成阿拉伯人的憤怒。耶路撒冷雖是猶太人及基督徒的聖地，但在七世紀後也是穆斯林的聖地。之後，耶路撒冷除了十一世紀歐洲人曾短暫地再度擁有之外，其間一千四百多年的時間都屬於穆斯林。一九四八年五月十四日以色列在這裡建國，導致隔日伊拉克、敍利亞、埃及、沙烏地等國對這個萬惡的猶太國家發起討伐戰。這不是伊斯蘭與猶太宗教問題、也不是阿拉伯人與猶太人的族群問題，而是阿拉伯人生存權益受威脅的問題。

問題是，阿拉伯國家各自的立場不同，即使如敍利亞與伊拉克盛行「泛阿拉伯主義」，將團結阿拉伯人、打擊英國人、敵對猶太人劃上等號，但伊拉克與敍利亞之間的關係並未完全契合。敍利亞與埃及、沙烏地關係較近，但都因爲一九五六年之後埃及總統納賽爾太過於強勢，導致沙敍兩國有所顧慮，而停止與埃及合作。六〇年代開始，阿以之間的戰爭都是以色列勝出，阿拉伯國家難以讓巴勒斯坦脫離以色列的掌握。

在這個時期，伊朗對以色列並無敵意。二戰期間，伊朗被英國與蘇俄占領，從中立國被迫成爲「反法西斯」（Anti-Fascism）陣營的成員，戰後又受到蘇俄在高加索與亞塞拜然地區的施壓，因此無論是否「心甘情願」，都得向英美等西方勢力靠攏。也因爲伊朗屬於反法西斯陣營，所以成爲逃離納粹屠殺的猶太人前往巴勒斯坦的過境地。以色列建國後雙方維持合作，例如以色列的摩薩德與伊朗的薩瓦克，會互通情報之有無。美國也給予伊朗諸多經濟支援，拉攏伊朗對以色列友好。

誰也沒有想到，一九七九年伊朗發生革命事件，隨後何梅尼大聲疾呼支持巴勒斯坦人、聲援巴解，更訂立了「聖地日」。何梅尼的反美立場，讓革命成了「反美革命」，也讓往後伊朗的立場完全轉向「反以抗美」。就這樣，伊朗與美以兩國交惡持續四十年至今。

與伊朗相比，自一九四八年以來執意消滅以色列的阿拉伯國家，反倒在一九七七年埃以和談後，就逐漸減少對以色列的壓力。以沙烏地爲例，伊朗的反美情緒導致一九八〇年到八八年的兩伊戰爭，在這期間美國支持伊拉克，連帶加強與沙烏地的軍事合作，伊朗與沙烏地的關係也在這樣的局勢下惡化。沙烏地原本反對以色列的存在，也不滿意美國對以色列的支持，但到了九〇年代，因對美關係更加密切，對以的態度也跟著和緩，頂多是不與之建交罷了。

今日當以色列轟炸加薩的時候，阿拉伯國家都相當冷漠無力，反而是伊朗積極地抨擊以色列。伊朗的媒體都稱以色列爲「猶太復國主義者政權」，顯示伊朗並未承認「以色列」這個國家。然而，伊朗的「積極」其實也只停留在政治人物的喊話，不如過去阿拉伯國家與以色列的實際軍事行動。至於以色列，雖然一再強調自己處於國家危急存亡之秋，但看來也沒有誰對他們造成嚴重影響，反而只見他們對最弱小的加薩施以最殘酷的暴行。

這四十年來，伊朗革命不只改變自己，也改變區域與國際局勢。我們可以從中學到兩件事。第一，觀察某一議題並沒有絕對不變的立場，世界局勢是流動的，今日看到的現象固然重要，但很多事情並非只是現在的面貌；即使以往不是如此，以後也可能有超展開的劇情。第二，阿以、伊以問題最關鍵的因素，除了政治問題就是政治問題；那些定義爲宗教、族群衝突的論述，就打開窗戶直接丟出去吧。

第四篇

糾結於西亞地區的新舊秩序

進入二十一世紀，有些看似是新時代的事件，其實仍是百年前鄂圖曼解體時留下來的舊問題。在新舊秩序變化之下，有些面貌沒改變，也與新的面貌並存。人們雖可看到以美國爲首的西方勢力還是掌握話語權，卻也可看到西亞地區逐步建立出新的發展模式。過去的西亞服膺以西方價值觀爲主的「政治正確」，今日的西亞不盡然受西方掌控，正在創造屬於自己的「政治正確」。

第一章　從九一一到伊斯蘭國

奧薩馬賓拉登、阿富汗、美國

二十一世紀的第一年，世界強權美國就遭遇前所未有的外來攻擊，紐約的雙子星大廈被兩架美國民航機撞毀。阿富汗蓋達組織（Al-Qaida）首腦奧薩馬賓拉登隨即宣稱，這一切都是由他策劃的。一張報紙上的照片，大廈遭撞擊後冒出的濃煙裡彷彿出現一張撒旦之臉，如同《新約聖經》的〈啟示錄〉第二十章第七節所說：「那一千年完了，撒但必從監牢裡被釋放」。剛過完千禧年就發生如此重大的事件，很難不讓人與宗教經文做聯想。

近二十年前的這起事件，讓美國政治學者杭廷頓（Samuel Huntington）在一九九三年發表的「文明衝突論」（Clash of Civilizations）成爲完美的預言。基督教文明與伊斯蘭文明的衝突，不再只是一千年前「十字軍東征」那個遙不可及的「傳說」了，而是眼下發生的現實事件。然而，事情發展的源頭與文明衝突完全沒有關係，而是上個世紀美蘇冷戰的產物。

冷戰時期的阿富汗，是美國與蘇俄在中亞爭奪勢力範圍的重要對象。不過，阿富汗對美蘇採中立策略，致力維持與兩強的友好關係，以取得大量的金錢與軍事援助。不過，阿富汗國內的左派勢力遭到打壓，讓蘇俄認爲阿富汗政府「右傾」的可能性非常高。一九七八年左派重要人士遭到謀殺，政府成了最有可能的主謀，於該年四月被左派人士推翻。左派執政後，對待蘇俄的態度立卽轉爲友好，簽署了重大合作協議。可是左派政府中並非每一個人都願意聽令於蘇俄，外交部長哈菲茲阿拉阿明（Hafizullah Amin）便是如此。一九七九年九月阿明政變成功，阿富汗成爲不受蘇俄掌控的國家。

當時蘇俄由布里滋涅夫（Leonid Brezhnev）領導，正處於在西亞與中亞發展不順之時。例如自一九四八年以來打得難分難解的阿以戰爭，原本蘇俄支持阿拉伯國家，援助埃及與敘利亞一南一北夾擊以色列。但隨著一九七八年埃及改變策略與以色列和談，蘇俄等於失去了西亞地區最大的盟友。若此時阿富汗又遠離蘇俄，西亞很有可能爲美國「淪陷」。因此，一九七九年十二月蘇俄軍隊大舉進攻阿富汗。

至於美國，原先在七〇年代的發展也不盡人意。除了因越戰失敗而灰頭土臉，一九七九年十一月在伊朗爆發的美國人質事件，重創美國在西亞的外交地位，隔年救援行動失敗，也讓當時的總統卡特失去連任的機會。但此時蘇俄入侵阿富汗，給了美國一個新的契機，卡特旋卽以「卡特主義」（Carter Doctrine）加強波斯灣的軍事防衛，以強硬姿態回應蘇俄的行動。隨後擔任總統的雷根提高軍事開支，推出「戰略防禦計畫」（Strategic Defensive Initiative, SDI），另稱「星球大戰」（Star Wars Programme），阿富汗也是計畫內的重點國家。美蘇冷戰對峙局面一時加溫。對蘇戰爭期間，美國藉由沙烏地的經濟與軍事協助深入阿富汗，主要的合作夥伴正是沙烏地人奧薩馬賓拉登。美國在阿富汗扶持的武裝組織多由奧薩馬賓拉登提供指導，甚至成立訓練基地、招募志願人士。

蘇俄沒有順利取得阿富汗，反而引起當地各種勢力的反撲。同時聯合國呼籲國際社會馳援阿富汗難民，美國也不斷採取各種宣傳批判蘇俄行動。蘇俄深陷在阿富汗戰爭的泥淖中，犧牲了大量財力物力人力，也重創了在國際間的形象。美國曾因越戰遭受國內外譴責，但此時蘇俄對阿富汗的侵略，讓美國又得以站在所謂正義的一方。固然蘇俄的行爲不可予以肯定，但也是爲了維護自身利益與區域優勢，這與美國在世界各地的行動並無兩樣。兩者的差別，只在於以美國爲主的西方世界把持政治、話語的霸權，將自身的對外侵略正當化，而蘇俄的一切作爲則落入萬惡淵藪。

一九八五年戈巴契夫（Mihail Gorbachov）擔任蘇俄總書記，宣布將自阿富汗撤軍，最後於一九八八年的日內瓦協議（Geneva Accords）中承諾分階段撤軍，而且美蘇都不干涉阿富汗內政。可是阿富汗當地勢力並不認同這項協議，加上各方勢力都欲取得政權，致使美蘇雙方還是爲了扶持各自喜好的勢力，持續採取軍事行動，以維持在阿富汗的利益。

然而，一九九〇年伊拉克攻打科威特的波斯灣戰爭時，美國與沙烏地合作對抗伊拉克，沙烏地更允許美軍進駐，這讓奧薩馬賓拉登非常不滿，導致後來他與沙烏地王室決裂，並前往阿富汗帶領他在一九八八年成立的蓋達組織，成爲美國的重要敵手。奧薩馬賓拉登曾是美國介入阿富汗的合作對象，轉瞬間卻相互對立。

一九九一年蘇俄解體，美國享受了十年左右的世界獨霸地位，但二〇〇一年的九一一事件卻完全改變局勢。冷戰結束後，美國少掉了蘇俄這樣龐大的政治對手，遺留下來的卻是更加難纏的「個別組織」與「特定人物」，既不知道其行蹤，也不可能以外交方式來解決問題。過了十年，美軍只能說是在二〇一一年「很幸運」在巴基斯坦擊斃奧薩馬賓拉登，但西亞地區的局勢發展速度，已經不是美國調整政策所能趕上的了。

冷戰於上個世紀結束，但遺留下來的問題，卻是幾十年之間都沒有辦法解決的，反而更加嚴重，九一一事件只是其中一個例子。而九一一事件發生後近二十年來，西方強權在西亞的爭奪從來沒有減輕過。要談論這區域的和平，仍是遙遙無期。

又見九一一

每年一到九月十一日，主流輿論就會開始回顧二〇〇一年的九一一事件。在那天，電視新聞一次次地重複紐約雙子星大廈崩塌的畫面。對美國人來說，那當然是個令人憤恨的事件，主嫌（從來不是真正的犯人）奧薩馬賓拉登就是人人得而誅之的恐怖分子。問題是，自認受害的美國就完全無罪？或者，二十世紀西方勢力對西亞施加的壓力，就可以完全與當下的局勢脫離關係？在探討九一一事件之前，我們必須先理解一點：九一一事件並不是二十一世紀全新類型的事件，而是二十世紀冷戰遺留下來的產物。

首先得從一九七九年開始談起。這一年是西亞與國際局勢相當重要的轉捩點。埃及與以色列結束二十多年的交戰，終於和談，而其他阿拉伯國家對以色列威脅不大，讓美國維持西亞「和平」的工作終於有了成果。諷刺的是，這個「和平」只是美國與以色列想要的「和平」，諸多阿拉伯國家仍對埃及報以強烈譴責。然而同一年，伊朗革命了，由原本與美國靠攏的巴勒維政府，換成了持反美與反以色列立場的宗教人士何梅尼掌握權力。隔沒多久，蘇俄也出兵攻打阿富汗。在冷戰對峙的情況下，蘇俄若在阿富汗取得勝利，就等於共產主義在亞洲地區有了重大突破，更何況美國在才在越南被共產勢力打得七葷八素，資本主義很可能就此衰弱不振。

對美國而言，原本以為阿拉伯與以色列的問題就在埃以和談後落幕，開始可以悠哉度日，卻沒想到來了一九七九年的伊朗革命與阿富汗戰爭，讓美國備受威脅。阿富汗戰爭一打就到一九八七年才停戰，而這期間還有伊朗與伊拉克的兩伊戰爭。八〇年代的美國是雷根總統時期，為了對抗伊朗與蘇俄，八年任期都把心力投注在上述兩場戰爭中。美國距離西亞地區遙遠，故需要夥伴、需要軍隊進入戰場的中介地，而那個可以提供協助的就是沙烏地阿拉伯。沙烏地與美國關係較為和睦，有石油利益的往來，再加上兩伊戰爭就在波斯灣一帶，對沙烏地東北方的邊境安全會有影響。於是，八〇年代西亞的兩場戰爭讓美國與沙烏地的關係更加緊密，奧薩馬賓拉登就是在這時期協助美軍，在阿富汗建立軍事基地與進行攻擊行動。

阿富汗戰爭期間，整個國家被美蘇兩軍打得千瘡百孔，導致各方勢力竄起，任何人都想當老大，以致於一九八七年表面上戰爭結束，阿富汗卻陷入另一段長時間的內戰，直到一九九六年塔利班（Taliban）主導政權後才停止。同一期間，在一九九〇年到九一年之間的第二場波斯灣戰爭，即伊拉克攻打科威特之時，奧薩馬賓拉登卻與沙烏地王室及美國政府分道揚鑣。或許如奧薩馬賓拉登所說，沙烏地讓美軍直接進駐，等於是讓所謂的異教徒玷汙了伊斯蘭聖土，當然也可能是三方之間的利益喬不攏。總而言之，奧薩馬賓拉登離開沙烏地，前往阿富汗領導蓋達組織。

對阿富汗而言，歷來政府都保持中立，但美蘇雙方都表達要予以支援及協助的「善意」，也造成不少「壓力」。有政治敏感度的人都知道，八〇年代的美國看似協助阿富汗抵抗蘇俄，但這其實都是要試圖掌控阿富汗，取得冷戰優勢，而非讓阿富汗在地伊斯蘭勢力掌權。

於是，我們可見到後來的塔利班多麼強調所謂的伊斯蘭價值，即「本土化運動」，至少從人民的外觀與行爲來看，男性要蓄鬍、女性要蒙面也不得在外工作。此外，二〇〇一年塔利班炸毀巴米揚大佛（Bamiyan），被人批判不重視歷史文化遺產，但可以反思一下，那是「伊斯蘭文化遺產」嗎？那尊大佛的文化價值，是否符合阿富汗認定的「本土文化價值」？更何況，長久以來美蘇的影響與箝制，不也是對阿富汗伊斯蘭文化與傳統做了無法彌補的破壞與打擊？

至於九一一事件，若主謀眞的是奧薩馬賓拉登，那只能說是他個人與美國之間對峙的一起事件。很多人會認爲，紐約雙子星大廈的崩塌，象徵西方世界的經濟核心被擊垮，是文明之間的衝突，但奧薩馬賓拉登未必有著「捍衛伊斯蘭」那麼高尚的「情操」。

此外，穆斯林最痛恨的不一定是美國，畢竟在二次大戰結束之前，美國在西亞沒有太多的利益問題。若論痛恨程度，長久以來最讓穆斯林不滿的，應該是英國、俄國、法國這些老帝國主義國家。以前的西亞版圖並不是現在這個樣子，沒有伊拉克、敍利亞、黎巴嫩、巴勒斯坦這些國家，只是剛好這些國家在二十世紀中後期逐漸成形的期間，美國給予的壓力最大，才演變成我們今日看到的，西亞各國對美國的普遍敵意。只要有哪個國家政府與美國接觸或友好，就會被批判爲美國的走狗、伊斯蘭的叛徒。

九一一事件至今已近二十年，諸多輿論仍舊強調美國受害、恐怖主義橫行的觀念。然而，我們一再紀念之餘，其他被打得淒慘、被壓迫到無以翻身的西亞國家，卻從未獲得過同等重視。就像我們爲被爆炸案破壞的歐洲城市祈福，卻持續忽視西亞地區被多國武力侵犯的事實。當然，我們無意鼓吹任何形式的暴力行爲，但對奧薩馬賓拉登，甚至廣大的穆斯林而言，要反抗長久以來西方勢力的欺凌，二〇〇一年的九一一事件只是「剛剛好而已」。

伊斯蘭國的形成

近年來不斷有消息指出，橫跨在伊拉克與敘利亞邊界上的伊斯蘭國已接近崩潰邊緣，這個對西亞與歐洲的最大威脅即將消失。然而，我們更需要藉此反思看待西亞局勢的傳統立場，畢竟多數人都會以相當負面的角度看待伊斯蘭國，有關伊斯蘭國的報導也是罄竹難書，更有許多穆斯林一再切割，強調伊斯蘭國不代表穆斯林。但話說回來，歷史上任何勢力在擴大時都是做一樣的事情，何以只批判伊斯蘭國？

伊斯蘭國的擴張，與以往帝國主義時代強權派遣軍隊到世界各地燒殺擄掠的型態不同，而是以個人或團體型態在許多地方進行破壞。伊斯蘭國源於奧薩馬賓拉登建立的蓋達組織的一支，對國際局勢的影響比蓋達更大，堪稱蓋達的「升級版」。從這一層面來看，二〇一四年以來伊斯蘭國造成的動盪，依舊是冷戰時期留下來的殘局，而且已經超越冷戰時期美蘇強權可以處理的程度了。

有些消息指出，伊斯蘭國內部高層有一百多位人士，都來自於二〇〇三年被美國擊垮的薩達姆政府。薩達姆政府始於一九七九年，雖然美國在兩伊戰爭期間支持伊拉克對抗反美的伊朗，但一九九〇年伊拉克攻打科威特時，美國卻瞬間成了伊拉克的對手，薩達姆也成了主流輿論批判的對象。二〇〇一年小布希執政，二〇〇三年指稱伊拉克擁有大規模毀滅武器，故出兵攻打伊拉克，以捍衛世界和平。薩達姆政府雖被這場戰爭摧毀，但看來勢力並未完全消失，而是透過伊斯蘭國的形式再度浮現。

若往更早的歷史推進，伊斯蘭國的形成也與一九一六年英法兩國的《賽克斯－皮科協議》脫不了關係。鄂圖曼的美索不達米亞被該協議一分為二，現今伊拉克、約旦、敘利亞、黎巴嫩、巴勒斯坦的雛形就在那時形成。所謂的現代西亞，其實是在西方強權恣意劃分之下出現的。伊斯蘭國在二〇一四年已經聲明，他們就是要打破《賽克斯－皮科協議》畫出來的界線。畢竟那是西方人所要的西亞，但對當地人來說，這些界線侷限了當地的發展。伊斯蘭國的領土橫跨伊拉克與敘利亞，就是這種思維的成果體現。這麼說來，伊斯蘭國就不僅是上一段所提到的冷戰產物，而是一次大戰的產物了。

一次大戰開啟了現代的西亞局勢。時至今日已進入二十一世紀，所謂的一戰「遺緒」(legacy) 對不少穆斯林來說是「遺毒」(intoxication)，完全沒有好處。研究學者往往強調西亞世界的問題來自於穆斯林的不團結，或是跟西化或現代化成功與否有關，實際上西亞的發展若有任何落後、倒退的情形，國際間的壓力箝制絕對是罪魁禍首。繞了一大圈，這時代對西亞與國際社會最大的威脅，竟然就是《賽克斯－皮科協議》，彷彿當時西亞人民對該協議的不滿情緒與力量，「轉世投胎」成了伊斯蘭國。

伊斯蘭國領導人巴格達迪（Abu Akbar al-Baghdadi）強調，自己為統領所有穆斯林的哈里發。人們認為這樣的觀念不合時宜，不認同七世紀先知穆罕默德去世後的哈里發制度在二十一世紀重見天日。然而有何不可？十七世紀以來鄂圖曼君主的頭銜，由凱末爾在一九二四年廢止，距今並不是太遠。而歷史上也有許多伊斯蘭勢力領導人自稱過哈里發，巴格達迪的這番言論並不狂妄。西方強權將伊斯蘭世界搞得四分五裂，已然沒有伊斯蘭自己的區域秩序，過去不斷有人意欲建立一統的伊斯蘭世界，二十世紀西亞也出現過阿拉伯主義、民族主義、伊斯蘭主義（Islamism）的浪潮，但都沒有成果。現在巴格達迪想要整合伊斯蘭世界，無論是哪一種立場，都合情合理。

試想，若幾十年後巴格達迪的伊斯蘭國穩固了，甚至持續百年以上，那往後的歷史評價就會與現在不一樣了。當代的批判只表現出當代的立場，下個世代對同一件事情必然有不同的看法，會出現不同的歷史意涵，甚至是永久沒有定論。就算有部分穆斯林批判巴格達迪及伊斯蘭國，我們也絕對不能忽視背後有一股支持的力量，而那個力量主要也是來自穆斯林。

近百年來，西亞世界受西方宰制已久，巴格達迪還無法在這個時代建立自己想要的伊斯蘭國度。這才是問題所在。如果今日伊斯蘭國崩潰了，那也只是一次失敗的嘗試。未來還會有更多的巴格達迪出現，如同伊斯蘭國是蓋達組織的升級版，必然會有升級版的巴格達迪在這世界掀起另一波變局。若人們可以認為美國在世界上建立「民主國家」，巴格達迪當然也有資格建立「哈里發國」。

為何伊斯蘭國不能存在？

自二〇一四年起，伊斯蘭國的出現就成了國際頭條新聞。各界讀者無論對於伊斯蘭國是否有所理解，多數人一致採取批判的態度。如今伊斯蘭國逐漸不穩，更有許多人拍手叫好。有趣的是，爲什麼不認同伊斯蘭國興起？又爲什麼在完全不理解的情況下，還能夠長篇大論地發表譴責？答案大概是：「只要秉持著追求正義與和平的立場，就有資格譴責伊斯蘭國這類以宗教之名、而暴虐無道的勢力。」在此賣弄個學術詞彙，這就叫做「去脈絡化」：完全不管西亞地區的歷史問題，也不在乎過去是否早就有類似的情況，單純只看當下的表象就妄下結論。

有一種說法，是將當前的伊斯蘭國類比成七世紀穆罕默德開創伊斯蘭世界。穆罕默德一開始宣揚伊斯蘭思想時，被自身家族批判，他也因此離開麥加前往麥地那。講難聽一點，就是鬥爭失敗之後被驅逐出境，或者是落跑。穆斯林當然不會同意這樣的說法，只是放在實際的歷史發展過程來看，很多所謂的先知跟英雄，都不是信徒所相信的那樣，是正義與和平的代表。後來穆罕默德從麥地那招兵買馬又重回麥加，才開啟了他所創造的伊斯蘭時代。過程中的燒殺擄掠，在當時絕對也是人人批判的。同樣地，穆斯林不可能接受這樣的說法，但歷史發展就是如此。包括往後巫麥雅帝國及阿巴斯帝國的建立與拓展，西亞與鄰近地區絕對也都是罵聲連連。

這不是西亞的特例。各個區域甚至世界性質的強權，都是如此。早期亞歷山大（Alexander）帝國在東進時消滅了阿契美尼德帝國（Achaemenid Empire），統治了歐亞非三大區塊，後來許多地方進入了希臘化時代（Hellenistic Period）。表面上看來很正面，也帶動了文化方面的交流，但過程中絕對不乏血流成河、屍橫遍野的情況。所謂的希臘化時代，是奠基在無數人的屍體上面。儘管後代人推崇亞歷山大及希臘文化，但還是得破除神話，回歸歷史現實來看待。當時必然有很多譴責亞歷山大的史料，是後代多數人沒能看到的。弔詭的是，人們對於西方勢力的擴張，都抱持比較正面的看法。一樣是大範圍的擴張，蒙古人的西進似乎就缺少正面評價。多數人除了關注成吉思汗四處征戰，就只在意世界上有近兩億人遺傳了他的基因，彷彿沒有其他值得一提的歷史貢獻。

人們對西方的偏袒與喜好，也表現在近現代美國歷史。當白人從北美洲東岸往西岸拓展勢力時，對待印地安原住民（Indians）的態度可沒那麼友善，白人究竟屠殺了多少印第安人，似乎沒有明確答案。就算現在有許多人知道當時的白人殘殺印第安人的事實，卻還是覺得美國是個尊重人權與言論自由的極樂國度。美國白人勢力的擴張，絕對也是印第安人極度厭惡的事情。只因這個時代以美國價值觀爲標準，美國人漂白了自己的歷史，變成了世界和平正義的使者，因此不會有人關注到底有多少印第安人遭到屠殺。

著名的美國政治學學者杭士基（另譯爲「喬姆斯基」）曾提及海盜與皇帝的故事，海盜對皇帝說：「我們一樣都在海上興風作浪，因爲我只有一艘小船，所以我是海盜，而你擁有一支海軍，所以你是皇帝。」世界歷史的發展就是如此，「勝者爲王，敗者爲寇」，贏了就沒事，輸了就成了人人討打的魯蛇，明明跟別人做的是一樣的事情，結果卻是被世人唾棄。這個時代的資訊流通過於發達，一旦主流輿論充斥於國際社會，人們不知不覺就會陷入特定立場。就像我們願意認同民主，也口口聲聲說尊重多元，但爲何大家接受建立在世界各地的「民主」，卻不認同建立在世界各地的「哈里發國」？

此外，近現代西亞世界總給人一種衰弱不穩的印象，所以一有風吹草動，外界很容易放大審查。這樣的做法忽略了一件事：西亞世界時常有外來強權的干涉，當地發展本就經常受外界因素牽制。就像歐洲經濟不好、社會也有許多動盪，例如義大利及希臘等國就是如此。假設這些地方也受到外力影響，甚至爆發戰爭，必然也會像西亞世界一樣難以穩定。

伊斯蘭國的起落，其實跟歷史上正在擴張的勢力一樣，都有其被認同與接受的原因，就算招致許多批判聲浪，也都是稀鬆平常的事。看待歷史時常會有令人驚訝的發現，很多人事物並不是那麼「神」，也有很多人人討打的人事物，其實一點都不是那麼十惡不赦。伊斯蘭國的興起有其歷史與當代因素，很值得下個世代的人蒐集更多資料來好好探討。

第二章　命運交錯的土耳其與沙烏地阿拉伯

鄂圖曼主義 vs 瓦哈比主義

二〇一八年沙烏地記者哈紹吉（Jamal Khashoggi）在土耳其遇害，受到極大關注。衆多輿論猜測主謀就是沙烏地王儲穆罕默德（Mohammad bin Salman al-Saud），此事將讓西亞及國際局勢產生極大變化。而近年來土耳其總統艾爾多安（Recep Tayyip Erdogan）被稱爲新世紀的鄂圖曼君主（意指他有宗教背景、又長期執政），既然事件發生在自家領土，當然也有必要介入。土耳其與沙烏地之間的摩擦，是否將重現三百年前鄂圖曼政府與阿拉伯半島紹德家族的對峙局面？我們有必要重回歷史，比較一下兩國的發展。

十四世紀初期鄂圖曼剛建立時，只是一個遠在黑海地區的突厥人勢力，卻在一五一七年南向進擊取得聖地麥加，擴張速度之快出乎意料。此後鄂圖曼君主更自稱哈里發，繼承先知穆罕默德的權位，卻又沒有先知家族的血統。鄂圖曼的種種舉止讓阿拉伯人極爲不滿。

到了十八世紀初，阿拉伯半島有個名爲穆罕默德瓦哈比（Mohammad al-Wahhab）的「憤青」，就秉持著所謂反璞歸眞、正本清源的精神，批判阿拉伯地區充滿異端思想，必須端正社會風氣。與此同時，紹德家族也不滿這群來自北方鄂圖曼突厥人的壓力，意欲挑戰對方。於是，「紹德－瓦哈比」兩股反對勢力合體，在阿拉伯半島逐漸擴大影響力。雙方關係彷彿三國時代的劉備與諸葛亮，劉備出征、諸葛亮在後方拿著扇子搧風觀望四方；阿拉伯的紹德家族對外出征時，瓦哈比應該也是拿著扇子搧風觀望四方，那把扇子一面寫著「正本清源」、另一面寫著「反璞歸眞」。

一七四四年紹德王國（Saudi State）建立，他們主打的「瓦哈比主義」（Wahhabism）要剷除所謂的異教徒與不信者，也就成了近代伊斯蘭原教旨主義的開端。在許多學者的研究中，都稱這是今日伊斯蘭世界恐怖主義的開路先鋒。但爲什麼瓦哈比主義就是恐怖主義？近現代時期西方勢力在各地橫行，尤其美國打著民主旗幟、自詡爲世界秩序的守護者，對那些受到壓迫與威脅的人來說，「民主」一樣也是恐怖主義。

紹德王國在隨後曾一度占領麥加，對北方鄂圖曼的伊斯坦堡政府來說，當然是個該處理掉的地方動亂。只是更北方的俄國一直騷擾黑海與巴爾幹地區，再加上法國的拿破崙（Napoleon Bonaparte）在一七九八年到一八〇一年短暫占領過埃及地區，讓伊斯坦堡政府心力交瘁。後來在埃及驅逐法國人有功的軍人穆罕默德阿里（Mohammad 'Ali）被任命爲埃及總督，也成了伊斯坦堡政府擊敗紹德王國的致命武器。十九世紀紹德王國曾再次掀起波瀾，但勢力不如以往，十九世紀末期被其他阿拉伯家族擊退避至科威特。在一九〇二年阿布杜阿齊茲（Abdulaziz）的領導下，才回到阿拉伯半島重建紹德勢力。

一次大戰結束後鄂圖曼為戰敗國，領土四分五裂。巴爾幹半島在戰前已不受管轄，埃及也早在一八八二年被英國占領，一九一六年英法更祕密決定要瓜分美索不達米亞。若非凱末爾在安卡拉另起爐灶，迫使一戰戰勝國承認他的政府，並於一九二三年建立了土耳其共和國，大概這時代已看不到任何突厥人的勢力。但凱末爾頂多只維持住安納托利亞的勢力範圍，其他鄂圖曼的領土，包括阿拉伯半島，他也拿不回來。在此同時阿布杜阿齊茲穩固勢力，沙烏地這個半島上的新國家於一九三二年正式成立。

就在一戰結束後這個劇變的時代，西亞世界衍生出西方世界影響下的兩條主要路線。一條是凱末爾的西化路線，採共和制度、以拉丁文字書寫土耳其文、著西式服裝，致力於成為西方國家。另一條是阿布杜阿齊茲延續瓦哈比主義的路線，標榜王室政治、著傳統服飾，一方面對美國維持友好關係，特別是石油方面的合作。土耳其在國際間獲得比較開放、自由的形象，反觀沙烏地就是保守、封閉。但不管是哪種路線，土耳其與沙烏地終究還是伊斯蘭國家；土耳其並未雷厲風行地西化而變成基督教國家，沙烏地也不盡然就是個很糟糕的地方。

回到開頭的問題。哈紹吉事件是否眞的重現兩國對抗的歷史情境？沙烏地王儲在土耳其境內殺害自己家的記者，眞可比擬爲過去鄂圖曼與紹德之間的衝突關係？還是說，其中有政治對抗或宗教爭霸的意味？不管是什麼，若要將當代事件賦予歷史意涵，都應該視情況而定，不必做太多想像。畢竟過去的「紹德－瓦哈比」（地方勢力）與伊斯坦堡政府（中央）並不是對等地位，今日新世紀的鄂圖曼君主艾爾多安介入哈紹吉事件，實在很難定義爲所謂的「鄂圖曼 vs 瓦哈比」。

從另一個角度來看，哈紹吉事件爲何如此受重視？一個記者被殺或許可以上新聞，但何以國際媒體將此事渲染成西亞與國際社會又要出現大型動盪？畢竟這世界上因政治異議而死、下場比哈紹吉悽慘的記者，肯定不在少數。根本因素在於哈紹吉是美國《華盛頓郵報》（*The Washington Post*）的記者，才讓這個事件變得重要。假設哈紹吉與《華盛頓郵報》無關，或是持反對美國立場的記者，他怎麼死的就不見得會受到國際注意了。

與「西」同行

以二十一世紀來看，土耳其與沙烏地似有爭奪西亞領導地位的較勁意味，然而上個世紀兩國的關係其實相對平靜。原本在鄂圖曼時期，兩國地理位置一南一北，又有瓦哈比主義對抗鄂圖曼政府的態勢，但此後沙土兩國並沒有這樣的氣氛，而是一同向西方靠攏；前者要加入歐洲，後者則面對美國。沙土的與「西」同行，發展又是如何呢？

一戰後的鄂圖曼在強權瓜分之下解體，凱末爾以安卡拉爲據點建立了土耳其共和國。他致力於國家西化，爲了加入西方，鄂圖曼過去的君主制，甚至伊斯蘭世界領導者哈里發，都在此時走入歷史。凱末爾強調：「西方還是敵對著土耳其，但走入西方仍是土耳其邁向文明國家唯一的道路。」凱末爾如果是這時代的年輕人，大概會發 Instagram 動態說：「西方人不管吸了什麼都給我來一份！」

一九一七年俄國發生蘇維埃革命，列寧政府決定停戰，撤出鄂圖曼與伊朗戰場，此種和平宣言卻遭到英美等國排擠，戰後的巴黎和會與國際聯盟都沒有蘇俄參與的機會。土耳其與蘇俄這兩個西方國際社會的邊緣人，一九二一年遂自組同溫層，簽訂了友好條約。然而，一九四一年納粹德國進攻蘇俄，土耳其宣布中立，致使蘇俄開始對土耳其施壓，更在戰後試圖加強在黑海地區的影響力，致使美國總統杜魯門於一九四七年推出「杜魯門主義」，強力支援土耳其。一九四九年美國成立北大西洋公約組織，爲了圍堵蘇俄，土耳其也是成員國之一。

同一時期，阿拉伯半島的紹德家族正與先知後裔且管轄伊斯蘭聖地麥加的哈希姆家族對峙。一戰時哈希姆家族與英軍合作對抗鄂圖曼，原本預計在戰後建立阿拉伯國家，卻遭到英法背叛。雖然在英國的「扶植」下，哈希姆家族的兩個兄弟先後在伊拉克與外約旦稱王，但他們的父親胡笙在麥加自立爲哈里發，卻遭到紹德家族的反對。兩大家族在前一個世紀就處於對立狀態，此次交惡結果是胡笙於一九二四年被迫離開，麥加由紹德家族管轄。紹德家族在擴張與建國後，持續關注北方由英國扶植的兩個哈希姆王國。因其反英、反哈希姆的立場，沙烏地向美國靠攏，一九三一年雙方簽訂石油互惠協議，一九四五年正式建立外交關係。

一九四八年以色列建國，鄰近阿拉伯國家立卽宣戰。沙烏地雖不認同以色列存在，但也未加強對抗力道，畢竟那兩個哈希姆王國才是對手。至於土耳其也不介意以色列建國，一九四九年更成爲第一個承認以色列的伊斯蘭國家。此時最致力封鎖以色列的是埃及。五〇年代在反英、反帝國主義浪潮正盛之時，埃及於一九五六年蘇伊士運河戰爭面對英法以三國侵略，一舉登上阿拉伯世界領導地位。此戰重創歐洲經濟，讓法國加快歐洲整合的速度，催生了歐洲經濟共同體，土耳其也試圖加入。

一九六二年十月古巴危機（Cuba Crisis）爆發，美國強力批判蘇俄與古巴合作部署導彈。雖然看似是蘇俄威脅美國，但其實美國早在土耳其部署導彈對著蘇俄，一九六〇年又有祕密的無人偵察機在蘇俄遭擊落，相較之下並沒有比較高尚。十三天後蘇俄願意停止導彈部署，但交換條件是美國也得撤離在土耳其的導彈，土耳其毫無話語權，只是美蘇玩弄的小棋子。

一九六七年六月阿以戰爭後，埃及失去阿拉伯世界的領導地位，沙烏地趁勢對以色列採取較爲強硬批判的態度。一九七三年埃及再次對以色列交戰，沙烏地也來刷存在感，以限縮石油產量、提高油價的方式，將石油變成武器，抵制以色列與美國，招致了國際批判。即使如此，沙烏地沒有對以色列動兵，因爲雙方背後的「老闆」都是美國。而美國此時身陷越戰泥淖，國內又有總統尼克森的水門案搞得內外交困，是美國在冷戰期間最「夏夕夏景」（**編註：丟人現眼之意**）的時期，因此對沙烏地也沒輒。一九七四年土耳其因處理賽浦路斯（Cyprus）希臘裔與土耳其裔族群的衝突問題，遭到國際社會抨擊。這時沙烏地支持土耳其，兩個在過去沒有交集、但同時期遭到批判的伊斯蘭國家，因同病相憐而相互打氣。

不過，此後美國並未與沙烏地斷絕關係，還因爲八〇年代的兩伊戰爭及蘇俄侵略阿富汗，加強了美沙的軍事合作關係。反觀土耳其，在加入歐洲共同體（European Community）的過程不甚順利。一九七九年希臘成爲歐體成員，一九八七年土耳其申請加入卻遭到拒絕，一路向「西」卻一路失利。土沙兩國與西方同行之路，有著全然不同的際遇。

走上分叉路的土耳其與沙烏地

九〇年代以來，土耳其能否加入歐盟（European Union）一直是重要的國際議題。明眼人一看就知道，純粹只是歐盟要不要而已，也就是有沒有符合廣義又莫名其妙的西方價值觀。例如土耳其是伊斯蘭國家、土耳其發生過軍事政變等等，都成了拒絕加入的藉口。所以即使幾年前希臘等「歐豬五國」（PIGS）經濟爛到極點，歐盟也不可能排除這些扯後腿的國家。從凱末爾以來就很西化的土耳其，卻依然被歐洲挑剔，看起來是歐洲比較不願意接納土耳其這個伊斯蘭國家，而不是伊斯蘭與西方文明格格不入。反觀沙烏地與美國，就一點都沒有伊斯蘭與西方文明不合的狀態，畢竟美國需要沙烏地的石油利益、在西亞的戰略地位，以致於兩方關係尚稱穩定。

近年來，土耳其總統艾爾多安越來越有極權的態勢，被主流輿論所批判。問題是，在他與他主持的「正義與發展黨」（Justice and Development Party）自二〇〇二年掌握政權之前，土耳其已發展出「新鄂圖曼主義」（New Ottomanism），逐漸深化了自鄂圖曼時期以降的多元特性，不若凱末爾時期只強調單一土耳其民族，對外也盡可能打破與阿拉伯國家的隔閡。有學者指出，這是結合了鄂圖曼時期的多元主義（pluralism）以及西方的自由多重文化主義（liberal multiculturalism）。二十一世紀艾爾多安崛起，儘管這個人有濃厚的伊斯蘭色彩，但並未改變既有的路線。

不過，艾爾多安只有在二十一世紀第一個十年受到主流輿論認同。隨著反對聲浪指責正義與發展黨大權緊握，艾爾多安又在二〇一六年七月軍事政變後加強對輿論的控制，他頓時又成了輿論憎恨的獨裁暴君。以現今土耳其總統任期五年的情況來看，艾爾多安很有可能再執政十年，「新鄂圖曼主義」的多元特性，至此卻變成了長期掌權的君主制。二〇一六年的那場政變，對艾爾多安來說肯定造成極大的衝擊，會隨之鞏固自己權位也是人之常情。只是政治問題向來都是信者恆信、不信者恆不信，艾爾多安再如何獲得高票支持，反對者或自詡民主高尚之士仍會說那是假民主；主流輿論早已轉變風向，一味地批判了。

與此同時，以往沙烏地與土耳其的友好關係卻逐漸消逝。在二十一世紀土耳其發展漸趨穩定的情況下，無論土耳其有無競爭伊斯蘭世界霸主的意圖，這個「新鄂圖曼主義」對沙烏地的「瓦哈比主義」就是個壓力。而當二〇〇三年美國攻打伊拉克之後，美國不再是西亞安全的保護者，信用已然破產，再加上此後伊朗在西亞的影響力擴大，對沙烏地來說也是個威脅。美國總統歐巴馬卸任前跟伊朗密切接觸，就算不是要改善美伊關係，也必然讓沙烏地擔憂。以致於近期沙烏地王儲穆罕默德對外動作頻頻，例如與俄羅斯總統普丁接觸，看來是有意在某些層面不受美國主控。

若要說起來，沙烏地王儲穆罕默德與艾爾多安一樣都是改變者。在前些時期提升女性社會地位、讓沙烏地較為「開放」，都是讓沙烏地呈現不同面貌的機會。無論他有沒有以所謂民主選舉的方式來呈現其民意基礎，看來都會受到主流輿論認同。然而好景不常，二〇一八年的哈紹吉事件又讓他難以翻身。沙烏地王室也知道立即止血，有傳言王儲將會換人，以免承受更多的國際壓力。然而諷刺的是，由於沙美關係密切，無論穆罕默德最後會怎麼樣，大概都不會受到太多的批判。可是若在哈紹吉事件裡艾爾多安與穆罕默德角色對調，那土耳其絕對會被美國嚴厲制裁、甚至會有國際勢力介入。這就是土耳其跟沙烏地的差別所在。

我們不必批判沙烏地，畢竟每個國家都有自己的狀況，外人再怎麼不同意，也不能用旁觀者角度來指指點點。我們反而要注意的是主流輿論的雙重標準。像是美國誓言要讓全世界民主化，到處消滅非民主國家，但事實是有民主制度的伊拉克被消滅，有選舉制度的伊朗與敘利亞被列入邪惡國家的行列，反而以王室掌政的沙烏地卻不受任何制裁，以色列對巴勒斯坦的暴行也沒有什麼問題。一切只是看各國立場跟美國相不相同。

近年來土耳其與俄羅斯、伊朗越走越近，由於俄伊都是美國的對手，國際輿論自然得以無止盡地批判土耳其了。此外，無論沙烏地往後政策有沒有符合西方價值、有沒有民意基礎，只要石油利益仍在，一樣會是美國在西亞地區的好友。土沙兩國的未來是否走向分叉路，一切就端看他們與美國的關係。

第三章　葉門內戰的發展與反思

阿拉伯與西方對峙下的葉門問題

談到葉門，人們應該都會想到這幾年遜尼派政府與什葉派反對勢力的內戰，以及遜尼派的沙烏地與什葉派的伊朗的干涉。但有一點值得探討：教派衝突會是事件的本質嗎？而且，葉門問題在上個世紀就已經有很慘烈的「前傳」了，這也是宗教所導致的嗎？前傳與後續的發展有什麼樣的關聯呢？

葉門地區早期即有什葉派的勢力，在近代是鄂圖曼的領土。當英國逐漸掌握海洋貿易時，葉門處於阿拉伯半島最南邊、紅海與阿拉伯海的交叉口，自然受到關注，一八三九年葉門南部的亞丁（Aden）被英國占領。而英國在十九世紀下半葉占據了亞洲的海上貿易，也在埃及的蘇伊士運河擁有大量股份，該運河成為英國從東地中海通往紅海及東方海域的捷徑，南葉門當然就更是英國不可能放棄的地區。

一次大戰後的鄂圖曼屬於戰敗國，不僅沒機會討回亞丁，還失去了葉門地區的宗主權。之後阿拉伯半島內陸的紹德家族開疆拓土，當南下拓展至葉門北部時，便遭遇到什葉派勢力的抵抗。雙方僵持不下，便於一九三四年劃分界線。

同時，英國在阿拉伯地區占領了伊拉克與外約旦，扶植爲先知穆罕默德後代哈希姆家族的勢力，而哈希姆與紹德兩大家族在阿拉伯半島本是競爭對手，故紹德家族相當關注這兩個北方敵手的動靜，也試圖抵制英國的壓力。在沙烏地建國之後，適逢美國在西亞地區找尋石油工業發展的合作對象，兩國就此一拍卽合，阿布杜阿齊茲國王與羅斯福總統在二戰期間也有進一步的接觸。

二戰結束後，西亞地區反西方勢力的浪潮比以往更大，特別是對英國的反彈，埃及便是代表國家。一八八二年後埃及遭英國占領，蘇伊士運河、紅海、亞丁的貿易都爲英國掌控。一九五二年七月埃及軍人納奎布（Mohamed Naquib）與納賽爾發動政變，推翻了舊王室與政府，接著就是要將英國勢力趕出埃及，成爲一九五六年蘇伊士運河戰爭爆發的背景。一九五四年之後擔任埃及總統的納賽爾，彷如阿拉伯世界對抗西方帝國主義的英雄人物，「納賽爾主義」蔚爲一股風潮。在反英的氣氛下，葉門地區也有納塞爾主義者，例如在亞丁成立「自由葉門運動」（Free Yemeni Movement），目的就是要抵抗英國勢力，但隨卽遭到鎮壓。

沙烏地此時忙著關注北方的兩個哈希姆王室，但國內的納賽爾主義者也是動搖紹德王室政權的隱憂，使得沙埃關係漸趨緊張。儘管雙方都有英國這個共同敵人，但沙烏地與美國靠攏，也受到納賽爾的極力批判。自一九五五年起，英國主導中部公約組織，用意雖是圍堵北方蘇俄共產勢力，但納賽爾認爲美蘇冷戰的氣氛分裂了阿拉伯世界，對參與該組織的阿拉伯國家伊拉克更是不屑。

同時，敍利亞自五〇年代以來也反西方帝國主義，自然與埃及密切合作。埃敍都有一統阿拉伯世界的意願，遂於一九五八年年初談成合併方案，組成了「阿拉伯聯合共和國」。然而這看似偉大的鴻圖，卻不見得人人都願意如此。其實納賽爾本不願意合併，在敍利亞勸說之下才勉強同意，但問題是敍利亞內部也有不少人反對。當納賽爾強調要以埃及制度爲主、官員任命也以埃及人爲多數時，就更加強敍利亞反對勢力的不滿，最終導致一九六一年埃敍決裂。對納賽爾來說，結合敍利亞雖非初衷，但此刻的分裂也象徵他追尋阿拉伯世界團結的挫敗。沙烏地國王紹德看到納賽爾的窘態，立卽見縫插針，承認敍利亞的獨立運動。

納賽爾急需能夠提高聲望的機會，正巧一九六二年葉門北部支持納賽爾主義的軍人阿布杜拉薩拉勒（Abdullah Salal）對當地什葉派勢力發動政變，納賽爾立卽全力支持，也迫使什葉派教長穆罕默德巴德爾（Muhamed al-Badr）逃至沙烏地尋求協助。對沙烏地的紹德國王來說，介入葉門問題，得以讓沙烏地的勢力突破一九三四年與葉門劃分勢力範圍的侷限，也有與納賽爾在阿拉伯世界一較高下的意涵。

至此，可看到上個世代的葉門問題，英國、沙烏地與埃及扮演了主要角色。什葉派與沙烏地之間的問題不在教派衝突，而是勢力範圍的爭奪。而埃及與沙烏地同爲遜尼派，卻對美蘇冷戰有不同的立場。各方勢力的爭奪與對峙，才是葉門問題的本質。到了下一階段，葉門問題又有新的角色與發展值得關注。

冷戰氛圍下的葉門問題

二十世紀下半葉，南北葉門的發展受到濃厚的美蘇冷戰氛圍影響。一九九一年蘇俄瓦解，國際局勢爲之一變，原本主導葉門局勢的要角都一一換掉，也影響南北葉門走向統一之後的局面。然而葉門問題依然爲西亞及國際強權所箝制。

一九五五年英國主導的中部公約組織成立，另一方面反英、反西方的埃及與蘇俄合作，兩大陣營在西亞展開冷戰對峙。葉門北部向來是由什葉派教長主導，不同於近現代多數地區走西方共和路線的制度。一九六二年教長阿賀馬德（Ahmad）去世後，其子穆罕默德巴德爾卽位，但支持納賽爾的阿布杜薩拉勒上校試圖推翻教長統治的型態，葉門內部產生分裂。

同年九月，阿布杜薩拉勒在埃及協助下，建立了阿拉伯葉門共和國（Yemen Arab Republic，下文寫作「北葉門」），沙烏地則承認穆罕默德巴德爾的政權，協助他抵抗阿布杜薩拉勒。在埃沙兩國的介入下，雙方隨後開啟北葉門內戰。遜尼派的沙烏地協助什葉派的穆罕默德巴德爾，說明教派不同並不是問題；只要雙方的對手都是納賽爾，就有合作的可能。

然而，阿布杜薩拉勒的政權並不穩定，不少反對勢力拒絕認同共和政體，這讓埃及軍隊在北葉門的行動滯礙難行。至於沙烏地，背後的大老闆美國此時陷入越戰中，故甘迺迪總統（John F. Kennedy）只願扮演埃沙之間的和事佬，而且較傾向與納賽爾對話，試圖中斷埃及與蘇俄的關係。不過，六〇年代後期埃蘇關係已不若以往緊密，一九六七年阿以戰爭爆發，減緩了埃及對葉門的關注，之後的慘敗更讓埃及轉變態度，一九七〇年上任的埃及總統沙達特與美國出現合作態勢，對葉門的影響力漸小。這樣的變化讓沙烏地鬆了一口氣，更得以擺出高姿態，要求埃及從葉門撤軍，成功拉攏北葉門。下一個目標，就是葉門南部、英國占領的亞丁地區。

然而，此時英國也面臨亞丁的抗爭問題。英國自二戰後國力衰退，海外的影響力漸弱，一九六八年終於同意亞丁地區獨立，建立南葉門人民共和國（People's Republic of South Yemen）。但在欠缺英國各項資源的情況下，國家陷入權力真空的問題。此時蘇俄趁勢主導，在一九七〇年成立了具社會主義色彩的葉門民主共和國（People's Democratic Republic of Yemen，下文寫作「南葉門」）。這在沙烏地眼中看來，就像顆壞了一鍋粥的「老鼠屎」。做為美國資本主義在西亞的盟友，自然要動搖這個立場不合的社會主義政權，進而統一葉門。

七〇年代之後，西亞局勢出現很大的變動。首先是南北葉門之間的對話，一九七二年的《開羅協議》（Cairo Agreement）針對葉門的統一進行討論。二是一九七三年埃及再次與以色列交戰失利，促使一九七八年的埃以和談。三是北葉門的薩利賀（Ali Abdullah Salih）政府成立，這個新政府瞭解北方沙烏地有統一葉門的企圖，只有向美國靠攏才能生存下去。四是一九七九年伊朗革命，反美的何梅尼掌握政權，伊朗一反先前立場，轉而走上對抗西方之路。五是蘇俄在一九七九年入侵阿富汗，此後陷入無止盡的人財耗損，致使一九八五年掌政的戈巴契夫決議停止對阿富汗的戰爭。六是一九八〇年到八八年的兩伊戰爭，美國、伊拉克、沙烏地的軍事合作，強化了阿拉伯半島到兩河流域地區的連結，葉門這個半島末端的小區域反被邊緣化。

南北葉門的局勢深受上述變動影響。蘇俄不僅要退出阿富汗，連帶對南葉門的關係也趨於淡薄，以致於一九九〇年五月談成了南北葉門的「統一大業」。過去葉門地區因英國而分裂，後因冷戰而對立，一九九〇年的統一更非你情我願，畢竟南葉門的靠山蘇俄已經式微，南葉門無法單獨面對有美方支持的沙烏地與北葉門。一九九一年年底蘇俄解體，國際局勢完全由美國掌握，沙烏地更成爲半島上的霸權。

然而，過去南北葉門的各方勢力跟鄰近的強權，並非全都心甘情願接受統一的結果。在一九七九年之後，伊朗與埃及角色互換，前者原本與美國友好，轉變爲反美國家，後者情況則正好相反。也因爲伊朗的反美立場，以致於伊朗與沙烏地走向對立態勢。於是，一九七九年之後當葉門有任何風吹草動與美沙兩國有關時，就會看到伊朗站在對立的那一面了。

附帶而來的沙烏地與伊朗之戰

九〇年代冷戰結束，南北葉門也剛統一。以往美蘇兩國對葉門問題都有影響力，但九〇年代只有美國。而阿拉伯半島的霸權則是美國的夥伴沙烏地。其實，要探討葉門問題生成的本質，就在於對抗沙烏地與美國的霸權；不管有沒有統一，任何發展都只是對抗沙美霸權的附帶現象。

統一這種話可以說得很簡單，就是一九七二年南北葉門《開羅協議》所說的：「一個總統、一個首都」。但問題是，長久以來各自發展的兩個個體，要如何成為一個？就算過去變成兩個是外來壓力所導致的，但要弄成一個，「誰要當老大」就成了問題。而這個「老大」需要面對的不僅是內部管理問題，還有原本就存在的複雜對外關係。

不只是南北葉門，在冷戰期間對立的還有東西德、南北越，以及南北韓。雖然東西德一開始形成時就以不武裝為前提，也使得兩德之間沒有戰爭，在一九九〇年可以看似和平地統一，但迄今人們還是感受得到仍有東西兩德的「幽靈」存在。而南北韓與南北越皆擁兵自重，要找到對談甚至統一的基準點，更是不可能。北越因實力堅強，在七〇年代中葉後能夠擊敗美國、統一南越，但南北韓的問題始終沒有結果。當然誰都不想嘴砲，但事情真的沒那麼簡單。

一九九〇年五月，北葉門領導人薩利賀成為統一之後的葉門總統。但伊拉克旋即攻打科威特，鄰近的沙烏地很可能被戰火波及；在反對伊拉克、加強自我防禦的情況下，沙烏地與美國的軍事合作更加密切。然而薩利賀此時卻表示中立，還希望沙烏地與伊拉克進行協商。沙烏地認為這個統一的葉門好像翅膀長硬了，不聽話了，便開始祭出經濟制裁，這立即造成了葉門動盪。此外，薩利賀與副總統阿里薩利姆巴伊德（Ali Saleh al-Bayd，來自於南葉門）不合，巴伊德在一九九三年離職，隨後回到南方亞丁集結他的同溫層。

南北葉門本沒有「統一」的先例，畢竟以前該區塊原是鄂圖曼領土，爾後各自發展，分屬不同立場的陣營，更曾相互對立。統一，其實是「創造」出來的「傳統」。就算雙方當權者在特定情勢下決定統一，但也難以保證南北葉門上上下下、男女老少、各派鐵桿粉絲與中間選民都百分之百地認同統一。哪怕只是一丁點人不認同，都可能構成分裂的因素。就在內外問題逐漸浮現的情況下，葉門爆發了一九九四年五月的南北內戰。巴伊德在南方建立「葉門民主共和國」（Democratic Republic of Yemen），獲得沙烏地的支持，雖然短短兩個月就被薩利賀政府擊敗，但南北對峙的情形至此沒有平息過。

儘管在這場內戰中沙烏地與葉門政府處於敵對狀態，但隨後薩利賀對沙烏地表達善意，畢竟面對這個北方霸權，態度過於強硬絕對吃虧。在二〇〇一年九一一事件之後，薩利賀也向美方表示支持「反恐戰爭」（War on Terror）。種種舉動，都讓一九六二年北葉門政變後降爲地方勢力的什葉派人士極爲不滿，批判政府向沙烏地及美國靠攏，居住在葉門北方薩達省（Saada）的宗教人士巴德爾丁胡塞（Badr al-Din al-Huthi）就是其中的代表。反對薩利賀的氣氛，在二〇一一年北非所謂阿拉伯之春（Arab Spring）運動之後燃燒得更加旺盛，胡塞一派也與諸多反政府勢力密切合作。隨後葉門的哈迪（Abdrabbuh Mansour Hadi）

政府成立，仍舊與胡塞組織相互對峙。

一九七九年以後的伊朗，逐漸在葉門問題中成爲重要角色。由於精神領導人何梅尼的反美立場，連帶導致伊朗與沙烏地之間的關係陷入緊張狀態。其實伊朗的對外關係並非沒有彈性、並非只有反美立場，像九〇年代以來的兩任總統拉夫桑賈尼與哈塔米，都致力於讓伊朗重返國際這個大家庭。然而，二〇〇二年美國將伊朗與北韓、伊拉克都列爲「邪惡軸心」，看來以美國爲首的國際大家庭並無意讓伊朗加入。國際輿論主要反映出美國的觀點，只要反美，就是難以在國際生存的「原罪」。

前述的情況也反映在葉門問題上。當胡塞組織成爲葉門北方的勢力、哈迪政府轉往南方、又再次形成南北葉門對戰之後，沙烏地協助哈迪政府，伊朗也就理所當然地聲援胡塞組織了。沙烏地與伊朗的對立，本就是因爲兩方對美立場不同的關係，只是正好胡塞組織是什葉派，沙烏地是遜尼派，才讓人認爲這一切都是什葉派與遜尼派相互對抗的宗教問題。

葉門問題的反思

目前葉門戰爭沒有和緩的趨勢。輿論指出，沙烏地阿拉伯與伊朗這兩個西亞死對頭在葉門進行代理戰爭（proxy war），西亞局勢的走向會如何，就看沙伊兩國了。也有美國學者說到，唯有沙烏地與伊朗和談，才能夠解決問題。然而，許多衝突就如同打開後的潘朵拉盒子，即使蓋起來也於事無補，還會衍生出更多的問題。這些不單是西亞國家之間的糾葛，多半都是西方強權主導局勢下的產物。

葉門的戰爭沒完沒了，人們可能也都懶得去瞭解到底是什麼樣的問題。最明顯的面向，就是伊斯蘭什葉派與遜尼派的衝突。沙烏地（遜尼派）與伊朗（什葉派）各自支持同派別的勢力，變成兩大西亞強權自己不打仗，而是在葉門內戰中投入更多火力，葉門反抗軍還直接發射飛彈攻擊沙烏地。

然而如前面所述，當下葉門的內戰，並不單純只是教派的衝突。近代葉門的發展史既受英國殖民的影響，也受美蘇冷戰的影響。南北葉門從冷戰時期的對立，到九〇年代的統一，隨後又爆發內戰。這些問題不斷延伸擴大，各時期的轉折都讓南北葉門不能像童話故事那般，走向幸福快樂的日子。

聯合國的戰爭調查報告顯示，葉門反抗軍的飛彈「來自伊朗」。這樣的說法無論是否屬實，閱聽者大概也不太會動手動腦去追查資料來源，反正伊朗國際形象很差，所有的責任都讓它擔也不會有人同情，大家自然而然就相信飛彈來自伊朗。三十多年來，國際輿論都認定伊朗會有核子武器，當然也就有危害世界和平之嫌。無論是不是眞的這樣，反正多數人都買帳，以致於人們一提到伊朗，就認爲那是個很恐怖的國家。

我們可以反問：「反抗軍飛彈來自伊朗錯了嗎？」、「難道沙烏地就不會提供葉門政府軍武器？」、「美國不就是葉門政府軍傷害反抗軍與平民的最大支持者？」同樣地，有關敘利亞內戰的輿論也極爲雷同：無數平民百姓受到戰火摧殘，都該歸咎於敘利亞的巴夏爾阿薩德政府，但不太會有人對主流輿論提出反問、質疑，不太會有人思考「反阿薩德的勢力到底在反什麼？」、「難道新聞畫面中的死傷民衆全都是反抗軍造成的？」「以美國爲首的聯軍不就是造成傷害的罪魁禍首？」換句話說，美國暗中挹注資金在西亞的戰爭都是替天行道，但像伊朗或敘利亞這樣不受主流國際社會認可的國家，即使沒做事也會被塑造成恐怖行動的推手。

葉門內戰的問題，背後是西亞兩大國家沙烏地與伊朗的對立衝突。美國學者認爲外交協議可以做爲解決方案，實在太過於理想化。當然人們也可以反思，沙烏地與伊朗何必和談？沙烏地與伊朗何必一定要合作才能解決問題？大家都有不同的立場，若都像平行線一樣沒有任何交叉的可能性，那要以什麼條件做爲和談的基礎？

就算沙伊願意和談，在談判桌上必然又會是另一場戰爭。沙烏地與伊朗是兩個波斯灣地區的重要大國，葉門內戰等於是沙伊在西亞霸主的爭奪戰。輿論特別強調這兩國關係走向攸關二〇一八年的西亞局勢，考量的不僅是石油利益問題，也是美國在這區域能否維持優勢的問題。無論沙伊兩國之間有無教派衝突，核心問題就在於美國對西亞的介入。沙烏地與美國關係緊密，伊朗與美國對立，沙伊交惡不會是宗教問題，而是政治利益的問題。美國不會願意失去在這區域既有的優勢地位與話語權。

當然，我們無法不負責任地說，只要美國離開西亞，一切就會沒事。但近現代西方強權介入後，確實造成了至今都難以解決的問題。就如同伊斯蘭國的出現，一九一六年英法兩方以《賽克斯－皮科協議》恣意劃分勢力範圍一事就難辭其咎。伊斯蘭國聲稱要粉碎這個協議所畫出的板塊，絕對也是因爲該協議在這百年間造成了許多無形的傷害，對外人來說無傷大雅，但對當地人來說那是深仇大恨。也如同阿拉伯與以色列的衝突，原本可能平靜無事的地方，卻因爲英國執意讓歐洲的猶太復國主義者移居巴勒斯坦，擠壓阿拉伯人生存的空間，才讓原本平凡無奇的兩個族群，變成衝突不斷的西亞問題。

許多事情發展到最後，複雜到很少有報導、研究去探索事件的本質與意涵，畢竟一切都已經變樣。很多智庫、學者、理論大師都可以提出一套模式、論述，做爲解決問題的參考依據，但從歷史發展的脈絡來看，許多問題是沒有解決方案的。各方勢力的仇恨、對立及衝突，都如同地殼的形成般，一層一層的泥沙與岩石不斷堆積上去。很多事情的後續影響不見得立即出現，但很可能會在幾十年、甚至百年之後爆發出來。

第四章　西亞的政治正確，創造中

伊朗的政治正確

二〇一八年三月，伊朗總統羅哈尼出訪亞塞拜然，受到相當熱烈的歡迎。雙邊的石油合作關係，必然會是往後裏海區域的重心。同時，土庫曼總統也表示，維持對伊朗緊密關係具有相當的重要性；巴基斯坦也有類似言論，認爲與伊朗靠攏有助於區域安全。可見，伊朗已經具備了區域發展的主角氣場。

一九七九年伊朗革命之後，新成立的伊斯蘭共和國的對外關係出現許多新的狀況，一是對美斷交，二是蘇俄入侵阿富汗，隨後伊朗精神領導人何梅尼主張「不要西方、不要東方、只要伊斯蘭」，就是爲了脫離美蘇冷戰的箝制。後來學者拉姆薩尼（R. K. Ramzani）的論文有提到，在注意伊朗的「東西」（對美、對俄）外交時，還需要注意「南北」關係；也就是說，伊朗的對外關係不是只有對美蘇可以觀察，對其他國家也值得探討。

確實沒錯，伊朗的對外關係向來都有多方發展。然而近代以來的西亞局勢，先是受到英俄兩國「大博弈」的南北夾擊，再來是美蘇冷戰的南北壓力，以致於其他面向鮮少有人理解。但伊朗自始至終都在找尋突圍的機會，例如十九世紀末卡加王朝與統一的德國簽署友好條約；也有一九三七年伊朗、土耳其、伊拉克、阿富汗簽署的《薩阿德阿巴德條約》，尋求西亞國家之間的合作；但也有如二戰時期伊朗因爲表示中立、不願與德國交惡，最後遭到英蘇兩強占領的例子。在那個時代，伊朗要向哪一國靠攏、有什麼發展，儘管是幾經考量後的正確決定，但對當下局勢而言，只要伊朗「可能與德國靠攏」，就是「政治不正確」。直到一九四六年蘇俄拒絕從伊朗撤軍，致使伊朗首相將這起糾紛告到聯合國，成爲美蘇在聯合國的首次對峙之後，往後伊朗才成爲美國陣營的一分子。伊朗選擇與「自由世界」爲伍，自然就「政治正確」了。

然而，一九七九年革命後的反美浪潮，又讓伊朗再度「政治不正確」。該年底發生的美國人質事件象徵伊朗內政外交的重大變局，表示美國的壓力對某些伊朗人來說已經忍無可忍，更何況才剛被推翻的巴勒維國王竟然還想入境美國。何梅尼的「不要西方、不要東方」，並不代表他以及一票支持者極端排外封閉，也不代表伊斯蘭有多麼激進，而是美蘇冷戰對世界局勢發展的箝制，已經醜陋地讓人不願再認同。回過頭來重視自身價值觀，才是伊斯蘭該走的路線。譬如一九五六年埃及總統納賽爾靠著蘇伊士運河戰爭，成爲阿拉伯人的大英雄，一九七九年以後的伊朗何梅尼不用發動戰爭就讓美國頭痛，而且就這樣頭痛了將近四十年。從伊朗伊斯蘭共和國的角度來看，跟著美國走才是「政治不正確」。

當然，伊朗並不是完全仇視美國。從往後伊朗時常對美國及主流國際社會釋出善意來看，可見伊朗的對外政策仍有調整空間。何梅尼以來的伊朗，一直都在致力創造「政治正確」。一九八五年，何梅尼強調著「世界就是一個家庭、一個城市」（The world is like a family, one city），比起幾年後美國政治學者杭廷頓的「文明衝突論」那種唯恐天下不亂的言論更值得讚賞。而一九九七年選上伊朗總統哈塔米提倡「文明對話」，也比幾年後美國總統小布希將伊朗、伊拉克、北韓列入「邪惡軸心」來得有格調。很可惜的是美國掌握了國際輿論，以致於任何與其對立的國家，就如同下了十八層地獄一樣不可能翻身。人們會追著那些美國言論跑，卻忽視這世界有不同的區塊、不同的立場，都有各自存在的價值，也都有深入瞭解的必要。

近年來俄羅斯與伊朗關係靠攏，已經打破過往冷戰時期伊朗在所謂自由世界對抗共產勢力的狀態，也不同於更早之前大博弈時期俄國掐住伊朗咽喉的危險局面。不只如此，伊朗與土耳其、伊拉克、敍利亞、阿富汗、巴基斯坦的關係越趨緊密，儼然成爲西亞區域的中心，組成了一個不同於美國立場的團隊，而且都致力於促進區域、甚至世界的和平。當然，這個「和平」不同於美國觀點的「和平」。在雙方逐漸勢均力敵的情況下，誰比較有「政治正確」的意涵，就看誰在往後勢力爭奪的情況下能屹立不搖。如果先倒下的是美國，未來美國路線就會成爲人人喊打的「政治不正確」了。

當然，往後的局勢其實無法預料，畢竟伊朗伊斯蘭共和國從一九七九年至今也才四十多歲而已，要創造出可以成爲世界認可的「政治正確」，也不可能在這時代就達成，往後外在環境的變遷也得對伊朗有利，才有機會讓既定路線繼續穩定下去。但至少以眼下西亞與中亞區域的發展態勢來看，下個時代世界局勢的開創，伊朗必然會是主角。

土耳其的政治正確

原訂二〇一九年十一月舉行的土耳其國會選舉，現任總統艾爾多安卻在二〇一八年四月宣布要提早一年，連同總統選舉一起舉行，其後如願當選。艾爾多安政府在經歷二〇一六年七月軍方不成功的政變後，頒布了緊急國家法（The emergency law），壓制國內外對政府不利的言論，許多人因而鋃鐺入獄。在這次選舉後，總理職位將被廢除，總統決定政策不必經由國會批准。艾爾多安的權力大幅提升，許多輿論認爲如今他的權力有如一百年前的凱末爾。

然而，總統權力很大，那又如何？主流輿論都在塑造一個觀念：「一國領導人獨攬大權，就等於社會大衆沒有自由。」從艾爾多安近年的經歷來看，二〇一六年的軍事政變是一次政治權威被顚覆的危機，更關係到他的生命安全。接下來他大力整肅異議分子，這也不讓人意外，過程之中必然會波及無辜者。以主觀角度來看，當然值得爲受害者聲援，艾爾多安也該受到批判；但以整體局勢來分析，很多讓人不滿的現象，卻是艾爾多安穩定局勢的必要手段。任何一個人處在同樣的情況下，都會是如此反應。

再者，主流輿論不太批評凱末爾；但一樣擁有權力，艾爾多安卻被罵到臭頭。在一九二三年鄂圖曼被西方強權肢解的局勢下，凱末爾催生了土耳其共和國，接下來的西化變革又頗有成效，諸如人民的服裝、文字書寫的模式、國家發展的制度一概西化。儘管鄂圖曼的瓦解不堪回首，但凱末爾終究帶領大家擺脫了這段過去。凱末爾於一九三八年去世，執政時間僅十五年，留下了燦爛的身影，也因此幸運地獲得相當高的歷史地位。但並不代表歷史就該這樣看待。在凱末爾執政之下，必然有很多人權益受損，也必然有很多人反對凱末爾的人犧牲了生命。例如艾爾多安這樣有宗教背景的人，過去就受過凱末爾的壓制。只是因爲凱末爾走國際間喜愛的所謂進步與開放路線，所以歷史評價也特別好。假設凱末爾並未在一九三八年去世，而是執政了超過三十年，或許會開始面臨反對勢力的挑戰，那他的歷史評價還會一樣好嗎？

回溯多年前，艾爾多安其實獲得了滿多肯定評價，土耳其的世俗化與艾爾多安的伊斯蘭宗教背景不會格格不入。當二〇一三年塔克辛廣場的抗爭事件出現，加上艾爾多安越發獨攬大權，讓許多人對他失望，也開始在國際間出現負面形象。可是，這些對艾爾多安不友善的聲音，並不能代表整體土耳其社會的立場。對於支持艾爾多安的人來說，特別是宗教背景濃厚的社群，他們在過去所謂的世俗政府時期屬於邊緣社群，現在艾爾多安等於是為他們發聲。

至於艾爾多安對媒體、輿論的控制，在很多人眼中看來並不是什麼重大的事情。政治人物本就如此，就算主張權力下放、還權於民，也都是鞏固自身勢力的口號，背後有著權謀運作。基本上，沒有誰比較高尚。更何況艾爾多安並非支持度很差的總統，代表他的執政一定有其正當之處。儘管輿論指出如今土耳其的經濟狀況很差，庫德族問題沒有解決，又得顧及敘利亞動盪所帶來的影響，但換別人做，土耳其的發展就會不一樣嗎？經濟發展就不會再受西方排擠嗎？進入歐盟的可能性就會提高嗎？對庫德族的態度就會有所轉變嗎？

在今日，大家都不喜歡長期執政的政治人物。好像每隔幾年換人做做看的制度，是這個時代大家普遍接受的。然而領導人經常替換，對國家發展其實並非好事，若又是不同政黨交替執政，許多政策很可能就這樣停擺或被推翻。長久當家、大權在握的領導人並不等於社會民眾不自由，也不等於國家發展受阻礙。像美國這樣所謂民主、總統每四年換人做的國家，社會風氣也不一定比別的國家自由。再加上美國沒有遭遇過外力侵襲，頂多二〇〇一年的九一一事件可以算數，但也不像西亞各國那般長期挨打。而且美國在兩次大戰之後登上世界強權的地位，都是在打別人，從不見哪個國家直接對美國動手。在幾乎半個世界都走「美國化」的路線時，美國價值當然不會受到批判；即使有批判，也不會是主流。

總而言之，現在的艾爾多安成了不受歡迎、不讓人信任的國家領導者。但這些評價，只是端看人們站在哪個立場罷了。值得關注的是，這個插播的總統進行曲，讓艾爾多安至少可執政到二〇二三年，正好是凱末爾建立土耳其共和國一百週年。或許艾爾多安早有預先計畫在那一年提前總統選舉，並在土耳其共和國一百週年時來個大肆慶祝活動，搞不好還能順便再上演一場總統連任大戲。

非民主的埃及與土耳其

近代以來的世界充滿濃厚的民主氣息，許多國家都在比誰的民主最完善。多數人也將民主視爲唯一可行的政治制度，「民主」成爲一把量尺：當別的國家政局不合那把尺的長度時，就一律評爲「不民主」，也不會去探討這是否跟歷史發展與近期狀況交錯縱橫的影響有關。二〇一八年土耳其的艾爾多安當選總統，可能長期執政，同年的埃及總統選舉則出現參選人一一「被消失」的情況，兩國領導人都成爲阻礙民主的衆矢之的。在這個時代，這些情況當然是罪不可赦，但未必完全是這些執政者的責任。

上個世紀初期，當日本在一九〇五年擊敗俄國後，彷彿是浴火重生的鳳凰一樣成爲亞洲西化的典範，也成爲俄國的仿效對象。制定憲法，成爲俄國在一九〇五年進行變革的重要方針。這引起了連帶效應，伊朗的立憲運動如火如荼地進行，中國也有一樣的運動，沒多久一九〇八年鄂圖曼也制訂憲法。假設立憲是通往民主的要件之一，又假設民主是讓國家富強的既定道路，那亞洲地區確實也都在充滿希望的發展路線上。只是民主向來就沒有統一面貌，而且也不是一蹴可幾，在二十世紀初期連歐美地區都沒有幾個民主國家的情況下，亞洲地區要怎樣民主，沒有人知道。

以二十世紀土耳其與埃及的情況來看，這兩個國家過去都是鄂圖曼的領土，也都在西方的壓力下致力走出自己的路。土耳其的領導人凱末爾試圖以西化的方式來提升國家地位，降低以往的伊斯蘭特色，表現脫亞入歐的企圖心。凱末爾以軍人身分擔任總統，雖未讓軍方凌駕政府，而且後來土耳其走多黨制路線，但一九六〇年之後軍方卻有能力處理內政不善的問題，展現出崇高的權威。

儘管近年來非軍方的艾爾多安逐步掌握政權，但沒多久前才有一次軍方企圖動搖艾爾多安政府的行動，代表軍方的政治影響力尚未完全消逝。艾爾多安沒有因此下台，但對他來說絕對有必要以強硬手段來對應這樣的情況，不僅要打壓軍方，更要擴大壓制任何可能的反對勢力。這是艾爾多安維持自身權益的掙扎，表面上不合乎主流標準的民主，卻是他此時必要的作爲。

相較於土耳其，埃及的軍事影響力更加深遠。在十九世紀初期，穆罕默德阿里就以軍方身分擔任領導人了。其他例如一九二八年成立的穆斯林兄弟會（Muslim Brotherhood）一直想要取得政治權力，也不爲軍方所接受。除了影響力更深之外，埃及軍方對西方也有著與土耳其截然不同的觀感。五〇年代的納賽爾總統時期展現出反西方帝國主義的企圖，更發動對抗以色列的戰爭，完全沒有意願加入西方陣營。即使之後的沙達特總統與以色列和談，也不再與美國對立，但軍方執政的政治形式，仍會讓主流輿論批評埃及並非民主國家。

二〇一一年出現阿拉伯之春，穆斯林兄弟會的穆爾西（Mohamed Morsi）在隔年當選總統，也是埃及首次由人民選舉出來的總統。看似埃及終於可以走上「民主」的軌道，但事實卻是穆爾西極力剷除異己、打擊軍方，最後引來軍方及其支持者的反擊，一年內穆爾西被迫下台。隨後軍方的塞西（Abdel Fata al-Sisi）當選總統，對待穆斯林兄弟會或其他反對勢力，當然就祭出比以往更加嚴厲的打壓手段。同樣地，塞西未嘗不想留下歷史美名，但鞏固自身權力是最急迫的工作，無所不用其極是很正常的。

從主觀立場來看，土耳其與埃及的狀況當然值得批判，被波及受迫害的各階層人士也都值得聲援。然而政治的現實就是如此。無論是哪一種制度，不同立場、黨派的執政者都會想盡辦法壓制對手，即使是美國這樣的民主國家也是。換句話說，在政治之中沒有「異言堂」，只有「一言堂」。就像早期常看到「少數服從多數，多數尊重少數」的標語，大家雖有不同意見，但依然相互尊重，往一致的方向前進。可是實際上，又有什麼「少數」願意服從「多數」？又有哪些「多數」想要尊重「少數」？到最後，民主的意涵就是一種多數暴力。表面上看起來有共識，實際上很多人的聲音都被壓制。

綜上所述，無論是埃及或土耳其的「不民主」，都是歷來政治運作的慣性，再加上近期的劇變而出現的產物。這些情況在這時代受到批判，但其實只是歷史發展的必然過程。換個角度來看，每個國家的民主都有個別特色，又能用什麼標準來區分誰民主、誰不民主呢？

從西亞建構西亞視角

一九八四年美國漢學家保羅・柯文（Paul Cohen）於《在中國發現歷史：中國中心觀在美國的興起》（*Discovering History in China: American Historical Writing on the Recent Chinese Past*）一書裡，提倡研究中國歷史應建立「中國中心觀」（China-centered Approach），不再只是以西方立場與視角來看中國的發展。不過柯文承認，「這樣的目標確實還很難達成。」無論今日「中國中心觀」有什麼樣的發展，但其實研究西亞，也應該建立「西亞中心觀」的態度。固然今日西方觀點仍是主流觀點，人們仍是以西方框架下的「自由」、「人權」等觀念來看待西亞，以美國爲首的西方世界仍對西亞造成壓力，但是否可嘗試調整，從西亞角度來觀察西亞，建立一個較爲「西亞」的西亞觀呢？

何必談伊斯蘭與暴力？

伊斯蘭國是近年來西亞地區最大的話題，伊拉克、敍利亞、土耳其都受到波及，西方國家也在思索該如何解決這樣的勢力威脅。在隨處可見的短片及報導之中，伊斯蘭國的殘暴手段一幕幕映入眼簾，許多輿論都在質疑：這些穆斯林到底怎麼了？一定會有人問：「伊斯蘭信仰爲何如此暴力？」、「伊斯蘭的『聖戰』究竟代表什麼意涵？」而像二〇〇五年法國的《查理週刊》（*Charlie Hebdo*）因污辱先知穆罕默德而遭穆斯林掃射週刊辦公室，更讓人們覺得穆斯林爲何不接受外界對伊斯蘭所開的玩笑？爲何如此激進？長久以來的這些疑問，似乎沒人可以回答。

當然，人們可以從介紹穆斯林與伊斯蘭的相關書籍中瞭解到「伊斯蘭」就是「順從眞主」，「穆斯林」就是「順從眞主的人」，而「聖戰」其實跟戰爭沒有必然關係。很多替穆斯林辯護的人也一定會強調他們不是恐怖分子，並舉出歷史上一堆例子來證明其實穆斯林愛好和平。然而，這些解釋對於理解事件完全沒有幫助。越是想要辯護，就越是在「伊斯蘭與暴力」的話題中打轉，討論不出新的東西。畢竟穆斯林的暴力行爲在電視、電腦、報章雜誌上隨處可見，很難不讓人往負面的方向聯想。

另外，英國史家吉朋（Edward Gibbon）的「一手拿劍、一手拿古蘭經」，這一句話不見得有批判穆斯林的意思，但卻成了世人對穆斯林的既定負面印象。無論是否爲媒體塑造的形象，還是學術研究探討的主題，現今都成了穆斯林難以擺脫的罪名。然而，穆斯林就比較暴力嗎？難道基督徒就不暴力？其他宗教信徒就不暴力？從宗教信仰來評判暴力與否並不合適。我們根本就不必談論「伊斯蘭與暴力」這類議題。

當代所見的許多事件，或多或少都有其歷史遠因。自一次大戰後，西方人在鄂圖曼解體後的西亞地區恣意劃分勢力範圍，儘管之後讓當地人獨立自主，卻造成族群的分裂對立，而西方人仍然干涉著各類事務。幾十年來伊斯蘭世界歷經民族主義、社會主義、伊斯蘭主義等運動，爲的是自我發展、抗拒外來勢力，但結果卻只是受到更多的壓力與干擾。西方國家在伊斯蘭世界依然擁有政治、經濟、外交、軍事方面的影響力，西方人動武的頻率與規模更是穆斯林遠遠不及的。

許多衝突不在於宗教，而是有複雜的歷史因素相互拉扯。譬如二〇一四年以來伊斯蘭國的擴張行動，就是對長期以來外在壓力及內部問題的回應。外界只看暴力的部分，卻沒能理解這個迅速擴張的勢力，肯定有其受人認可的動機與目的。至於《查理週刊》事件也一樣，是穆斯林承受長期嘻笑辱罵後的合理反應。固然言論要自由，但若讓人不舒服，就該有所節制。有的人可以開玩笑，有的人不行；這無關宗教，而是待人處世的道理。

現在的我們處於一個西方價值觀盛行的時代，容易缺乏對西方觀點的檢討。當西方人攻打阿富汗及伊拉克，扣下扳機、殺死許多當地無辜平民時，不會有人去批判基督教是否暴力。當美國軍人虐待戰俘時，不會有人討論基督教是否跟心理變態有關。美國以民主之名在伊斯蘭世界動用武力，也不會有人塑造美國人「一手拿劍、一手拿民主」的形象。問題不在伊斯蘭與暴力有沒有關係，而在於人們能否持有公允的立場。

「恐怖主義」時代？

這幾年來，無論在西亞地區或歐洲，各類型的恐怖行動層出不窮。當這個世界進入二十一世紀之後，二〇〇一年的九一一事件可說是開啟了「恐怖主義」（Terrorism）時代。近代以來，西方用語定義了世界的發展特色，例如「帝國主義」、「民族主義」、「殖民主義」；如今，大概「恐怖主義」也成了各地區普遍使用的名詞了。

截至目前為止，「恐怖主義」一詞能在各大頭條登場，應該歸功於伊斯蘭國。近幾年只要西亞與歐洲發生爆炸案件，伊斯蘭國都會跳出來說是他們做的。像是英國境內的「恐怖攻擊」，英國首相梅伊（Theresa May）就強調不會對「恐怖主義」低頭，這些案件也都定調爲「恐怖行動」。但是，爲何英國政府不去思考是不是自己的國家出了問題，才使得有人想要發動攻擊？那可能是國內問題，不見得跟某個不知道在哪裡的恐怖組織有關係。

這些看似犯下「恐怖行動」的民眾，其實也包括英國當地居民。難道只因爲他們不是原籍英國、擁有伊斯蘭信仰的背景，就該將他們定義爲「恐怖分子」、他們的行爲定義爲「恐怖行動」？那樣的結論是不是塑造了「西亞」、「阿拉伯」、「伊斯蘭」就是「恐怖主義溫床」的氣氛？伊斯蘭國宣稱一切都是他們做的，但證據在哪？會不會根本沒做，只是故意這樣說，目的是挖苦嘲諷這些西方國家查到最後鐵定白忙一場？

伊朗裔的英國學者阿迪布摩格達姆在其著作《文明衝突的後設歷史》（*A Metahistory of the Clash of Civilizations: Us and Them Beyond Orientalism*）中提到，他看過一張基督教傳單，內容指出下個世代的英國人將面對伊斯蘭的威脅。英國或廣義的歐洲地區早就跟西亞伊斯蘭世界有密切接觸，穆斯林社群遍布，很多歐洲人從小到大的生活與工作中都有穆斯林，清眞（Halal）食材與餐廳滿街可見。但是，仍然有很多歐洲人在區分「自我」（歐洲人、基督徒）與「他者」（非歐洲人、穆斯林），只要與伊斯蘭有關，就與「激進」、「恐怖」脫離不了關係。很多時候人們不會反思是不是自己的問題，只會一味地將責任推給他人。

可惜的是，「恐怖主義」一詞不見得是歐洲用來形容西亞世界，西亞也用這個詞來批判自己的穆斯林兄弟，也用來劃分你我，例如二〇一七年六月沙烏地阿拉伯等七個國家與卡達（Qatar）的斷交事件，沙烏地就批判卡達長期以來「支持恐怖行動、破壞區域安全」。從報導內容來看，沙烏地認爲卡達協助埃及的穆斯林兄弟會、伊斯蘭國，還與伊朗保持友好關係。然而，其實這些都只是政治立場問題：沙烏地與美國陣營靠攏，而穆斯林兄弟會、伊斯蘭國、伊朗都是美國所反對的勢力。

此外，卡達的半島電台（Al-Jazeera）時常批判沙烏地，若卡達的影響力擴大，持續站在沙烏地的對立面，沙烏地必然感到威脅，也會令美國頭痛。卡達援助穆斯林兄弟會、伊斯蘭國，會不會是莫須有的罪名？但就算有又怎樣？沙烏地一定也有援助任何他們想要接觸的國家或組織，問題就是沙烏地可以做，卡達不可以做。

沙烏地既爲阿拉伯半島的霸權，當然不樂見在半島上有任何「不聽話」的小兄弟。如同葉門的動盪，沙烏地當然要干預，即使葉門在上個世紀就是建立沙烏地的紹德王室難以收服的地區。有意思的是，開啟「恐怖主義時代」的九一一事件，嫌疑人奧薩馬賓拉登就來自沙烏地，而伊斯蘭國是從奧薩馬賓拉登的蓋達組織分立出來。看來今日讓人聞之色變的「恐怖主義」，與沙烏地脫離不了關係。若眞如此，沙烏地這個「恐怖主義」核心國家去批判他人恐怖主義，就頗爲諷刺。更諷刺的是，沙烏地背後的支持者，還是在世界各地「伸張正義、維護和平」的美國。

在此還可以思考一點：杭亭頓提出的「文明衝突論」已很難成爲評斷一切的標準。在「文明衝突論」的思維下，同一文明圈的國家會相互合作，不同文明圈則會相互衝突。但是，就算阿拉伯國家想以「阿拉伯人」、「穆斯林」的群體概念凝聚成單一力量，但外來壓力卻讓這種理想無法實踐。這是國際政治殘酷的一面，利益問題往往割裂了國際關係，那是用任何國際協議、國際法條都無法處理的。西亞世界是這樣，歐美世界亦然。

定義這是個「恐怖主義時代」或許過於誇張，但無論往後局勢如何發展，「恐怖主義」這個詞彙肯定會更頻繁使用。只是不管這些詞彙怎麼使用，上層政治的問題如何發展，最終苦的都是小老百姓。

美國該離開西亞了嗎？

綜觀近年來的西亞局勢，美國總統川普的言論與行動，扮演了相當關鍵的角色（至少在媒體報導中是這樣的）。當然這種情況不是川普統治美國之後才有，而是幾十年來都如此。主流輿論聚焦在美國的政策，忽視西亞的個別性與主體性，甚至妖魔化西亞的形象。

有些問題就因爲美國的關注，而更失去交涉的空間與彈性，反而剪不斷理還亂。伊朗精神領導人哈梅內意曾說「美國必須離開西亞」，儼然美國就是西亞的麻煩製造者。

自上個世紀中葉與沙烏地、以色列建立友好關係以來，美國就逐漸在西亞占據一個位置；奪取石油利益是其一，對抗蘇俄共產勢力則是另一個目的。儘管沙烏地並不認同以色列建國一事，卻因爲雙方都與美國友好，沙以並無明顯的對峙與鬥爭。除了七〇年代石油危機讓沙美兩國關係有所對峙之外，沙、以、美的利益衝突都不似其他阿拉伯國家來得激烈。一九七九年蘇俄打阿富汗，沙美的軍事合作開始緊密，還因此出現了奧薩馬賓拉登這號人物。九〇年代波斯灣戰爭除了影響美國的石油利益，也危及沙烏地北方的邊界安全，沙美兩國就更如影隨形。

美國對西亞的影響，還涉及到地名爭議。當沙烏地一再強調波斯灣不該名爲「波斯灣」，而是「阿拉伯灣」(Arab Gulf) 時，伊朗總批判沙烏地主張「阿拉伯灣」的立場，背後有以色列與美國支持，形同是殖民主義與獨裁暴政。從歷史來看，這個海灣稱爲「波斯灣」，是自西元前六世紀伊朗地區的阿契美尼德帝國就這樣使用了。雖說那時波斯灣對岸的阿拉伯居民稱呼海灣爲「阿拉伯灣」，但阿契美尼德帝國畢竟是主要強權，「阿拉伯灣」這樣非主流的命名也就不可能成爲主流。在這個時代沙烏地主張必須「正名」爲「阿拉伯灣」，除了名字的主權爭奪，也能從中嗅出國際政治的火藥味。背後皆與美國勢力脫不了關係。

不只是地名的爭奪，城市、土地的爭奪都是主權問題。川普宣布耶路撒冷爲以色列的首都，又再次讓以色列與巴勒斯坦的關係出現動盪。一九四八年以色列的建國，始作俑者是一戰時期英國外交部長貝爾福，但讓以色列如此無視於阿拉伯人的，則是美國。耶路撒冷也是穆斯林的宗教聖地，阿克薩清眞寺的重要性並不亞於旁邊的猶太人哭牆。過去就算美國不時有言論指出耶路撒冷是以色列首都，但都沒有像川普那樣大喇喇地說出來。美國的西亞外交本來就不甚高尚，川普的言論與行動更如流氓一般。

如果川普不說這些話，或許巴勒斯坦與以色列就能少一點紛爭。問題就在於，川普這樣的「流氓」言論，嚴格來說不會造成更大的糾紛，畢竟巴以問題本來就沒人能解決，即使多來一點麻煩的言論，也只是在波濤洶湧的局勢中再丟一顆小石頭下去而已。伊朗精神領導人哈梅內意譴責美國憑藉與沙烏地的友好關係，在西亞造成區域衝突，也連帶批判「沙烏地沒有智慧，才會受到美國的欺瞞，伊朗必須負起區域安全的責任，美國必須離開西亞。」如今伊朗與美國的關係就像兩條平行線一樣，不可能交會。

這就像巴勒斯坦與以色列一樣，前者希望後者永遠消失，但後者怎樣都不肯離開。伊朗在一九七九年之前雖是美國的盟友，但之後卻成爲政治對手，至今儘管兩國都有人願意握手言和，但仍沒有任何跡象顯示雙方會將爭議擱置一旁。一九七九年以來伊朗對美外交走入死胡同，反映出世界上有一部分人對美國的觀感不是很好。就算哈梅內意這般譴責美國，但以目前局勢來看，美國主宰西亞甚至世界的發展，仍會持續很長一段時間。

「美國離開一切就會沒事」，雖是部分人士對國際局勢的看法，但這樣的說法終究不夠務實。因爲就歷史的角度來看，其實所有問題都是一層層疊上去的，不可能單純靠改朝換代、強權勢力轉移，就能和緩固有的緊張局勢。從近代以來英國與俄國的「大博弈」，到二十世紀美國與蘇俄的「冷戰」，角色雖然不同，但實際上的發展模式並沒有太大的差異。

有了中亞視角，那西亞視角呢？

有一篇題爲〈重新檢視我們的「非洲觀」：當世上只剩《國家地理雜誌》時……〉的網路文章指出，《國家地理雜誌》所描繪的非洲都是混亂不堪、所謂的「失敗國家」，侷限了大家看待非洲歷史與當代局勢的視野。這些媒體看似深入當地，帶來許多所謂的第一手的畫面及採訪紀錄，對許多觀衆與讀者來說不失爲認識世界的管道，問題在於若這些畫面與言論有特定立場、沒有其他角度的資料可供對話時，反而會形成「單一立場的『世界觀』」。在這樣的情況下，閱讀歷史書籍應可幫助我們建立一些世界觀。

以近年來國內譯介的歷史書籍來說，可以看到有個「中亞視角」趨勢正在浮現。約翰達爾文（John Darwin）的《帖木兒之後》（*After Tamerlane*）便是一例。帖木兒帝國是早期蒙古人在中亞的殘餘勢力，儘管這個帝國在十五世紀初瓦解，但後期的蒙兀兒帝國（Mughal Empire）也與伊朗、鄂圖曼在中亞與西亞地區三強鼎立。即使後來世界發展出現了歐洲帝國主義、美蘇冷戰等模式，廣大亞洲地區的特色與多元性卻沒有消逝。於是，就算近現代的歐美世界頗爲強盛，也不可忽視中亞歷史發展的基礎。

此外，諸如日本學者岡田英弘的《世界史的誕生：蒙古的發展與傳統》、《從蒙古到大清》，以及杉山正明的《游牧民的世界史》、《疾馳草原的征服者》，都展現中亞的重要性，強調蒙古的遺緒是不可忽視的一環。劉仲敬撰寫的《中國窪地：一部內亞主導東亞的簡史》也強調了亞洲內陸的高度文明，東亞的發展反而是以內亞爲基礎。姑且不論這是否稀釋了中國在東亞甚至世界史的重要性，對於讀者建立多元世界觀來說，是相當有幫助的。二〇一一年美國學者高登（Peter Golden）出版的小書《一帶一路：帶你走入中亞的歷史》（*Central Asia in World History*）就強調中亞並非主流觀點下的野蠻世界，可做爲臺灣讀者認識中亞的入門書。

不只是亞洲的研究，其實美國學者對中亞或亞洲內陸的研究也頗爲豐碩。例如拉鐵摩爾（Owen Lattimore）的《中國的亞洲內陸邊疆》（*Inner Asian Frontiers of China*），以及巴斐爾德（Thomas Barfield）的《危險的邊疆》（*The Perilous Frontier: Nomadic Empires and China*）。前者在一九五〇年代出版《亞洲樞紐：新疆與中俄的內亞邊疆》（*Pivot of Asia: Sinkiang and the Inner Asian Frontiers of China and Russia*），提供人們以亞洲內陸爲中心的視角，來看周遭區域發展。二〇一四年美國學者里博（Alfred J. Rieber）出版的《歐亞帝國的邊境》（*The Struggle for the Eurasian Borderlands*）則有相當多帝國邊疆地區的發展概述，有滿大的篇幅討論高加索、突厥斯坦（Turkestan）等地區，也就是鄂圖曼、伊朗、俄國、中國的邊疆。歷史上的許多糾葛，都是在這區塊發展出來的，很多事件都連結在一起。這時候中亞已經不是誰或誰的邊疆，反而像是「中心」一樣，主導著鄰近地區的發展。

上述著作讓我們了解到，看待世界可以有不同的角度。歷史並不可能「蓋棺論定」，反而會隨著不同立場與觀點，呈現令人眼睛爲之一亮的論述。儘管這些書籍並未觸及當代議題，但作者們紮實的研究與樸實的文字，都是讀者獲取知識的最佳途徑。

不過，既然已經有許多的「中亞視角」在臺灣陸續推出，是否也應該有「西亞視角」？儘管從二十年前開始就有不少有關西亞、伊斯蘭的書籍引介到臺灣，二〇〇一年九一一事件之後的相關出版品更如雨後春筍，舉凡宗教、文明、傳統，各種領域皆有，然而歷史部分卻相當稀少。單有伯納路易斯（Bernard Lewis）《中東：自基督教興起至二十世紀末》（*The Middle East: 2000 years of history from the rise of Christianity to the present day*）那類談論大觀念的著作還不夠，還需要有更多專門議題的探討。

這兩年來，有諸多有關西亞議題的書籍中譯本出版，這跟伊斯蘭國的新聞熱度有關。然而，影響當代西亞最關鍵的二十世紀近現代歷史，例如鄂圖曼的崩潰、伊朗卡加王朝的發展、巴勒斯坦問題等等，一百年後的今天都還在發展當中，卻鮮少看到相關作品引介。顯然，要建立「西亞視角」，還有一段很長的路要走。

突破窠臼、轉換視角

綜合本書所有的歷史描述與分析，希望能夠達到破除既定認知、建立新觀念這個「有破有立」的目的。雖然人說「蓋棺論定」，但其實人們對於歷史的看法會因爲不同時代而有不同的解釋。過去受人尊崇的人物，在另一個時代可能會被人唾棄；而同樣的事情，從不同角度來看會有不同的看法，不同區域的人也會有不同的感受。

在衆多西亞議題的描述與分析裡，多以美國與以色列的觀點馬首是瞻，久而久之讀者就會從美以的立場來觀察西亞，進而觀察世界。儘管以美國爲主的國際社會多半標榜言論自由的優越性，但其中還是有些潛規則，以致於有些話還是不能說。這樣的言論自由，實是諷刺。或許國際輿論對西亞的某個議題作了相當多的探討，卻很可能只注重在某一個面向，但那個面向在西亞地區可能只占百分之一的重要性，另外的百分之九十九沒有媒體報導，多數讀者也就難有認識。在這樣的情況下，讀者反而被有特定立場的觀念牽著鼻子走；即使看了很多相關論述，視野卻更加狹隘。

因此，對於既定觀念的反思與批判，便成爲相當重要的工作。以杭士基的著作《失敗的國家：濫用權力與侵犯民主》(*Failed States: The Abuse of Power and the Assault on Democracy*)爲例，他強調「失敗的國家」的定義之一，就是政府失能無法符合民意，今日混亂的伊拉克就是這樣的情況。然而人們沒有注意到，二〇〇三年被美國摧毀的伊拉克，要重建並非十天半個月就能做到，更何況其中有美國扶植的勢力，當地也有衆多派系，即使什葉派人士掌握權力，施政仍是相當顚簸。伊拉克的「失敗」，僅是與美國等強勢國家對照下的相對失敗，並不是絕對的失敗。

不過，美國等「先進國家」必然有不少制度或面向不如伊拉克，若針對任何不完善之處來放大觀察，那美國也會是失敗的國家。喬姆斯基反過來說，美國的諸多行動一再忽略國內民衆意見，甚至不顧國際法規，這樣的國家才是眞正的失敗。二〇〇四年麥可摩爾(Michael Moore)的紀錄片《華氏九一一》(Fahrenheit 9/11)，就針對二〇〇三年美國對伊拉克的蠻橫行爲提出多項證據強力批判；二〇一〇年電影《關鍵指令》（Green Zone）則描述美國政府捏造伊拉克擁有大規模毀滅武器的藉口，整個出兵行動完全沒有合理性與合法性。二〇一九年電影《瞞天機密》（Official Secrets）則改編自眞實事件，描述美國在二〇〇三年三月不僅沒有通過聯合國決議就出兵攻打伊拉克，還試圖左右聯合國安理會成員的投票意願。

除此之外，人們也可以反思，又有什麼標準可指稱哪個國家失敗、哪個國家成功？歷史裡不乏各大強權的起落，就是「十年河東、十年河西」的意涵，沒有哪個國家或哪個制度擁有絕對優勢，卽使有也不見得能長久持續發展下去，過一段時間後會有新的勢力崛起，新的價值觀受到廣泛認同。美國總有一天會下滑（可能現在就在下滑了），對外宣傳的價值觀與制度總有一天會退流行。往後肯定有另外一個區域逐漸強勢，該區域的價值觀與制度會蔚爲一股風潮，今日廣義的西方價值就會淪爲人們眼中落後、保守、停滯不前的過時產品。

因此，在看待他人的言論或者報導時，無論作者多麼權威、論點多麼有理，讀者仍需要採取質疑與批判的態度。在建立自己的觀點時，也不必取得定論，畢竟很可能隨時都會有推翻前人觀點的材料出現，而且下個世代肯定對我們這時代的觀念與行爲抱持不同的看法。當然，本書所描述的歷史與傳達的觀念，只是筆者自己的認知而已，若由他人來寫這百年來的西亞，必然會有不同的面貌。

本書最後不在於告訴讀者要如何理解西亞，畢竟即使有西亞旅遊、學習、居住經驗的人也不會有一致的看法，因為大家接觸的人事物都不一樣，獲得的想法也大相逕庭。即使在歐美社會，民眾周遭不乏穆斯林鄰居、同學、同事，卻還是有很多隔閡甚至歧視，那臺灣鮮少穆斯林，也沒有跟西亞國家有密切接觸，要相互理解就更加困難了。因此筆者認爲，我們不求完全理解，而是不要誤解與曲解，這才是最重要的態度。

國家圖書館出版品預行編目 (CIP) 資料

縱觀百年西亞：從阿以衝突、庫德族到伊朗核協議，
歷史糾葛與當代議題／陳立樵著
-- 初版 -- 新北市：臺灣商務，2020.09
面；　公分 -- (歷史・世界史)

ISBN 978-957-05-3283-8 (平裝)

1. 中東史　2. 中東問題　3. 國際衝突

735.01　　109011651

歷史・世界史

縱觀百年西亞

從阿以衝突、庫德族到伊朗核協議，歷史糾葛與當代議題

作　　者　陳立樵
發 行 人　王春申
選書顧問　林桶法、陳建守
總 編 輯　張曉蕊
責任編輯　洪偉傑
封面設計　萬勝安
美術設計　康學恩
內文排版　張蘊方
業務組長　何思頓
行銷組長　張家舜
出版發行　臺灣商務印書館股份有限公司
23141 新北市新店區民權路 108-3 號 5 樓（同門市地址）
電話：（02）8667-3712　傳真：（02）8667-3709
讀者服務專線：0800-056193
郵撥：0000165-1
E-mail：ecptw@cptw.com.tw
網路書店網址：www.cptw.com.tw
Facebook：facebook.com.tw/ecptw

局版北市業字第 993 號
2020 年 9 月初版 1 刷
印刷　沈氏藝術印刷股份有限公司
定價　新台幣 420 元

法律顧問　何一芃律師事務所